U0529346

黑龙江省哲学社会科学基金项目2012年青年项目"国外马克思主义辩证法思想研究"(项目编号：12C002)

# 西方马克思主义辩证法思想研究

Xifang Makesizhuyi Bianzhengfa
Sixiang Yanjiu

⊙ 刘林 著

中国社会科学出版社

# 图书在版编目(CIP)数据

西方马克思主义辩证法思想研究/刘林著．—北京：中国社会科学出版社，2018.8
ISBN 978-7-5203-2072-6

Ⅰ.①西… Ⅱ.①刘… Ⅲ.①西方马克思主义—辩证法—研究 Ⅳ.①B089.1

中国版本图书馆 CIP 数据核字（2018）第 027413 号

| 出 版 人 | 赵剑英 |
|---|---|
| 责任编辑 | 田　文 |
| 责任校对 | 张爱华 |
| 责任印制 | 王　超 |

| 出　版 | 中国社会科学出版社 |
|---|---|
| 社　址 | 北京鼓楼西大街甲 158 号 |
| 邮　编 | 100720 |
| 网　址 | http://www.csspw.cn |
| 发行部 | 010-84083685 |
| 门市部 | 010-84029450 |
| 经　销 | 新华书店及其他书店 |
| 印　刷 | 北京君升印刷有限公司 |
| 装　订 | 廊坊市广阳区广增装订厂 |
| 版　次 | 2018 年 8 月第 1 版 |
| 印　次 | 2018 年 8 月第 1 次印刷 |
| 开　本 | 710×1000　1/16 |
| 印　张 | 15.75 |
| 插　页 | 2 |
| 字　数 | 236 千字 |
| 定　价 | 68.00 元 |

凡购买中国社会科学出版社图书，如有质量问题请与本社营销中心联系调换
电话：010-84083683
**版权所有　侵权必究**

# 目　　录

导　论 …………………………………………………………（1）

## 第一章　早期西方马克思主义主客体统一的辩证法 …………（10）
　　第一节　卢卡奇的历史辩证法 ………………………………（10）
　　第二节　柯尔施对马克思主义辩证法的新阐释 ……………（26）
　　第三节　葛兰西的实践哲学与历史辩证法 …………………（40）

## 第二章　法兰克福学派的社会辩证法 …………………………（47）
　　第一节　霍克海默和阿多诺的启蒙辩证法 …………………（47）
　　第二节　阿多诺的《否定的辩证法》 ………………………（54）
　　第三节　马尔库塞的社会历史辩证法 ………………………（63）
　　第四节　弗洛姆的自由辩证法 ………………………………（90）
　　第五节　哈贝马斯的交往辩证法 ……………………………（112）
　　第六节　施密特的历史辩证法 ………………………………（136）

## 第三章　人本主义马克思主义的辩证法思想 …………………（145）
　　第一节　列斐伏尔的总体的人辩证法 ………………………（145）
　　第二节　梅洛-庞蒂的辩证法思想 ……………………………（163）
　　第三节　萨特的人学辩证法 …………………………………（177）

**第四章 科学主义马克思主义的辩证法思想** ……………………（198）
　　第一节　德拉-沃尔佩的科学辩证法 ………………………（198）
　　第二节　科莱蒂的异质性辩证法 ……………………………（206）
　　第三节　结构主义的马克思主义的辩证法思想……………（218）

**结　语** ……………………………………………………………（236）

**参考文献** …………………………………………………………（241）

# 导　　论

我们理解的辩证法（dialectics）是关于自然、社会和思维发展的最一般规律的科学。辩证法被认为是科学的世界观和方法论。但是在哲学史上，"辩证法"作为一个哲学术语的具体含义是复杂的，在不同的历史时期，在不同的哲学家那里，它有各种不同的意义。

## 一　古希腊的辩证法思想

"辩证法"的使用来源于古希腊，是古希腊的智者学派在互相辩证中揭露对方语言中的矛盾从而进行更好的逻辑思维的方法，简言之就是谈话或论辩的艺术。在"辩证法"这个术语产生之前，古希腊哲学家就自发地形成了辩证思维。赫拉克利特可以说是古希腊最早地阐述辩证思想的哲学家，他提出了日与夜、冷与热、健康与疾病、存在与非存在、善与恶等相互对立的现象，但他并不止于此，他指出，这些对立面不但是在自然与社会中普遍存在的现象，而且这些对立面是相互依存、相互转化的，他所说的"疾病使健康舒服，坏使好舒服，饿使饱舒服，疲劳使休息舒服"，"互相排斥的东西结合在一起，不同的单调造成最美的和谐，一切都是斗争所产生的"[1]，表达了对立面互相依存的思想，而他所说的"在我们身上，生与死，醒与梦，少与老，都始终是同一的东西。后者变化了，就成为前者；前者再变

---

[1]　北京大学哲学系外国哲学史教研室编译：《古希腊罗马哲学》，商务印书馆1961年版，第19、29页。

化，又成为后者"，则表达了对立面相互转化的思想。不仅如此，赫拉克利特还指出，"我们既踏进又不踏进同样的河流，我们既存在又不存在。"① 这说明，由于事物是相互对立的又是相互统一的，因此，世间万物都是流变的，是发展变化的，因此，"一切皆流，无物常住"。赫拉克利特的辩证法思想虽然具有神秘的、朴素的特点，但是，它却是哲学史上辩证法思想的基础，对后世产生了重大影响，赫拉克利特也被公认为是辩证法的奠基人。后来的芝诺在赫拉克利特理论的基础上，论证了"飞矢不动"的思想，智者学派更是将辩证法发展成为一种诡辩术。但是，柏拉图超越了他们，他将辩证法运用于概念之间的逻辑关系和相互转化，从而探讨各个哲学范畴之间的对立统一关系。在《巴门尼德篇》中，柏拉图分析了同与异、大与小等对立概念的相互关系，在《智者篇》中，他又分析了存在与非存在的对立统一，在《斐多篇》中，他将有限与无限作为相反相成的一对范畴。柏拉图在对这些概念进行逻辑推衍时展示了丰富的辩证法思想，对立的概念并不是绝对分裂的，而是互相联系、互相依存、互相转化、互相结合的统一体。更进一步说，对立的双方并不真正意味着简单的对与错；相反，双方都有其真理性的一面，它们在更高一级的概念之下就会得到统一。因此，在柏拉图看来，孤立的概念并不具有意义，任何概念都能够在更高一级的概念上和与它对立的概念结合起来。在这种意义上，柏拉图的概念辩证法大大超越了赫拉克利特的朴素辩证法和智者学派的诡辩术，在他那里，辩证法不是一种能够论证一切事物都是相互对立和相互转化的相对主义立场，而是能够通过更高的概念来解决矛盾冲突的积极的方法。

亚里士多德将柏拉图的概念辩证法用于分析具体的范畴以及范畴之间的关系。他虽然否定了柏拉图将概念作为万物原型或根据的思想，但他通过研究质料与形式、潜能与现实、偶然和必然等范畴的相互关系探讨了辩证思维的主要形式。在他看来，对立的两个范畴不可

---

① 北京大学哲学系外国哲学史教研室编译：《古希腊罗马哲学》，商务印书馆1961年版，第27页。

截然分开，它们并不是孤立的、互不相关的东西，而是同一事物的两种不同的存在状态。例如，关于质料和形式的关系，他认为，任何事物都是由质料和形式构成的，但事物的质料和形式又是相对的，对不同等级的事物来说，质料和形式是可以相互转换的，低一等级事物的形式是高一等级事物的质料，整个世界就是一个由质料到形式交替上升的序列。同样，关于潜能与现实的关系也是如此，在他看来，任何事物都处于从潜能到现实的运动过程中，潜能向现实转化的过程就是事物的生成过程，这个生成过程也就是"运动"。在亚里士多德的辩证法思想中，最值得关注的就是他的普遍联系和发展理论。在他看来，整个世界的事物并不是僵化和孤立的，它们是一个从低级向高级发展的序列，最低级的是纯质料，最高级的是纯形式，而中间的则是由质料与形式构成的统一体，高级的事物更多形式，而低级的事物更多质料，而纯形式则是一切事物发展的最终目的。在追求最终目的的过程中，不同等级的事物也形成了各自的由潜能向现实转化的过程。由此，亚里士多德就使整个世界处于一个普遍联系，并通过运动相互转化的有机统一体之中。

古希腊的辩证法对后世的辩证法思想影响深远，柏拉图和亚里士多德使辩证法不再是一种消极的诡辩论，而是能够对整个宇宙产生积极意义的哲学逻辑阐述，它对于德国古典哲学的辩证法具有重要的启发意义。

## 二 德国古典哲学的辩证法思想

德国古典哲学的辩证法思想以黑格尔的辩证法为主要代表，黑格尔的辩证法既揭示了个体意识自我发展的过程，也揭示了人类社会的历史发展进程。

德国古典哲学产生之前的近代西方世界是自然科学发展的重要阶段，自然科学由古代的主要依靠观察的方法发展为近代的主要依靠实验的方法，科学研究开始进入按照各个领域的不同分门别类研究的阶段，方法的变化和研究的细致导致科学上一系列的重大发现，无论天文学、地质学、化学还是物理学、生物学方面都取得了重大进展。天文学方面，哥白尼、开普勒的天文学对亚里士多德的目的论和基督教的上帝说造成了重大冲击；地质学方面，关于地球的成因和历史演变的理论有力地打击了神创论；化学方面，燃素说已经被氧化理论所取代；各种运动形式和能量可以相互转化的理论被物理学、电磁学和热力学所支持，并且出现了不同形式的生物进化理论。自然科学的发展不但冲击了神学，同时也打破了机械的形而上学观念。在自然科学的影响下，社会历史领域也逐渐摆脱了神学的观念，社会历史发展的辩证性质开始显露出来。自然科学和社会历史理论的发展为德国古典哲学家研究辩证法思想提供了可能性，辩证法在德国古典哲学阶段以一种新的形式进入人类思想史中。

德国古典哲学的第一位哲学家康德在他的《纯粹理性批判》中揭示了人类理性的二律背反，即理性自身的辩证矛盾。在康德看来，理性的本性是追求无限和全体，但理性追求无限与全体所使用的工具却是知性提供的经验和知识，当理性妄图用知性的有限的范畴去追求无限和"物自体"时，就会陷入"二律背反"。要想解决理性自身的矛盾，就必须将物自体与现象界区分开来，通过隔离的方法限制理性的使用范围，从而回避理性的内在矛盾。康德的辩证法思想揭示了理性思维的辩证结构及其矛盾运动，对于发展辩证法思想具有重要意义。康德的继承者费希特进一步推动了辩证法的发展。费希特首先提出了"自我"这一概念，"自我"是一种能够自由活动的自我意识，它从自身纯粹的自由活动中生出感性经验，乃至整个经验世界。在"自我"的基础上，费希特逻辑地推演出他哲学的其他范畴和原理：作为一种纯粹自由的、能动的活动，"自我"能够创造自己、发展自己，这就是正题"自我设定自身"；"自我"不仅能够设定自身，它还能够设定与自己对立的"非我"，即与自身完全不同的感性世界，这就是反题"自我设定非我"；"自我"既设定自身，同时也设定"非我"，因此，"非我"就是自我的延伸和展开，于是"自我"与"非我"的关系就是一种对立统一关系，这就是合题"自我与非我"的统一。费希特通过这三条基本原则在哲学史上第一次将辩证法的形式表述为正题——反题——合题，并将辩证法提高到哲学第一原则的高度，这是辩证法思想的重大突破。费希特之后，谢林进一步发挥了辩证法思想。在他看来，自然界和人类精神世界都包含着主观性和客观性两种对立的因素，正是这两种对立因素的相互作用推动了事物的发展。但是，最高的本体既不是主体，也不是客体，而是超越于二者之上的主体和客体的"绝对同一"，即主体与客体的"绝对"无差别性。在他看来，"绝对"本来是排斥了一切矛盾的同一性，但是"绝对"本身有一种认识自己、发展自己的冲动和活动，这样，在这种冲动和活动作用下，"绝对"就超出了它的"无差别的同一"，产生了思维和存在、主体和客体的各种差别和矛盾，并由此产生和发展出自然界和人类精神。同时，由各种差别导致的矛盾冲突最终又推动万物在发展的进程中回归绝对同一。谢林认为，自然界和人类历史的发展过程，就是"绝对"认识自身、发展自身的过程，因此，整个自然界是一个相互联系的统一体，在自然界和人类社会之间并没有不可逾越的鸿沟。由无机物到有机物，再到人类，是自然界发展的不同阶段。谢林的思想对辩证法的发展具有重大的推动作用。

黑格尔可以说是辩证法思想的集大成者，他是哲学史上第一个全面地、有意识地阐述辩证法的规律和一般运动形式的思想家，对辩证法的发展作出了重要贡献。在他看来，整个世界，包括自然界和人类历史都是"绝对精神"通过自身能动的生命活动创造和发展出来的。在外化世界之前，"绝对精神"要对这个创造和发展的过程进行全面的"规划"，这就是他的《逻辑学》一书的重要内容。黑格尔的逻辑学通过对"存在"的探究，既揭示了宇宙的本质和规律，同时也集中体现了他的辩证法思想。黑格尔的《逻辑学》分为存在论、本质论和概念论，在存在论中，他通过对有、无、变的阐述，揭示了存在从无到有产生万物的过程，而通过量变到质变的规律使我们能够突破事物的表面深入事物的本质中。在本质论中，黑格尔阐述了事物如何通过差异、对立和矛盾展示本质，并指出，事物的自相矛盾、自我否定恰恰是事物存在的充足理由。在这里，对立统一规律成为事物存在和运动的根本原因。当我们通过本质重新返回存在时，就进入概念之中。在概念论中，黑格尔通过阐述主观性、客观性、理念三个概念阐释了存在的真理。精神为了追求存在的真理而超越了个体生命，并在有限的个体生命的无限延续中去认识真理。在黑格尔看来，认识的前提是主观性与客观性的两分，而真理的认识就是达到二者的统一。在追求真理的过程中，否定之否定规律得到了完整地体现，即正——反——合的圆圈式进展规律。事实上，整个黑格尔的逻辑学都体现了否定之否定原理：从存在论开始，经过本质论的深入，在概念论中达到存在的真正本质的过程，这一过程也是在经过漫长的历程在更高的阶段回归自身的过程。他的整个哲学体系也是绝对精神从逻辑阶段开始，经过自然阶段最后发展到精神阶段再回到自身的过程。在这个发展过程中，概念之间不断地发生转化，一切逻辑范畴如质、量、度，同一、差别、矛盾、肯定、否定、否定之否定、必然和偶然、原因和结果等，都是互相转化的。黑格尔把质量互变、矛盾和否定之否定同运动、发展联系起来，深刻地说明了运动发展的动力或源泉在于过程内部的矛盾性，这是对辩证法学说的重要贡献。

### 三 马克思的辩证法思想

与黑格尔的辩证法不同，马克思的辩证法是实践辩证法。将辩证法与人的实践紧密联系起来。它从形式上说是"三大规律"，即量变与质变、对立统一和否定之否定规律，但所有这些规律从内容上说都是为了表达历史进程的，也就是说，辩证法与客观世界以及人的自由自觉活动是紧密联系在一起的。

与黑格尔相比，马克思的辩证法是具体的，是人的具体的实践活动。这突出表现在马克思对黑格尔异化理论的改造上。黑格尔的异化理论是在阐发关于真理是矛盾发展的辩证法思想时引入的，他用异化和劳动范畴来说明精神、意识以及社会历史发展的辩证机制。在黑格尔那里，异化用来泛指精神实体作为主体自身的分而为二，即自身对立化或产生自身的对立物。他把这种对立化以及扬弃对立化而返回自身的过程，称作"异化以及这种异化的克服"的过程。马克思将黑格尔的这一思想进行重新阐释，用来说明资本主义制度下劳动异化现象，如劳动者（工人）在劳动中的异化感、不自由感，对于劳动对象和劳动过程的陌生感，对于自己在劳动中沦为动物或非人的压抑感等，并且认为，资本主义的异化只有到了人的全面自由发展以及人类解放时才能得到全面的克服。

马克思的辩证法将矛盾贯穿于事物发展的始终，也贯穿于资本主义的整个发展过程。因此，研究历史唯物主义，特别是资本主义社会，必须分析其经济范畴的内在矛盾。在任何私有制社会都存在矛盾，买与卖、使用价值和交换价值都存在矛盾。马克思的思想也吸收了黑格尔否定之否定的圆圈式上升的思想，就是马克思总结的由抽象到具体、由简单到复杂的过程。例如，在《资本论》中，"商品"是起点，"货币"则是从"商品"的分析中得出，既与商品联系，又保持了自身的独立性。而"资本"的范畴包含在"货币"中，当劳动力变为商品，资本家无偿占有工人的剩余价值时，货币就成了"资本"。"资本"是比"货币"更丰富、更具体的范畴。这些范畴体现了层层深入的辩证法思想。

马克思实践辩证法与黑格尔辩证法的最大差异在于思维方式的不同。黑格尔辩证法是一种理性演绎的思维方式。黑格尔的《小逻辑》一书展示的就是"存在"自我展开和自我实现的过程。整个世界不过是绝对精神自我运动、自我展开、自我实现的逻辑演绎过程，人类历史也不过是绝对精神外化的实现。而马克思的辩证法则是从现实的人的感性活动出发，他认为，人的社会生活在本质上是实践的，哲学作为时代精神的精华不能是脱离人们的实践活动而进行纯粹的理论推演。人们所生活的世界不是理论建构的结果，而是人类实践活动的结果，理论本身也是人们实践活动的产物。"人们按照自己的物质生产率建立相应的社会关系，正是这些人又按照自己的社会关系创造了相应的原理、观念和范畴"，正因为理论本身有着深厚的现实的实践根源，因此，对于理论问题的解决也就不能完全脱离于实践之外去进行。"人的思维是否具有客观的真理性，这不是一个理论问题，而是一个实践的问题。人应该在实践中证明自己思维的真理性，即自己思维的现实性和力量，自己思维的此岸性。关于思维——离开实践的思维——的现实性或非现实性的争论，是一个纯粹经院哲学的问题。"① "理论的对立本身的解决,只有通过实践方式,只有借助于人的实践力量,才是可能的;因此,这种对立的解决绝不是认识的任务,而是一个现实生活的任务,而哲学未能解决这个任务,正是因为哲学把这仅仅看作是理论的任务。"② 正是因为马克思从现实的人的"感性活动"出发,而人们的"感性活动"或实践活动是现实的、丰富的、具体的,从而在思维方式上就用实践的思维方式对黑格尔的思辨演绎的思维方式进行了颠覆。

### 四 西方马克思主义对辩证法思想的新发展

西方马克思主义的辩证法是在阐释马克思的辩证法、反对恩格斯的自然辩证法基础上形成的。它在政治上反对的是 20 世纪 20 年代西方出现的列宁主义。从卢卡奇的《历史与阶级意识》开始,西方马克思主义试图重新阐释马克思主义,使马克思主义重新成为反对发达资本主义社会的思想武器。

西方马克思主义不是一个具有统一理论、统一观点的流派,相反,它们内部思想观点差别很大,西方马克思主义只是不同马克思主义流派的统称,它们或者从现代西方哲学的某些流派那里系统借用概念、术语和范畴,或者进而用西方资产阶级哲学的某些思想去补充马克思主义,由此形成马克思主义同形形色色资产阶级哲学流派的混合物。具体来说,它包含两种不同的思想倾向:

第一,按照西方人道主义倾向,如黑格尔主义、精神分析理论、存在主义等思想来解释和阐述马克思主义,他们形成了早期西方马克思主义、法兰克福学派和人本主义马克思主义。

第二,按照西方科学主义倾向,如新实证主义、结构主义思想来解释和阐述马克思主义,他们形成了新实证主义马克思主义和结构主义马克思主义。

西方马克思主义的不同趋向和流派,都强调马克思主义的某个方

---

① 《马克思恩格斯选集》第 1 卷,人民出版社 1995 年版,第 55 页。
② 《马克思恩格斯全集》第 42 卷,人民出版社 1979 年版,第 127 页。

面，而指责、否定其另一个方面：早期西方马克思主义者卢卡奇、葛兰西、柯尔施等人将黑格尔的思想与马克思结合起来，把马克思与恩格斯对立起来，认为马克思的辩证法是一种总体性的辩证法，针对的是资本主义制度而不是要总结人类历史的基本规律；法兰克福学派把马克思的实践辩证法发展为多种形式，启蒙辩证法、否定辩证法、社会历史的辩证法是其主要形式；后期的法兰克福学派则对马克思的实践辩证法提出质疑，如哈贝马斯提出将交往纳入实践辩证法的内容中，为实践辩证法赋予了新的内容；以萨特、梅洛－庞蒂为代表的人本主义马克思主义将个人实践作为辩证法的基本出发点，他们主张将个人自由纳入马克思主义中去，用马克思主义对人类活动的历史性的方式理解历史的客观方面，而用存在主义去理解人的个体性与主观性；以德拉－沃尔佩和科莱蒂为代表的新实证主义马克思主义否认马克思与黑格尔的一致性，反对人本主义马克思主义用含糊的人道主义取代马克思对待资本主义制度的科学策略，主张把马克思主义的辩证法规定为以"具体——抽象——具体"的循环为标志的现代实验科学逻辑；以法国哲学家阿尔都塞为代表的结构主义马克思主义则把马克思主义理解为反经验主义、反历史主义和理论上反人道主义的，认为马克思主义存在着认识论断裂，而他后期的思想是更为科学的理论。

这些流派在分析研究发达资本主义社会出现的新情况和新现象的基础上，在一定程度上揭露了资本主义制度的痼疾和问题，探索了西方革命的途径，并且批评了苏联社会主义模式的弊端和缺陷。但是，由于它们脱离了马克思主义的科学世界观和方法论，因而没有能够为现代西方社会指出一条摆脱资本主义、走向社会主义的道路。

# 第一章　早期西方马克思主义主客体统一的辩证法

早期西方马克思主义是指在20世纪20年代至30年代以卢卡奇、柯尔施和葛兰西为代表的西方马克思主义者以不同于第二国际的"经济决定论"的独特哲学理论来重新思考马克思主义。他们把实践与历史融入辩证法之中，创造了独特的辩证法理论，从而对马克思主义的学说作出了富有独创性的阐释和发挥。以后的西方马克思主义者几乎都程度不同地从这三位先行者的理论著作中汲取灵感和启示。

## 第一节　卢卡奇的历史辩证法

卢卡奇[①]是早期西方马克思主义的重要代表人物，也是匈牙利共产主义运动的领导者，他使马克思主义突破了第二国际的科学主义，挖掘了马克思主义作为哲学思想的重大价值，卢卡奇的辩证法思想对整个西方马克思主义有重要影响。

卢卡奇的辩证法思想奠基于对恩格斯"自然辩证法"的批判基础上。在他看来，恩格斯从自然科学角度来解释马克思主义哲学违背了

---

① 格奥尔格·卢卡奇（Gerog Lukacs，1885—1971），匈牙利著名马克思主义哲学家，西方马克思主义哲学理论的奠基人，他出生于布达佩斯的犹太人家庭，家境优渥，大学就读于布达佩斯大学，攻读法律、国家经济学以及文学、哲学和艺术史。1918年加入匈牙利共产党。1944年任布达佩斯大学美学和文化哲学教授。1946年开始任匈牙利国会议员，1956年任纳吉政府教育部长。1971年去世。主要著作有：《历史与阶级意识》（1923年）、《理性的毁灭》（1954年）、《美学》（1963年）、《社会存在本体论》（1970年）等。

马克思的本意，同时也是对辩证法的一种误解。

## 一 对自然辩证法的批判

卢卡奇认为，恩格斯的自然辩证法是对黑格尔辩证法的追随和对马克思辩证法的曲解，恩格斯把马克思限于历史和社会领域的辩证法变成了一种脱离了人和社会的、外在的、僵硬的自然因果性。他对恩格斯的自然辩证法进行了激烈的批判。

首先，自然辩证法脱离了辩证法的实践本性。恩格斯继承了黑格尔的思想，把辩证法放置于自然的因果关系中，用自然辩证法去讨论自然界本身的运动发展规律。卢卡奇认为，马克思的辩证法是一种与黑格尔精神辩证法不同的力图改变现实的"社会辩证法"，马克思辩证法的核心要素是主体和客体的交互作用以及理论和实践的统一，"辩证法的决定性因素，即主体与客体的相互作用、理论与实践的统一、在作为范畴基础的现实中的历史变化是思想中的变化的根本原因等，并不存在于我们对自然界的认识中"①。因而，脱离了人的社会活动，脱离了现实社会的历史变化的自然辩证法是对马克思辩证法的社会本性和实践本性的疏离。

其次，自然本身是一个社会范畴。卢卡奇认为，自然界并不具有绝对独立存在的意义，自然的形式、内容和范围和总是由一定的社会条件所决定的，人与自然的关系总是影响着自然的构成和表现形式。即便是关于自然的知识也是人的认识，本质上是一种社会现象，这方面知识的发展不应属于自然辩证法，而应属于社会辩证法。实际上，人们对一定社会历史时期的自然的实践和认识都是建立在一定的社会结构和经济结构之上的，因此，自然辩证法也是历史辩证法的一部分。"作为把人们组成社会的形式所经受的变化的历史，这些形式发端于实际的经济关系，控制着人与人之间的全部关系（并因而也控制着人同自身、同自然等的关系）。"②

---

① ［匈］卢卡奇：《历史与阶级意识》，杜章智等译，商务印书馆1996年版，第51页注释。

② 同上书，第100页。

最后，马克思主义辩证法的特征是历史性。在卢卡奇看来，马克思的思想必然纳入历史性中才能得到充分的理解。在马克思那里，历史具有本体论意义，历史的本质是现实的生成，"历史发展的倾向构成比经验事实更高的现实"①。这里，马克思将历史性与人的实践紧密地联系起来，将历史的本质理解为"人与人之间的关系"，也就是说，历史本质上是人在一定的社会关系和社会结构中历史性生存形式，并且，只有人能在"过去——现在——将来"同一的历史性进程中把握现实。因此，历史的过程表现为主客体之间的辩证运动。在此基础上，卢卡奇进一步认为，马克思的历史唯物主义的主要内容是揭示资本主义社会的发展规律，并在具体的无产阶级革命实践中指导无产阶级对资本主义社会的彻底改造。它不是空泛的理论，而是具体的革命实践活动，不能把马克思的辩证法简单地直接用于除资本主义外的其他社会形态中，必须在资本主义社会的历史背景中，阐明人与自然关系的特殊含义。

既然马克思历史唯物主义的核心是现实性，那么马克思所面对的资本主义现实是什么呢？卢卡奇认为，马克思归结的资本主义的最基本现实就是"物化"。

在卢卡奇的思想中，"物化"理论是非常重要的部分，也是其辩证法思想的重要环节。在《物化与无产阶级意识》一文中，他指出，资本主义商品经济和结构的特点是，人与人的关系获得了一种物的属性，因而体现为一种"幽灵般的对象性"，"这种对象性以其严格的、仿佛十全十美和合理的自律性掩盖着它的基本本质，即人与人之间关系的所有痕迹。"② 这就是卢卡奇所说的"物化现象"。卢卡奇认为，在资本主义社会中，物化现象并不是偶然的，而是一种必然的和普遍的社会现实，这是因为，只有在资本主义社会中，商品才成为一个总体的社会普遍范畴，商品关系在社会生活中才占据统治地位，在这样的经济形式和经济关系下，商品拜物教成为资本主义时代普遍的、特

---

① ［匈］卢卡奇：《历史与阶级意识》，杜章智等译，商务印书馆1996年版，第268页。
② 同上书，第144页。

有的现象。于是，人与人在劳动中形成的劳动关系在资本主义社会中是商品的物的关系表现出来的，劳动的社会性质也被商品的物的性质所取代，人与人之间的关系随着劳动产品的异化被物化，人们发现自己置身于物的世界中，物成为压抑人的异己的存在。卢卡奇具体分析了资本主义的物化现象：

第一，生产劳动的物化。在资本主义生产中，人的活动被客体化为一种商品，它不依赖于人而是服从于商品经济的规律，"人自己的活动，人自己的劳动，作为某种客观的东西，某种不依赖于人的东西，某种通过异于人的自律性来控制人的东西，同人相对立。"① 也就是说，劳动变成一种同人相对立的物化的客观性过程。第二，人的物化。在资本主义社会中，随着劳动分工和商品交换的发展，人们的职业越来越专门化和精细化，而它造成的后果是，人的活动越来越被限定于狭隘的范围内，人的思维越来越限定于局部的方面，"人无论在客观上还是在他对劳动过程的态度上，都不表现为这个过程的真正的主人，而是作为机械化的一部分被结合到某一机械系统里去。"② 第三，人与人关系的物化。在资本主义社会中，人与人的关系越来越表现为物与物的关系，"生产的机械化也把他们变成一些孤立的原子，他们不再直接——有机地通过他们的劳动成果属于一个整体，相反，他们的联系越来越仅仅由他们所结合进去的机械过程的抽象规律来中介。"③ 第四，人的意识的物化。物化作为资本主义社会的普遍现象，必然反映在资本主义社会中人的观念中，即形成"物化意识"。在资本主义生产过程和生产关系中，劳动者越来越用一种形式化、标准化的方式来处理人与人及人与物的关系，从而丧失了自己的主体意识。尤其是无产阶级，在大机器生产中被不断地客体化和对象化，逐渐丧失了自己的主体性和革命性。

总之，卢卡奇认为，资本主义的商品经济改变了传统社会中人与人、人与物的关系，使人的主体性和精神能力逐渐屈从于"物化"，

---

① ［匈］卢卡奇：《历史与阶级意识》，杜章智等译，商务印书馆1996年版，第148页。
② 同上书，第150页。
③ 同上书，第152页。

即使人沦为物。在这种情况下，体现人思维方式的辩证法也获得了物化的倾向，自然辩证法就是这种物化倾向的体现。

## 二 真正的辩证法是历史辩证法或历史唯物主义

在卢卡奇看来，要想改变资本主义的物化现象和物化意识，不能依靠无产阶级的暴力革命，因为无产阶级本身也被物化现象所同化。因此，要激发无产阶级的革命意识和主体性，首先要进行思维方式的变革，"我们需要辩证方法来戳穿这样产生出来的社会假象，使我们看到假象下面的本质。"① 卢卡奇认为，必须将马克思的历史辩证法或历史唯物主义应用于资本主义的现实，才能够有效地指导无产阶级革命。那么，为什么马克思的历史辩证法或历史唯物主义能够承担反抗物化，指导无产阶级革命的任务呢？卢卡奇对此进行了分析，并认为历史辩证法具有以下特征。

### （一）"总体性"

卢卡奇认为，"总体性"是辩证法的核心。总体性观点来自于黑格尔。在黑格尔哲学中，总体性不是指事物的各部分之和，而是与历史性紧密联系在一起的，即绝对精神作为一种能动的力量不断地将历史变成一个个环节走向总体的过程，马克思正是继承了黑格尔的总体性观点，将辩证法改造为与传统形而上学不同的方法论，"不是经济动机在历史解释中的首要地位，而是总体的观点，使马克思主义和资产阶级有决定性的区别。总体范畴，整体对各部分的全面的、决定性的统治地位，是马克思取之于黑格尔并独创性地改造成一门全新科学的基础的方法的本质。"② 具体来说，总体性主要包含以下几点。

第一，"总体性"是具体的总体性。"总体性是具体的"这一思想来自于黑格尔的《逻辑学》，黑格尔认为，理念的逻辑也是具体概念的逻辑，因而总体性总是具体的。马克思在《资本论》中也强调，所谓的具体，并不是指事物的感性确定性，而是在于它是各种规定的

---

① ［匈］卢卡奇：《历史与阶级意识》，杜章智等译，商务印书馆1996年版，第53页。
② 同上书，第76页。

综合以及多样性的统一。在此基础上，卢卡奇认为，总体是相对于部分而言的，总体性将"孤立的事实"和存在的片面性消解，使独立的存在物之间获得了普遍的联系。这里，不仅部分被总体性结合在整体之中，全部的总体也包含于普遍联系的各个环节之中，即"把所有局部现象都看作整体——被理解为思想和历史的统一的辩证过程——的因素"①。总体与部分是辩证统一关系。对历史辩证法来说，无论是生产过程的各环节，还是社会进程的各个组成部分，都只有将其放置于历史的总体性之中，将其视为历史过程的各个方面才有意义。正是因为总体性总是将现实理解为社会过程，马克思的历史辩证法才具有革命意义，"总体性范畴的首要性在于它在科学中是革命原则的支撑者。"② 同时，卢卡奇认为，总体性的辩证法是把握现实的唯一方法，"具体的总体性是真正的现实范畴"③。总体性总是关注资本主义社会的具体现实，只有它能将资本主义生产方式所必然产生的拜物教形式揭破，使辩证的历史认识成为可能。依据总体性，一切社会现象的形式在主客体不断的相互作用的过程中始终在变，因此，资本主义制度并不具有超历史的性质。

第二，总体性是历史的总体性。总体性的基本含义已经将历史性内在的融于总体性之中。总体的各部分不是静止的，而是一个动态的发展过程，"总体的范畴决不是把它的各个环节归结为无差别的统一性、同一性。只有在这些环节彼此间处于一种动态的辩证关系，并且认为是一个同样动态的辩证的整体的环节这层意义上，它们在资本主义生产制度中所具有的表面的独立和自主才是一种假象。"④ 在卢卡奇看来，总体性的辩证法与物化意识是根本对立的，物化意识将现实理解为孤立事物或事件的堆砌，认为现实是不变的，而总体性的辩证法则强调现实是一个总体性的有机联系整体，是一个不断发展的进程。因此，如果摒弃以总体性为核心的历史辩证法，就不可能把历史

---

① ［匈］卢卡奇：《历史与阶级意识》，杜章智等译，商务印书馆1996年版，第84页。
② 同上。
③ 同上书，第58页。
④ 同上书，第61页。

理解为一个统一的过程。这并不是说没有辩证法的帮助，人们就无法对某一历史事件做出确切的描述，而是说他无法认识该事件的历史性质以及它在整个历史总体的实际作用，"只有在这种把社会生活中的孤立事实作为历史发展的环节并把它们归结为一个总体的情况下，对事实的认识才能成为对现实的认识。"①

第三，总体性与主体性相关联。卢卡奇认为，要想深入地理解总体性，必须将总体性与中介联系起来。"中介"概念在黑格尔哲学中具有完整的规定性，"中介不是别的，只是运动着的自身同一，换句话说，它是自身反映，自为存在着的自我的环节，纯粹的否定性。"②这里，中介既有本体论的特征，同时也有认识论的特征，它是超越了主客体对立的自身同一，同时也是能够反思自身的认识方法。在卢卡奇看来，中介是辩证过程的因素，即它不是被外在力量放置于历史过程的东西，而是历史自身结构的显现。中介的方法使主体性成为总体性的一个本质规定性。也就是说，总体性首先是人作为统一的主体与客体而存在的总体，"只有当设定的主体本身是一个总体时，对象的总体才能加以设定；所以，为了进行自我思考，只有不得不把对象作为总体来思考时，才能设定对象的总体。"③ 当人作为历史的主客体的统一体而存在时，他是总体性的人，因而能够把握历史的总体进程，而当人成被物化为抽象的、孤立的人时，就会丧失总体性，因而无法将历史理解为复杂的中介过程。因此，在总体性的辩证法思想中，人并不是历史的旁观者，而是历史的参与者，人自身的活动总是与历史发展紧密联系在一起，更确切地说，历史本身就是人的活动的历史，因而，改变历史也必然通过人的活动来实现。

（二）历史与现实

在卢卡奇看来，历史性是一切存在的本质特征："马克思关于历史性是每一种存在的基础，也是每一种关于存在的正确意识的基础的论述，是一个富于创新意识的命题。我们会多次重复这个命题。但只

---

① ［匈］卢卡奇：《历史与阶级意识》，杜章智等译，商务印书馆1996年版，第56页。
② ［德］黑格尔：《精神现象学》，贺麟、王玖兴译，商务印书馆1979年版，第12页。
③ ［匈］卢卡奇：《历史与阶级意识》，杜章智等译，商务印书馆1996年版，第78页。

有把它与范畴（即作为每一个存在者原初的对象性的必然产物）的合乎存在性与实践、与奠基于选择性的决断（作为社会存在的必要前提）的目的性设定紧密地联系起来，才能理解它的具体内容。"① 同样，辩证法也来自于历史本身，是在历史的特定发展阶段的必然表现形式。同时，历史本身是在主体与客体的辩证运动中的生成过程。具体来说，历史具有以下规定性：

第一，历史是流动的生成过程。卢卡奇强调"生成性"是历史的核心，这里的"生成性"并不是指从无到有、从产生到消失的过程，而是指历史的各个环节前后相继渴望并构成总体性的中介过程。在这一过程中，时间性被内化于历史之中，"生成同时就是处于过去和将来之间的中介，但是是处于具体的，也就是历史的过去和同样是具体的，也就是同样是历史的将来之间的中介。当具体的'这里'和'现在'融化为过程时，它就不再是连续不断的、不可捉摸的环节，不再是无声地逝去的直接性，而是最深刻、最广泛的中介的环节，是决定的环节，是新事物诞生的环节。"② 这里，卢卡奇将历史作为一种内在时间性存在，是时间内化的生成过程。也就是说，生成包含了人的思维和人的活动，"只有当思维是作为现实的形式，是作为整个过程的环节时，它才能辩证地克服自己的僵化不变，才能取得一种生成的特性。"③ 因此，历史的本质是时间性的生成过程，过去、现在、将来都在辩证的生成之中。这种生成过程只有人才能把握，只有人才能将现在理解为生成的现在，因为人就参与到历史生成过程中。

第二，历史的本质是人的历史。卢卡奇认为，因为人的时间性内化于历史之中，所以历史本质上是人的历史。卢卡奇这一观点是对黑格尔和马克思历史观的发展。在黑格尔那里，历史是绝对精神通过一系列的外化和回归的最终达到完满性的过程。马克思则把历史看作是人的感性实践活动创造自然、创造自身的过程。正是马克思的这一观

---

① ［匈］卢卡奇：《关于社会存在的本体论》上卷，白锡堃译，重庆出版社1993年版，第242页。
② ［匈］卢卡奇：《历史与阶级意识》，杜章智等译，商务印书馆1996年版，第298页。
③ 同上。

点启发了卢卡奇在人与自然、人与人的生成中理解历史,"历史的本质恰恰就是人的具体生存形式不断彻底变化的历史。"① 而"人的具体生存形式"就是指一定的社会关系和社会结构形式,"历史的本质恰恰在于那些结构形式的变化……人借助这些结构形式和他当时的环境世界发生关系,这些结构形式决定了人的内部生活和外部生活的客观属性。"② 因此,在卢卡奇那里历史一方面是人活动的产物;另一方面又是活动所构成的一连串过程,在这一过程中,人与人的关系、人与自身的关系都发生着不断地变化。

第三,历史内化成历史意识。既然人和人的生存形式构成了历史,那么人的意识、人的观念、人的思想运动不可能不构成历史的一部分,卢卡奇指出:"一种真正的历史性不可能只有内容的变化,而处于完全不变的形式和范畴中。正是这种内容的变化必然作用于形式,首先在范畴体系内引起一定功能的改变,甚至在一定程度上造成决定性的变化:新范畴的产生与老范畴的消失。客观现实的历史性产生了范畴学说的特定的历史性。"③ 也就是说,一切社会存在物总是处在历史的发展中,而范畴作为存在物的观念形式,也是历史地变化着的。通过范畴,人力图从实践上、思想上、文化上把握由人的外在世界和内在世界所构成的对象化形式的历史。

通过对历史的这些规定,卢卡奇将现实纳入历史环节之中,在上文的描述中,我们已经隐约地揭示了在历史辩证法中历史与现实的关联。在他看来,将现实是生成的现实,"现实的问题就以全新的面目出现了。现在——照黑格尔的话来说——生成表现为存在的真理,过程表现为事物的真理。这就意味着,历史发展的倾向构成比经验事实更高的现实。"④ 正是在历史辩证法的基础之上,现实与人的实践不可分割地联系在一起,"如果我们可以把全部现实看作为历史(即看作为我们的

---

① [匈]卢卡奇:《历史与阶级意识》,杜章智等译,商务印书馆1996年版,第275页。
② 同上书,第233页。
③ [匈]卢卡奇:《关于社会存在的本体论》上卷,白锡堃译,重庆出版社1993年版,第322页。
④ [匈]卢卡奇:《历史与阶级意识》,杜章智等译,商务印书馆1996年版,第268页。

历史，因为别的历史是没有的），那么我们实际上使自己提高到这样一种立场，在这种立场上，现实可以被把握为我们的'行为'。"①

（三）主体与客体

在卢卡奇看来，辩证法不是被放置于历史之中的，也不是依靠历史来解释的，辩证法就是历史本身，而历史又是在主体与客体的辩证运动中的生成过程。辩证法内在包含着主体与客体的辩证统一。因此，历史辩证法也是主客体统一的辩证法。

卢卡奇对主体与客体关系的探讨是与他的社会存在本体论结合在一起的。与传统哲学不同，他的本体论不是从抽象的"存在"开始的，而是从日常生活中个别的、具体的事物开始的。他认为，关于本体论的思考必须要以个别事物的存在为基本的前提，否则就会由于陷入主观主义而自行瓦解，传统哲学的合法性危机正是由于这种本体论的困境。

在卢卡奇看来，现实中的"存在"可以划分为三大类型：一是"无机自然"；二是"有机自然"；三是"社会"。它们的关系是这样的：这三大类型既是同时并存的，也有前后相继的过程，即无机自然是有机自然的基础，无机自然和有机自然又是社会的基础。"生命领域的存在也是无法扬弃地以无机自然为基础的，正像社会存在以整个自然存在为基础一样。"② 无机自然是整个存在的基础，从无机自然的发展中产生出有机自然，再从有机自然的发展中产生出人类社会，这是一个不可逆的过程。但是不能因为这三大类型的联系就忽视它们的根本差别，旧唯物主义者把适应于无机自然界的因果律无条件地推广到其他存在类型中，达尔文主义者、弗洛伊德主义者把有机自然变化的规律无条件地运用到人类社会中，都是错误的。卢卡奇指出，这三大类型的区别首先在于合类性③的区别。卢卡奇认为，在无机自然

---

① ［匈］卢卡奇：《历史与阶级意识》，杜章智等译，商务印书馆1996年版，第223页。
② ［匈］卢卡奇：《关于社会存在的本体论》上卷，白锡堃译，重庆出版社1993年版，第129页。
③ 合类性是卢卡奇社会存在本体论的重要概念，它是存在物的存在方式，指存在物趋于统一的本能和属性。

中，还不存在合类性意识，因此，在这一领域中，合类性只是无声的、不变的合类性。在有机自然中，虽然有机体对环境的适应方式已经从消极走向积极，但在这个领域中起作用的仍然是无声的合类性。然而，与无机自然不同的是，有机自然的合类性是可以变化的，不过这样的变化不是有机体个体自觉地加以实现的，而是在环境变化的长期作用下缓慢地进行的。与这两种存在类型不同的是，在社会领域中，无声的合类性逐渐成为有声的合类性，以语言为基础的表达和理解成为新的交往方式。卢卡奇认为，这一过程具有不可估量的重要性。社，因为这种合类性是在劳动的基础上建立的与自然的合类性有本质区别的新的合类性，它是与人的全部社会关系和社会化进程紧密联系在一起的，它的发展变化是建立在人的自由自觉的实践活动基础上的。卢卡奇赞同马克思的观点为，人类自古到今乃至实现共产主义社会的全部历史，不过是人的合类性的史前史，而"真正的人的合类性仅仅在于，个人要把自己发展成人格，进而把从人格向类的提升作为这种发展的特殊任务，并以此作为衡量自己人格实现的尺度。只有自觉地使自己的人格需要向类与个例的统一的目标发展，真正地和完全地克服无声性的最后残余，才能作为完美的人格而成为人类历史的积极的主体"[①]。

虽然合类性体现了社会与自然的区别，但是社会与自然的本质区别在于目的性："整个社会存在，就其基本的本体论特征而言，是建筑在人类实践的目的性设定的基础上的。"[②] 自然领域是无目的性可言的，而社会领域无不是以人的实践活动的目的性为基础的，社会存在与目的性息息相关。在自然领域中，线性的因果关系是决定性因素，目的性完全不存在。而在社会领域中，目的性成为决定性的力量。许多哲学家对此进行了论述，亚里士多德最早把目的性引入人的创造性活动中，继而将合目的性引申到所有存在物的存在方式。基督教将上帝作为人类的根本目的，近代哲学将目的与人的存在的伦理学

---

[①] [匈] 卢卡奇：《关于社会存在的本体论》上卷，白锡堃译，重庆出版社 1993 年版，第 72 页。

[②] 同上书，第 309 页。

紧密联系起来。康德把目的性作为实现理性完善性的最终力量，但是，由于他忽视了劳动的作用，忽视了劳动作为人的生存实践活动对人的认识活动的深刻影响，因而不可能从本体论上阐明目的性概念在人类实践活动中的地位和作用。黑格尔虽然高度重视目的性概念在劳动中的作用，但一方面，他把人类的劳动理解为抽象的精神劳动；另一方面，他把目的性概念扩展为一个普遍性的原则，模糊了它的本质及它在社会存在本体论中的特殊的意义。而在马克思那里，目的性只存在于人类实践和劳动领域，在人之外，不存在任何目的性。卢卡奇认为，尽管马克思把目的性概念限制在人类实践和劳动的领域里，但这一概念的重要性并没有因此而丧失，"相反，目的性的意义倒是由于我们必定会认识到下列事实而增长了：社会存在作为人们所知道的最高的存在形式，只是由于目的性的东西在其内部发生作用，才能作为独特的结构，从其赖以为生存基础的有机生命的存在阶段中产生出来，成为一种新的独立的存在类型。只有当我们认识到，社会存在的产生、它对自己的基础的超越以及获得自己的独立，都是以劳动，即不断实现自己目的论设定为基础的，我们才能合理地谈论社会存在。"[1] 在卢卡奇看来，正是通过实践，尤其是劳动所蕴含的目的性设定，社会存在才成为可能。

由于社会存在包含着目的论的因素，而目的总是与主体的意识联系在一起的，因而对意识的考察也成为认识社会存在的必不可少的部分。在卢卡奇看来，意识首先是社会存在的产物，但意识作为产物并不在社会存在之外，它本身就是社会存在的一个不可或缺的组成部分，并在其中发挥着极其重要的作用。意识是社会存在的组成部分，但并不是自然存在的组成部分，自然存在完全不依赖于意识而存在，尽管人的社会活动可能引起自然界的变化，甚至重大的变化，但自然存在是不依赖于意识而独立存在的仍然是无可争议的事实。那些把只适用于社会存在的范畴关系运用到自然就会歪曲事实，从而产生种种

---

[1] ［匈］卢卡奇：《关于社会存在的本体论》下卷，白锡堃译，重庆出版社1993年版，第17页。

神话。虽然意识包含于社会存在中，但是社会存在的总体变化不会以某个人或某些人的主观意识为转移。

卢卡奇认为，要想认识社会存在的真理，最好的办法是考察人的实践活动，在人类的实践活动中，不仅充斥着感性的、直接性的活动，这种直接性的活动与人的意识和思维是紧密相连的。"人们固然必须从直接的日常生活出发，但同时又必须超越这种直接性，才能把握住真正自在的存在。"① 这是因为，在日常生活中，人们感受到的现实的存在往往不是真实的存在，一方面，外部世界是无限复杂的，有时候现实的存在的显现与它的本质并不符合；另一方面，人们的认识能力也有一个逐渐发展的过程，当我们认识能力有限的时候，往往会只通过草率的类比来描述存在，人类生存的一个基本事实是：人类永远不可能在完全正确地理解了外部世界后才行动。在这个意义上可以说，人类的行为永远是尝试性的。这就需要思维和意识的思考和反思。因此，实践是思维与存在的统一，是理论与实践的统一。卢卡奇认为，要想达到存在的真理，人们只有把对日常生活的实践活动与对意识的反思和批判正确地结合起来，接近真正的存在才是可能的。

这样，卢卡奇就从社会存在的角度将主体与客体统一起来，并认为人类的实践活动是社会存在的基础和核心，而实践作为人的有意识、有目的的活动，是主观见之于客观的活动，所以通过对实践的前提、本质和后果的分析，也就能理解并把握社会存在。因此，卢卡奇说："对马克思主义来说，归根结底就没有什么独立的法学、政治经济学、历史科学等，而只有一门唯一的、统一的——历史的和辩证的——关于社会（作为总体）发展的科学。"② 在此，总体性与社会存在、辩证法与实践被有机地融为一体。

### 三　辩证法与实践

通过对社会存在的阐述，卢卡奇将主客体统一的实践活动与社会

---

① ［匈］卢卡奇：《关于社会存在的本体论》上卷，白锡堃译，重庆出版社1993年版，第10页。
② ［匈］卢卡奇：《历史与阶级意识》，杜章智等译，商务印书馆1996年版，第77页。

存在本体论关联起来。从这样的本体论出发，历史的辩证运动就是在主体与客体的辩证统一中建构起来的，"人本身作为历史辩证法的客观基础，作为历史辩证法的基础的同一的主体——客体，是以决定性的方式参与辩证过程的。"① 正是这种认知，使卢卡奇的辩证法与前人的辩证法根本不同。

上文之中我们看到，卢卡奇对自然辩证法进行了批判。自然辩证法是西方传统哲学客观辩证法的典型表现，即把辩证法作为关于自然、社会和思维运动变化的规律的学说，并把自然辩证法作为思维辩证法的基础，由此使辩证法成为关于自然界的普遍联系和一般规律的科学而无关于人的活动。但是卢卡奇构建的辩证法与客观辩证法根本不同，历史辩证法本质上是主客体统一的辩证法，它的根基是建立在实践基础之上的。他批判恩格斯的自然辩证法时指出："他对最根本的相互作用，即历史过程中的主体与客体之间的辩证关系连提都没有提到，更不要说把它置于与它相称的方法论的中心地位了。然而没有这一因素，辩证法就不再是革命的方法，不管如何想（终归是妄想）保持'流动的'概念。"在他看来，辩证法的根本目标是实践的，即改变现实，"在一切形而上学中，客体即思考的对象，必须保持未被触动和改变，因而思考本身始终只是直观的，不能成为实践的；而对辩证方法说来，中心问题乃是改变现实。"② 因此，辩证法的本质不是思辨的，而是实践的、革命的，他不是对自然、社会、思维等的客观规律的认识和遵循，而是通过人的自由自觉的实践活动对客体和对象的改造或创造。这种主客体的相互作用和实践也是历史辩证法的总体性，"辩证方法的本质在于——从这种立场来看——全部的总体都包含在每一个被辩证地、正确的把握的环节之中，在于整个的方法可以从每一个环节发展而来。"③

在此基础上，卢卡奇进一步分析认为，在社会存在的历史进程中，劳动是"第一实践"。劳动使社会存在出现了先前的无机自然和

---

① ［匈］卢卡奇：《历史与阶级意识》，杜章智等译，商务印书馆1996年版，第279页。
② 同上书，第50页。
③ 同上书，第254页。

有机自然都不具有的新质，即目的性："正是马克思的劳动理论，即把劳动理解为有目的的、创造性的存在物的唯一的生存方式的理论，第一次奠定了社会存在的特性。"① 也就是说，目的性是与人相关的，只有人才能够以自己的实践活动为根基将自己的目的融于劳动过程中。与此同时，人类的意识和语言也在劳动的过程中产生和发展起来的，概念和范畴成为人把握世界的新的方式。卢卡奇指出，人不是像存在主义者所说的，是被抛掷到这个世界上来的，人是在实践中自我创造出来的。在这方面，恩格斯关于劳动在人类诞生的过程中所起的根本作用的论述具有极为重要的理论意义。在实践中，人不仅塑造了自身，而且还创造了社会存在。卢卡奇把社会存在称作"第二自然"，他这样写道："如果我们从本体论上来考察这个问题，很快就会明白，整个'第二自然'是人类自己完成的对'第一自然'的改造。对于生活在'第二自然'中的人来说，'第二自然'是作为他自己的合类性生产而与他相对应的。"② "第二自然"与"第一自然"的区别在于，"第一自然"不是人类创造的，"第二自然"才是人类创造的；但"第二自然"并不是人类凭空创造的，而是在"第一自然"的基础上创造出来的。卢卡奇用"第一自然"和"第二自然"的比喻来说明"第二自然"对"第一自然"的依赖作用；另一方面是为了以更形象的方式来说明社会存在作为"第二自然"与自然存在作为"第一自然"之间的区别。卢卡奇认为，随着人类社会的发展，随着人类对自然的改造活动的深入，自然存在就其广度和深度而言不断地被社会化，但自然存在不会消失，自然存在对社会存在的限制也不会消失。

在资本主义条件下，实践同样重要，但它的主要内容发生了转变，实践主要指的是无产阶级的革命斗争。资本主义是一个普遍物化的社会，而消除物化现象和物化意识必须依靠历史辩证法使无产阶级达到自觉的阶级意识。那么无产阶级要形成什么样的阶级意识呢？在

---

① ［匈］卢卡奇：《关于社会存在的本体论》下卷，白锡堃译，重庆出版社1993年版，第25页。

② ［匈］卢卡奇：《关于社会存在的本体论》上卷，白锡堃译，重庆出版社1993年版，第206页。

卢卡奇看来，无产阶级的阶级意识是以无产阶级对自身作为历史辩证法的主体的自觉意识为核心的，"只有当无产阶级的意识能够指出发展的辩证法客观上要求采取，然而它自己又无力采取的步骤时，无产阶级的意识才能成长为过程本身的意识，无产阶级才能成为历史的同一的主体——客体，它的实践才能改造现实。"① 也就是说，在资本主义物化环境下，无产阶级必须用主客体相互作用的历史辩证法武装自己的意识，清除在资本主义制度下形成的物化意识，使自己由被动的客体变为主动的、自觉的主体，才能超越资本主义的普遍物化。当无产阶级以自己自由自觉的实践活动进行资本主义制度的改造时，不但自身成为积极主动的主体，而且也体现了理论与实践的统一，这就是总体性在理论上的自觉和在实践上的生成，即"以总体性为目标"，"与总体的关系不必表现为总体的全部丰富内容全都被有意识地包括在行动的动机和目的之内。重要的是要以总体性为目标，也就是行动要实现自己在作为总体的过程中的、我们在上面已经描述过的作用。"② 卢卡奇认为，这种自觉的阶级意识还必须诉诸行动，即革命的实践活动，这样才能在根本上改变现实。反过来说，无产阶级的革命行动是正确的或错误的，归根结底取决于无产阶级意识的发展。"无产阶级意识在变为实践时，只能给历史的辩证法迫使人们要作出抉择的事情注入生命，但决不能在实践中不顾历史的进程，把只不过是自己的愿望和认识强加给历史。"③ 卢卡奇反对盲目实践，尤其是盲目的革命实践，高度重视意识和意识形态批判的问题。正是在此基础上，晚年卢卡奇强调："意识与实践在起源和作用方面的不可分割的联系是关于社会存在的最重要、最客观的存在规定之一。哲学经常将客观现实与思维的世界图式分离开来加以把握，实际上它们是具有历史本质的最终过程中的两个不可分离的环节。"④

---

① ［匈］卢卡奇：《历史与阶级意识》，杜章智等译，商务印书馆1996年版，第290页。
② 同上书，第291页。
③ 同上书，第264页。
④ ［匈］卢卡奇：《关于社会存在的本体论》上卷，白锡堃译，重庆出版社1993年版，第233页。

这样，通过对辩证法的实践功能的强调，卢卡奇使他的历史辩证法不仅成为主客体统一的理论，同时也成为无产阶级改造资本主义物化现实的理论，这些基础上，他的物化理论、总体性理论、历史理论和阶级意识理论在历史辩证法中完成了统一。

## 第二节 柯尔施对马克思主义辩证法的新阐释

同卢卡奇一样，柯尔施[①]也是西方马克思主义运动的早期代表人物。他的《马克思主义与哲学》与卢卡奇的《历史与阶级意识》同年发表，二者在对马克思主义的理解方面表现出众多的相似性，尤其是对马克思主义辩证法的理解是不约而同的。

### 一 对第二国际、庸俗马克思主义和列宁主义的批判

"经济决定论"是第二国际对马克思主义理解的主流，经济决定论将全部社会、历史和结构统统用经济关系来解读，认为经济关系是在社会历史发展过程中唯一的决定性因素。第二国际认为，马克思主义就是以经济决定论为基础的经济学说和社会学说。第二国际的马克思主义者将社会存在分为三个方面：一是"经济"，经济是纯粹客观的非意识形态存在，法和政治的上层建筑以及社会意识都是在一定的社会经济结构的基础上形成并发展起来的；二是"法和国家"，"法和国家"看似是客观的，实际上它们并不全是客观的，因为它们被意识形态所覆盖；三是纯粹"意识形态"，意识形态不是客观的，同时也不是真实的，在马克思主义的理解中，它是社会生活的一种扭曲的反映。通过这样的区分，他们把马克思主义肢解为一堆原理，然后再

---

① 卡尔·柯尔施（Karl Korsch，1886—1961），德国著名马克思主义哲学家，西方马克思主义早期代表人物。柯尔施出生于德国托斯泰特城的一个银行经理家庭。在大学时期学习了法律、经济和哲学。1917年加入德国独立社会民主党；1920年加入德国共产党。1926年被开除党籍；1933年流亡美国；1961年去世。主要著作有：《马克思主义与哲学》（1923年）、《〈资本论〉导言》（1932年）、《为什么我是一个马克思主义者》（1935年）、《马克思主义的一个主要原则：一个重新表述》（1937年）、《卡尔·马克思》（1938年）等。

把这些原理堆积在一起,把马克思主义归结为经济理论和政治斗争的理论,而不是辩证统一的哲学理论,"马克思主义作为理论和实践在本质上是全然不可变化的、并且不包含任何哲学问题上的特定立场的。"① 一些庸俗马克思主义者同样存在对马克思主义的误解,他们认为马克思主义没有任何哲学理论,只不过是黑格尔主义在社会学方面的非常不重要的分支。

柯尔施对这些思想进行了批判。在《马克思主义与哲学》中,他说:"自从19世纪以来,全部资产阶级哲学,尤其是资产阶级的哲学史著作,出于社会经济的原因,已经抛弃了黑格尔哲学和辩证的方法。它已经返回到这样一种哲学的和写哲学史的方法,这种方法使得它几乎不可能从像马克思的科学社会主义这样的现象中得出任何'哲学的'东西来。"② 也就是说,第二国际和庸俗马克思主义者只将哲学局限于纯粹哲学的范围内,而没有意识到哲学可以存在于各种具体科学之中,而在马克思主义这里,哲学不仅是独立存在的哲学理论,而且是一种变革现实的实践理论。更重要的是,第二国际的理论家和庸俗马克思主义者没有将马克思主义理解为一个相互联系的总体,他们把马克思理论理解为一种纯粹的经济理论和社会理论,理解为各自分离的知识分支的总和,这就把理论和实践割裂开来,使马克思主义丧失了革命性,变成对于无产阶级革命来说是无用的东西,从根本上误解了马克思主义理论。

除此之外,柯尔施对列宁主义进行了批判。列宁在《唯物主义和经验批判主义》中认为马克思主义辩证法是对黑格尔唯心主义辩证法的唯物主义的颠倒,并由此将存在由"精神"变为"物质",把"认识"变为"反映",把辩证法由历史领域变为自然领域。与列宁不同,柯尔施对马克思主义的理解是在德国古典哲学思想的影响下进行的,他和卢卡奇一样,受到黑格尔哲学的很大启发,"德国古典哲学,这一资产阶级革命运动的意识形态表现,并未退场,而是转变成了一

---

① [德]柯尔施:《马克思主义与哲学》,王南湜译,重庆出版社1989年版,第4页。
② 同上书,第7页。

种新的科学,这种科学以后作为无产阶级革命运动的一般表现而出现在观念的历史上。这就是最早由马克思和恩格斯在 40 年代发现和系统论述的'科学社会主义'理论。"① 因此,柯尔施认为,"马克思和恩格斯对黑格尔唯心主义辩证法的唯物主义颠倒只不过在于把这种辩证法从它的最后的神秘外壳中解放出来。在'观念'辩证的'自我运动'下面发现了历史的现实运动,并把这一历史的革命运动宣布为唯一'绝对的'存在。"② 也就是说,马克思主义并不像列宁所描述的那样是一种实证的唯物主义学说,而是关于主体与客体相互作用的社会历史理论,它"是一种把社会发展作为活的整体来把握和实践的理论;或者更确切地说,它是一种把社会革命作为活的整体来把握和实践的理论"③。这就是历史辩证法。

## 二 历史辩证法的原则——总体理论

柯尔施认为,第二国际和庸俗马克思主义者对马克思主义的理解存在着重大失误,他们不是把马克思主义理解为总体性的整体。虽然柯尔施没有像卢卡奇那样经常使用"总体性"这个概念,但是他关于马克思的哲学新观点中却体现总体思想。在他看来,马克思对社会存在的理解不是孤立的,他从没有把理论只作为一种独立于历史和实践的纯粹观念的东西,在对社会存在和实在进行把握时,马克思总是强调理论和实践的辩证统一关系,因此,马克思主义"是一种把社会发展作为活的整体来理解和把握的理论,或者更确切地说,它是一种把社会革命理论作为活的整体来理解和实践的理论。"④

(一)总体理论的主要内涵

具体来说,柯尔施的总体理论包含以下要点:

第一,理论与实践的统一。柯尔施强调,马克思主义的根本思想是把社会存在和社会发展作为一个活的总体加以阐述,并由此形成了

---

① [德] 柯尔施:《马克思主义与哲学》,王南湜译,重庆出版社 1989 年版,第 13 页。
② 同上书,第 81 页。
③ 同上书,第 82 页。
④ 同上书,第 22—23 页。

辩证的总体观念,这个总体观念的核心就是理论与实践的辩证统一。但是,"马克思的支持者和追随者们,尽管在理论上和方法论上全都承认历史唯物主义,但事实上他们把社会革命的理论割裂成了碎片。"① 柯尔施认为,理论与实践的都不是孤立的,它们的关系也不是谁以谁为基础的问题,既不是实践决定理论,也不是理论指导实践,二者实际上是马克思理论总体的两个方面。从根本上说,马克思理论总体就是在理论上以辩证的方式,在实践上以革命的方式理解的唯物史观。

柯尔施关于总体是理论与实践辩证统一的思想,与卢卡奇的历史辩证法对总体性的理解是一致的。卢卡奇的总体性理论强调社会生活的事实或事件必须被看作是历史过程总体的各个部分或环节,柯尔施的总体理论则强调理论与实践是社会总体的不同方面。

第二,革命性和批判性的辩证统一。柯尔施认为,理论和实践的统一在马克思主义的总体理论中不是静态的,而是表现为一种改造现实的力量。马克思主义理论不仅是经济学、政治学和意识形态等方面的知识,也是社会历史进程中不断改造现实的自觉的行动。所谓"一个活的总体的社会革命理论",也包括社会历史中存在的不断地构成革命实践的活的、统一的、自觉的社会行动。因此,马克思主义理论与实践的辩证统一主要表现为革命性和批判性的辩证统一。柯尔施说:"马克思主义的历史唯物主义首先是历史的和辩证的唯物主义。换言之,它是这样一种唯物主义,它的理论认识了社会和历史的整体,而它的实践则颠覆了这个整体。"② 这里,柯尔施把马克思主义的实践理解为革命实践性,正是革命实践性使马克思主义对社会存在的把握是鲜活的而不是僵化的,是理论与实践统一的,而不是纯粹理论的知识总和。事实上,马克思正是用他的唯物史观对资本主义社会进行全面的批判,他对资本主义社会的批判"从来都是对资本主义社会整体的批判,因而也是对这一社会的所有

---

① [德]柯尔施:《马克思主义与哲学》,王南湜译,重庆出版社1989年版,第25页。

② 同上书,第38页。

意识形式的批判。"①

这样，通过总体理论的阐述，柯尔施改造了第二国际和庸俗马克思主义者支离破碎地理解马克思主义的倾向，恢复了马克思主义理论与实践辩证统一的总体性原则，发扬了马克思主义的批判性和革命性。以此为基础，他对马克思主义进行具体分析。

（二）马克思主义发展的三个阶段

从总体理论出发，柯尔施把马克思主义的发展划分为三个阶段：

1. 1843—1848 年是第一阶段

这一阶段的起点标志是马克思的《黑格尔法哲学批判》，终点标志是《共产党宣言》。柯尔施认为，马克思主义在这一阶段的理论是总体理论时期，马克思主义主要是以一个活的总体的社会革命理论体现出来。这一时期，它在马克思的整个理论体系中是最哲学化的，没有被分解为经济的、政治的和社会的各种因素，也没有以知识的方式表现出来，它是"一种把社会发展作为活的整体来理解和把握实践的理论。在这一阶段，毫无疑问，任何把这一整体的经济的、政治的和思想的要素划分为知识的各个分支的做法，甚至在每一个分支的具体特征被把握时，都是以历史的忠实性去分析和批判的。当然，不仅经济、政治和意识形态，而且历史过程和有意识的社会行动，都继续构成了'革命的实践'（《关于费尔巴哈的提纲》）的活的统一体。这一作为社会革命理论的马克思主义理论的早期和富有青春活力的形式的最好例子，显然就是《共产党宣言》"，这一分段体现了马克思整个理论体系的整体性和总体性。

2. 1848—1900 年是第二阶段

这一阶段的起点是巴黎无产阶级 1848 年 6 月的流血斗争，终点 19 世纪末 20 世纪初。这一阶段是马克思理论与现实的革命实践相结合的时期。马克思、恩格斯的思想在理论上更加成熟，他们用政治、经济、意识形态等多样性的知识来思考其哲学理论，尽管他们的思想

---

① ［德］柯尔施：《马克思主义与哲学》，王南湜译，重庆出版社 1989 年版，第 85 页。

发生了一些变化，但是他们从来没有破坏理论的总体性，他们的理论从未消融于不同知识的总和之中，"仍然是社会革命理论的唯一整体"，"理论和实践不可割断的相互联系，作为马克思的唯物主义的第一个共产主义类型的最独特的标志，在他的体系的较后期形式中，无论如何没有被废除……这种革命意志在马克思著作的每一个句子之中都是潜在——然而是存在的，潜在于第一决定性的章节中，尤其是在《资本论》第一卷中一再地喷发出来。"① 但是，这一阶段还包含了第一国际的建立和解散、巴黎公社起义、第二国际的建立等一系列重大的事件，但是这些重大的事件不但没有对资本主义社会发生重大影响，而且使工人运动处于陷入低潮。究其原因，是因为这一时期的马克思主义追随者，尤其是第二国际的马克思主义者和庸俗马克思主义者破坏了马克思主义学说的总体特征，理论与实践相脱离，作为总体性的环节的诸要素，如经济、政治和意识形态等也被肢解了。"马克思的支持者和追随者们，尽管在理论上和方法论上全都承认历史唯物主义，但事实上他们把社会革命的理论割裂成了碎片。在理论上以辩证的方式，在实践上以革命的方式理解的唯物史观，与那些孤立的、自发的各个知识分支，与作为脱离革命实践的科学上的目标的纯理论考察，都是不相容的。然而，后来的马克思主义者却越来越认为科学社会主义是一些纯粹的科学观察，与政治的或其他阶级斗争实践没有直接的联系。"② 在第二国际马克思主义者那里，统一的社会革命的理论被肢解为对资产阶级经济秩序、国家、教育制度、宗教、艺术和科学等的分门别类的批判。这些批判只具有改良的性质，不可能引导出摧毁资产阶级整个统治的革命实践活动。由于马克思主义学说的整体性遭到破坏，它必然陷入危机之中。

3. 从 20 世纪初开始是第三阶段

第三阶段是开始于第二国际的马克思主义者的"正统马克思主义"的分化和瓦解。在这个阶段中，列宁和罗莎·卢森堡开始力图从

---

① ［德］柯尔施：《马克思主义与哲学》，王南湜译，重庆出版社 1989 年版，第 25 页。

② 同上。

革命实践的新的需要出发来阐发马克思主义，从而恢复以理论和实践的统一为根本特征的马克思的社会革命的学说。但是，由于列宁本人理论缺陷，他把认识论只看作是反映论以及对辩证法的误解，"把从黑格尔的唯心主义辩证法到马克思和恩格斯的辩证唯物主义的转变仅仅看作这样一种转变：由不再是'唯心主义的'而是'唯物主义的'新的哲学世界观取代根植于黑格尔辩证法的唯心主义世界观。他看来并没有意识到，对黑格尔唯心主义哲学的这种'唯物主义的颠倒'至多只涉及一种术语的变化，用所谓'物质'的绝对存在取代所谓'精神'的绝对存在"。① 因此，他对理论和实践的统一性的理解存在很大弊端；而罗莎·卢森堡则由于缺乏哲学上的修养，也不能充分理解马克思主义的真正内涵。为此，柯尔施认为，必须把总体理论作为理解马克思思想的前提，恢复马克思主义在第一阶段的总体性和革命性，"马克思主义的科学理论必须再次成为《共产党宣言》的作者所描述的东西——不是作为一个单纯的回复，而是作为一个辩证的发展：一种关于包括整个社会一切领域的社会革命的理论。"②

这里，柯尔施所划分的马克思主义发展三阶段论是以其总体理论为依据的，当马克思主义在第二阶段和第三阶段偏离了以理论和实践的内在统一为特征的总体性理论时，就要对其进行重建，使之恢复第一阶段所具有的革命实践特征。从马克思主义学说所提倡的总体性，到这种总体性在第二国际的马克思主义者那里遭到破坏，再到这种总体性的恢复和发展，体现了马克思主义辩证思维的特质。

## 三　历史辩证法的具体化

由于柯尔施将马克思主义理解为理论和实践内在统一的历史辩证法，当他用总体的观点分析马克思的相关理论时就得出了不同于第二国际和庸俗马克思主义者的结论，"如果我们今天仍以我们习惯的学术范畴来思考的话，那么马克思的《资本论》似乎更多地是一种历

---

① ［德］柯尔施：《马克思主义与哲学》，王南湜译，重庆出版社1989年版，第81页。
② 同上书，第33页。

史的和社会学的理论,而不是一种经济理论。"① 也就是说,马克思主义从根本上说是一种社会发展的总体理论。应用总体理论,他对马克思主义的相关理论进行了分析。

(一) 对马克思主义相关理论的辩证分析

1. 马克思的政治经济学

在柯尔施看来,马克思的政治经济学不同于资产阶级学者的政治经济学,资产阶级学者以自然法探讨经济理论,因此把政治经济学理论称为不变的、绝对的科学。但马克思否定了政治经济学的绝对性,他认为政治经济学是受社会历史条件制约的,这样,政治经济学就由绝对的、无时间性的科学变为具体的、历史性的科学。

柯尔施认为,马克思的所有的经济学术语,都与经济关系所处的具体历史时代相关。在《资本论》中,马克思所指的"劳动"不是英国古典经济学家亚当·斯密和大卫·李嘉图考察的抽象的劳动,而是在资本主义生产中受资本控制的劳动。亚当·斯密和大卫·李嘉图虽然从具体的劳动形式出发考察劳动,但是他们总是把具体的劳动上升为抽象的一般劳动,把劳动作为生产交换价值的活动和物质财富的唯一来源。但马克思对劳动进行了区分,认为资本主义制度下生产剩余价值的劳动与抽象劳动是完全不同的,那种完全丧失的主体性的劳动正是马克思对资本主义经济结构进行批判的关键所在。同样,马克思所说的价值与英国古典经济学也是不同的,英国古典经济学认为,价值是受价值法则支配的,价值法则犹如一双看不见的手对社会经济起调控作用。但马克思认为,价值法则同样是具体的,它在不同的社会历史条件下具有不同的性质。资本主义条件下的价值法则是在资本主义生产和交换的动荡和危机中实现的,并由此揭穿了剩余价值的秘密。在《资本论》中,马克思还将资本主义与前资本主义资本的不同形态进行了比较,从资本的不同形态上看,在资本主义社会之前,资本是以货币形式、作为商人资本和高利贷资本的方式出现的。在近代资本主义社会中,产业资本占据了重要的地位。从资本主义生产与

---

① Karl Korsch, *Three Essays on Marxism*, New York, 1972, p. 41.

再生产的角度看，资本可分为货币资本、生产资本和商品资本。从资本的有机构成的角度看，又可分为固定资本与流动资本，流动资本又可细分为不变流动资本和可变流动资本；从流通的角度看，商人资本又可细分为商品经营资本和货币经营资本；从利润分配的角度看，又有生息资本这种特殊的形态。通过一系列的比较分析，马克思让我们看到了资本主义经济的秘密和资本主义社会的实质。

在马克思的思想中，政治经济学不再是一门关于商品的科学，而是关于社会劳动的科学，它探讨劳动的过程、要素及其发展，探讨劳动在资本主义社会中的特殊表现形态。马克思认为，政治经济学是资产阶级的科学。当资产阶级还是革命的、上进的阶级时，政治经济学常常对其起到了启蒙作用。但是，当资产阶级成为统治阶级，并用其经济理论麻痹其他阶级时，把无产阶级变为其经济结构的客体进行剥削时，为了对无产阶级进行启蒙，唤醒无产阶级的革命意识，必须对政治经济学进行批判。马克思对资产阶级政治经济学的劳动观的批判，是他全部批判活动的一个基本的出发点。柯尔施认为，马克思的政治经济学是其社会和历史理论的坚实基础，因为马克思"没有使经济学泯灭于历史、社会学和空想主义中，而是相反地为了按唯物主义观点研究社会的经济基础，使得对社会历史与理论研究的、一般的与不明确的形式精确化"①。

柯尔施认为，马克思主义使政治经济学由绝对的变为具体的，这完全可以称为经济学的"哥白尼转折"。这一"转折"的直接成果就是马克思对商品拜物教的阐述。商品拜物教将资本主义社会普遍存在的人与人之间关系的物化现象形象地表述出来，从深层次上科学地揭示了资本主义的异化问题，并且认为，只有通过无产阶级的革命斗争重新进行确定劳动的社会组织，才能最终消除商品拜物教。因此，柯尔施认为，马克思对商品的拜物教特征及其秘密的探索是马克思的政治经济学理论的核心，而且也是《资本论》的经济理论的精华，同

---

① ［德］柯尔施：《卡尔·马克思》，熊子云译，重庆出版社1993年版，第111—112页。

时也是对整个唯物主义的社会科学的理论的和历史的观点的最明晰、最正确的定义。

2. 马克思的社会学

在柯尔施看来，既然马克思主义是一种关于社会发展和社会革命的总体理论，马克思的社会学理论理应受到重视。马克思和恩格斯虽然没有像孔德那样明确提出"社会学"概念，但是却创立了社会学的新理论和研究社会学的新方法。他们把历史性带入社会学的研究中，提出了社会存在决定社会意识、经济基础决定上层建筑以及生产力与生产关系的矛盾运动构成社会发展的内部动力等观点，其中蕴含着抽象与具体的关系等社会学新方法。马克思关于抽象与具体关系的观点主要来自于黑格尔。黑格尔主张，哲学研究的是具体的东西，不是抽象的东西，因此，他提出"真理是具体的"的观点，要求把一般、特殊、个别三者辩证地统一起来。不过，在黑格尔那里，具体性并不是指感性的确定性，即事物的可感性质，而是指思维从抽象上升到具体的过程，也就是具体事物被创造和产生的过程。因此，黑格尔理论中的具体性是来自其唯心主义哲学的思辨的具体性。这种具体性常常以曲解经验事实为前提，关于自然和历史的经验知识在黑格尔那里不是目的，而仅仅是绝对精神实现自身的手段。

与黑格尔不同，马克思、恩格斯的抽象与具体关系的理论是从社会现实的具体性出发，从中概括出一般的理论，从而把理论活动与实际生活紧密地统一起来。对于马克思来说，真理的具体性来自于人的思维对客观实在的具体性的把握，思维过程对客观实在的具体性的把握虽然表现为具体的综合，表现为结果，但思维过程决不是具体本身的产生过程。柯尔施说："马克思是创建一个合理的概括类型的第一人，这一类型不同于迄今为止仍然被形形色色的社会、历史和哲学思想学派所运用的传统的概念生成的程序，它更接近于近来被实验科学家发明的建设性程序。"[①] 概念的具体性与经验事实的具体性并不是相互对立的两个领域，每一个普遍的东西，即每一个概念都保留着现

---

① [德] 柯尔施：《卡尔·马克思》，熊子云译，重庆出版社1993年版，第47页。

存的资本主义社会的具体性的一个特殊的方面。

马克思正是将这种方法应用于思考资本主义社会的现实,从而深刻地洞察到资本主义社会的一般规律,并将这种方法上升为一般的理论。在柯尔施看来,马克思对社会学研究的贡献有主要有五个方面:其一,把社会生活过程的所有现象归结为经济状况;其二,把经济学本身看作社会科学;其三,把一切社会现象视为由物质生产力的发展和被社会阶级斗争实现的革命过程;其四,正确地定义了经济与政治之间的关系;其五,把所有的精神现象都归结为一定的社会历史时期的社会意识的一定的形式。柯尔施说:"通过对资本主义社会这一特殊历史形态的分析,马克思达到了一种远远超过那种特殊形态的社会发展的一般知识。"[①] 这与资产阶级的社会学家是完全不同的,资产阶级社会学家只是按照抽象的概括方式获得知识,但这种方式并不能帮助他们把握社会运动和发展的真正现实。

柯尔施强调,要重视马克思的社会学理论,更要重视马克思的哲学方法在社会学上的可应用性。在新的历史条件下,不能泛泛地谈论马克思的哲学思想,而应当引导人们对实际生活作出更多的探索。

3. 马克思的历史唯物主义

柯尔施认为,无论马克思的经济理论还是社会理论,都贯穿着历史唯物主义的方法。这种唯物主义与费尔巴哈一样都是建立在对黑格尔的批判的基础上的,但它与费尔巴哈的自然主义的唯物主义根本不同。马克思的历史唯物主义主要涉及以下关系:

首先是自然与社会的关系,柯尔施认为,马克思虽然承认自然界的基础性地位,但是他对自然在历史过程中逐渐社会化给予更多的关注。他不像 18 世纪的唯物主义者一样,从外在于社会的自然因素,如气候、人种、人的身体的和精神的力量、人的生存斗争等之中引申出社会问题的答案,而是从已被历史和社会进程,特别是被人类实践活动的发展进程改变了的自然基础上来探讨社会问题。柯尔施进一步指出,自然在成为"社会的"的过程中,在不同的时代具有不同的

---

① [德] 柯尔施:《卡尔·马克思》,熊子云译,重庆出版社 1993 年版,第 51 页。

历史特征。马克思早已强调，人生存的感性世界并不是始终如一的东西，而是工业生产和社会状况的产物，是人们实践活动的结果。还有些感性对象不是自然存在的，而由于社会的发展，由于工业和商业的发展才提供出来的。"这种物质的、直接感性的私有财产，是异化了的、人的生命的物质的、感性的表现。私有财产的运动——生产和消费——是以往全部生产的运动的感性表现，也就是说，是人的实现或现实。"[1] 柯尔施对这种观点十分赞同，他强调马克思历史唯物主义理论中的一个基本观点，即不能脱离人和社会单独地去考察纯粹的自然，重要的是研究自然是如何在人的活动的推动下发展变化的。正是以此为基础，柯尔施批评了普列汉诺夫的"地理环境决定论"，认为它是对马克思恩格斯历史唯物主义学说的一种曲解。

其次是生产力与生产关系。生产力和生产关系也是马克思历史唯物主义中的一对基本的范畴。与马克思其他所有的经济学和社会学术语一样，生产力和生产关系这对术语也是应用了辩证法的具体性原理被经验的方法定义的，这与资产阶级学者总是用先验的方法定义概念不同。在柯尔施看来，这一对范畴不是关系到一般的社会学，而是关系到具体的生产方式。马克思对它们的研究不是从预先假定的和谐的观点出发，而是从阶级对立的观点出发；不是出于理论上思考的目的，而是出于革命实践的需要，因此而获得的结论不是独断的，而是批判的，所以，马克思说，"社会革命发展的驱动力量是内在于一个既定时代的社会——经济结构的潜在的生产力。"[2] 在马克思那里，生产力是人们从事物质生产的能力，生产关系则是人们在生产活动中结成的一定的关系。生产力与生产关系的矛盾运动构成了整个物质生产活动的过程。这样，马克思就是像资产阶级学者那样用静态的目光去看待整个社会的基础。对资产阶级学者来说，在一个给定的社会历史时期，物质生产方式是一个封闭的体系，是一个一成不变的东西。在这个封闭的系统内，物质生产才能得以实现，因而他们不能洞见社

---

[1] 《马克思恩格斯全集》第42卷，人民出版社1979年版，第121页。
[2] ［德］柯尔施：《卡尔·马克思》，熊子云译，重庆出版社1993年版，第116页。

会革命的深层基础。马克思的历史唯物主义主要探讨了资本主义社会中随着生产力的发展与生产关系之间必然陷入的矛盾，从而论证了无产阶级社会革命的必然性。

最后是经济基础与上层建筑。柯尔施认为，马克思和恩格斯写《资本论》时，在对经济基础和上层建筑关系这对范畴理解上，侧重于从作为基础的经济事实中引申出政治观念和法权观念，但并没有忽视政治、法律等上层建筑的重要性。但马克思的一些追随者或反对者却把马克思主义理解为单纯的经济决定论，似乎马克思主义的创始人根本不重视上层建筑和意识形态对经济关系的反作用。恩格斯在晚年已意识到这种对马克思主义的历史唯物主义的基本观点的曲解，他在致约·布洛赫和梅林的信中已批评了这种把经济关系作为唯一决定因素的错误的见解，强调了经济基础和上层建筑之间的活生生的辩证关系。

通过这样的分析，柯尔施将马克思主义的政治经济学、社会学和历史唯物主义与辩证法的总体理论有机地联系起来，使我们能够真正深入历史的具体过程中理解历史的本质。

（二）历史辩证法包含的相关原理

在柯尔施看来，马克思的历史辩证法作为一种总体理论是由以下几个不可分割的环节构成的：

1. 具体性原理

柯尔施认为，马克思主义历史辩证法是与具体的社会历史相联系的，因而总是具体的。这种具体性既体现在马克思、恩格斯对不同历史形态的分析中，也体现在它作为一种方法对马克思理论的捍卫上。在《资本论》中，他细致地分析区别了不同资本的形态，使我们对资本主义的经济结构有更加深入的理解；在《共产党宣言》中，马克思对资产阶级提出的共产主义要废除一切财产的责难进行积极的反击，他指出共产主义的一个显著的特点并不是一般地取消财产，而是要取消资产阶级的财产。在一些其他的问题上，马克思都运用具体性原理——予以驳斥。

2. 批判性原理

柯尔施认为，马克思和恩格斯于1848年前写的几乎所有的著作都充满了批判的倾向，而这种倾向仍然活跃在马克思的后期著作中，"马克思主义的理论既不构成一门实证的唯物主义的哲学，也不构成一门实证的科学。它自始至终是对现存社会的理论的和实践的批判。"① 但是，这种批判性并没有被第二国际的正统马克思主义者作为马克思主义的首要特点，他们更强调马克思主义的科学性。

3. 革命性原理

柯尔施认为，马克思主义作为具体的辩证法，它研究的主要领域是资本主义社会，问题的焦点则集中于资本主义社会的衰亡和危机问题上："它的主题不是肯定状态中的现存的资本主义社会，而是正在衰落的资本主义社会，这种衰落的倾向正在它的崩溃和解体中表现出来。"② 马克思通过对资本主义社会的系统的深入的研究，发现了资本主义社会经济运动的规律，揭示了它必然陷入的危机，必然在无产阶级的革命中被更高的社会形态所取代。因此，革命性原理是马克思主义的重要一环。

4. 实践性原理

柯尔施认为，马克思对实践问题非常关注。马克思对资本主义的批判不是口头的批判，而是落实到实践上。他号召无产阶级诉诸革命实践，诉诸推翻资产阶级统治的革命斗争。马克思主义的根本目的不是像黑格尔主义那样仅限于对世界与历史的描述，而是强调对现实世界积极地改造。马克思主义的理论并不是脱离实际的一种客观知识，它直接是无产阶级行动的指南。

通过这样的分析，柯尔施认为，正是马克思辩证法的这些内容，使马克思主义与黑格尔主义区分开来。黑格尔虽然是哲学史上第一个系统地表述辩证法思想的哲学家，但他的唯心主义辩证法最终导致与现存世界的妥协。而马克思对黑格尔的辩证法的改造，使辩证法成了无产阶级革命实践的有力武器，这也是马克思主义哲学的真正精神。

---

① Karl Korsch, *Three Essays on Marxism*, New York, 1972, p. 65.
② Ibid., p. 51.

# 第三节　葛兰西的实践哲学与历史辩证法

葛兰西[①]是与卢卡奇、柯尔施齐名的西方马克思主义的早期代表人物。在生活阅历上，他与卢卡奇和柯尔施的不同，卢卡奇和柯尔施的职业是大学教授，只是加入过共产党，并参与本国的国内革命。而葛兰西不是大学教授，甚至连大学都没有正式毕业，但是，他始终战斗在意大利政治斗争和革命斗争的最前线，丰富的革命经验和政治实践使他的理论更具有实践性。他的两部遗著《狱中札记》和《狱中书信》出版之后，许多西方学者认为，葛兰西创立了一整套适合于西方发达资本主义国家的新的马克思主义的理论，制定了社会革命的新策略，代表了20世纪马克思主义的发展中一股最富于独创性的新潮流。

## 一　实践哲学

同卢卡奇、柯尔施直接受黑格尔哲学影响不同，葛兰西的思想深受意大利哲学家克罗齐的影响。但克罗齐是新黑格尔主义者，因此应该说在葛兰西的思想中也包含着黑格尔哲学的渊源。

### （一）实践哲学的来源

在《狱中札记》中，葛兰西将马克思主义用"实践哲学"来称谓。这个称谓可能是为了避免当时意大利法西斯的书报检查，但它也表明了葛兰西对马克思主义的独特理解和深层把握。

虽然"实践哲学"是一个古老的概念，许多哲学家对它的理解也颇为不同。但在葛兰西这里，他是基于对整个马克思主义哲学史的把握而提出的。在他看来，从马克思到列宁，马克思主义哲学经

---

① 安东尼奥·葛兰西（Antonto Gramsci，1891—1937）是意大利著名马克思主义哲学家，他生于撒丁尼亚岛；1913年加入意大利社会党；1920年在意大利组建意大利共产党；1924年任意大利共产党总书记。1926年被法西斯警察逮捕入狱；1937年因病在狱外医院逝世。葛兰西的主要著作是在长达10年的监狱生涯中留下的大量笔记和书信，经后人整理以《狱中札记》《狱中书信》公开出版。

历了"从空想到科学和由科学到行动"两个阶段。在第一个阶段，马克思、恩格斯使人类的思想和理论由空想变为科学，即探寻社会历史发展规律的科学，这种科学的本质就是社会历史的实践性。第二阶段，列宁使马克思主义哲学走向了客观实践，马克思主义由科学转变为行动。

但这并不是说葛兰西把实践哲学（或者马克思主义）与人类的其他思想文化对立起来，正如他指出的："实践哲学是以这所有过去的文化为前提的：文艺复兴和宗教改革，德国哲学和法国革命，卡尔文主义和英国古典经济学，世俗的自由主义和存在于整个现代生活观念的根子中的这种历史主义。实践哲学是这整个精神和道德的改革运动的顶峰，它使大众文化和高级文化之间的对照成为辩证的对照。"[①] 这里，葛兰西认为，实践哲学是对迄今为止人类文化的总结，它不仅综合了德国古典哲学、英国古典经济学和法国的政治著作与实践，而且使这三种实践有机地统一起来成为实践哲学中任何一个部分，无论是理论的、经济的还是政治的都可以看到这三种因素的深刻影响。葛兰西进一步指出，由于德国哲学的语言与法国革命的政治语言实质上是一致的，所以，在某种意义上，可以这样说，实践哲学等于黑格尔加大卫·李嘉图。[②]

葛兰西不仅探讨了实践哲学的文化来源，而且还进一步探讨了实践哲学与现代文化的关系，他指出实践哲学在现代文化发展中占据重要的地位："实践哲学是现代文化的一个'要素'。它在一定程度上决定和丰富了某些文化思潮。"[③] 葛兰西指出，实践哲学与现代文化已经形成了一种新的融合，在这种新的融合的过程中，哲学家们对实践哲学的理解却是截然不同的：有些哲学家或哲学派别，如克罗齐、金蒂雷、柏格森、实用主义等将实践哲学纳入自己的哲学体系中，使它的某些因素成为这些哲学思潮的组成部分；但是，还有些哲学家用机械

---

① [意]葛兰西：《狱中札记》，曹雷雨等译，中国社会科学出版社2000年版，第308页。
② 同上书，第313页。
③ 同上书，第300页。

的、形而上学的目光去看待实践哲学，他们看不到或者忽视了现代各种文化思潮与实践哲学之间的融合，而把它与旧唯物主义等同起来。在这些人中间，也包括正统派马克思主义者，特别是布哈林，他将马克思主义理解为一种意识形态，而不是真正的、行动的实践哲学。在这种情况下，亟须认真反思实践哲学与整个人类文化（包括现代文化）相互影响的辩证关系，完整地、正确地理解实践哲学的真正本质。

（二）实践哲学的本质

关于实践哲学的本质，葛兰西是从哲学的性质入手来思考的。他说："什么是哲学？它是一种单纯的感受活动，顶多是一种整理性活动吗？或者说它是一种绝对创造性的活动？首先必须给'感受的''整理性的'和'创造性的'这几个词下个定义。"① 他对这些术语进行了定义并进行了分析："'感受的'一词暗示着确实有一个绝对不可改变的、'一般地'和在庸俗的意义上的客观存在着的外部世界。'整理性的'一词其意思类似于'感受的'。虽然它意味着一种思维活动，但这种活动是有限的和狭隘的。那么，'创造性的'这个词意味着什么呢？它应当意味着外部世界是由思维所创造的吗？但这是什么思想，是谁的思想呢？这里存在着一种陷入唯我论的危险。"葛兰西接着说："为了避免唯我论，同时又避免包含在认为思维是一种感受的和整理性的活动的机械论概念，就有必要用一种'历史主义的'方式提出问题，同时又把'意志'（归根结底它等于实践活动或政治活动）作为哲学的基础。但是，这种意志必须是合理的意志，而不是任意的意志；只有在这种意志符合于客观的历史必然性，或只有在它是正在逐步实现中的普遍历史本身的时候，它才能够得到实现。"② 因此，葛兰西明确指出，哲学的基础是实践活动，而实践活动必须以历史必然性为前提。"统一是由人和物质（自然——物质的生产力）之间矛盾的辩证发展达成的。在经济学中，统一的中心是价值，换言之就是产业工人和产业生产力之间的关系……在哲学中，统一的中心

---

① ［意］葛兰西：《狱中札记》，曹雷雨等译，中国社会科学出版社2000年版，第257页。

② 同上。

是实践，也就是说，是人的意志（上层建筑）和经济基础之间的关系。在政治中，统一的中心是国家和市民社会之间的关系……"①

葛兰西透彻地领会了马克思《关于费尔巴哈的提纲》的基本精神，认为实践是一种主客体相互作用的客观物质活动。他承认有先于人的活动的客观存在，但同马克思一样，他强调要从人的实践的角度来认识这种客观性，认为人本身是客观性的尺度。因此，所谓的客观性只能在人的实践活动中生成，实践创造和构建着一切客观实在。但是，他又认为，仅仅简单地将实践归结为"自然+人"是远远不够的，实践的本质也不能在自然或人的二元性中去确定，它本质上是主体与客体的辩证运动，"人并不是作为自然界的组成部分而进入同自然界的关系之中的。而是能动的，依靠劳动和技术而进入同自然界的关系中的。而且：这些关系还不是机械的，而是能动的和有意识的。"② 在这一过程中，主客体是相互生成的，因为"改造外部世界，改造一般的关系就意味着加强自己本身，发展自己本身"。按照马克思的理解，实践是"从主体出发"的具有创造性的客观物质活动，这种从主体到客体的运动是实践的根本目的。因此，在葛兰西看来，实践活动不是一成不变的物质活动，而是一个与主体意志、社会发展紧密相关的生机勃勃的历史进程。而且，随着社会历史的发展，实践必然"从劳动活动形式推进到科学活动的完成以及历史的人道主义"。

在对实践理解的基础上，他以历史的方式确定了实践哲学的本质："实践哲学是绝对的'历史主义'，是思想的绝对的世俗化和此岸性，是一种历史的绝对人道主义。追踪新世界观的线索，人们必须沿着这条路线。"③ 在葛兰西看来，实践哲学与旧的机械的唯物主义不同，它在历史主义的基础上赋予外部物质世界以新的含义。实践哲学主要以人的基本的实践活动作为考察对象，它的本质就与旧哲学的抽象性不同，它"是具体历史行为中对立面的同一性，也就是与某种

---

① ［意］葛兰西：《狱中札记》，曹雷雨等译，中国社会科学出版社2000年版，第316页。
② 同上书，第265页。
③ 同上书，第383页。

组织化（历史化）的'物质'，以及与被改造过的人的本性具体地、不可分割地联系起来的人的活动（历史——精神）中的对立面的同一性。行为（实践，发展）哲学，但不是'纯粹'行为的哲学，而是在最粗俗和最世故意义上的真正'不纯粹'的行为哲学。"[1] 这里，葛兰西强调了实践在人类历史中和哲学中的基础地位。

## 二 实践哲学与辩证法的关系

葛兰西认为，实践是马克思主义的基础和核心，马克思主义本质上就是实践哲学，而实践哲学的本质就在于人对客观现实的创造性，这种创造性的不断发生使整个人类社会历史成为不断改变实践活动的过程，这样，实践哲学与辩证法是统一的。

### （一）历史辩证法的基础是实践

葛兰西认为，马克思的辩证法在第二国际的理论家那里变成了一种与社会历史内涵相分离的唯物辩证法，特别是在布哈林的那本关于历史唯物主义的书中，历史辩证法被因果律和对规则性、正常性和统一性的探索所取代。同时，葛兰西也反对卢卡奇对自然辩证法的否定，在他看来，卢卡奇把人与自然完全对立起来的作法本身就违反了辩证法。但是，葛兰西所理解的自然辩证法与恩格斯不同，它并不是自然本身发展和变化的规律，而是人类改造自然的辩证法，也就是说，葛兰西所理解的自然辩证法不是要肯定自然界的客观辩证过程，而是把自然与人紧密结合起来，从而把自然辩证法纳入历史辩证法之中。在他看来，历史辩证法才是马克思主义辩证法的精髓。要理解历史辩证法，必须具有实践哲学的视野，"只有在把实践哲学看作一种开辟了历史新阶段和世界思想发展新阶段的、完整的和富于独创性的哲学的时候，才能领会辩证法的基本功能和意义。而实践哲学则在既超越了作为过去社会的表现的传统唯心主义和传统唯物主义，又保持了自身重要要素的意义上，做到了这一点。"[2]

---

[1] ［意］葛兰西：《狱中札记》，曹雷雨等译，中国社会科学出版社2000年版，第287页。

[2] 同上书，第351页。

也就是说，实践作为马克思主义的中心概念使我们能在"一元论"上理解马克思主义，这个"一元论"既不是唯物主义一元论，也不是唯心主义一元论，而是以实践为基础的主体与客体的相互生成和辩证统一。正是基于此，我们可以在一定条件下认为马克思的历史辩证法就是实践哲学。

（二）实践哲学将理论与实践统一起来

不仅历史辩证法的基础是实践，实践哲学的方法论内容与历史辩证法是一致的。"理论和实践的同一性问题是一种批判的行动。通过这种行动，实践被证明是合理的和必要的，而理论则被证明是现实的和合理的。"① 理论与实践的统一意味着马克思主义哲学与无产阶级革命实践是统一的，无产阶级的理论同时就是无产阶级的实践，无产阶级在改变世界的同时必须改变自身，"在这个意义上，真正的哲学家是而且不能不是政治家，不能不是改变环境的能动的人，而环境则被理解为我们每个人都置身其中的关系的总和。"② 在这里，葛兰西认为，哲学与政治不能分离，实践哲学与政治的关系尤其紧密，因为实践哲学本身与工人阶级争取自身解放的斗争密不可分，它所倡导的新文化与新社会的建设也具有重要的政治内容，因此，真正的哲学家不能不是政治家，他们在理论研究的同时，一定要积极地参与政治活动，投身于对周围世界的革命改造中。

（三）实践哲学具有强烈的批判性

辩证法不同于僵化的哲学体系的精神特征之一就是辩证法的批判本性，实践哲学同样如此。实践哲学在其产生的初期，对传统文化，尤其是黑格尔的哲学思想进行了深入批判，这种批判旨在消解把理论或实践绝对化的倾向，揭示两者的内在统一关系。马克思的新世界观正是在批判中形成并发展起来的。葛兰西认为，实践哲学并不只是一种哲学理论，而是一种哲学思考方式，它的重要特征就是批判性，它强调人的实践活动对现存现实的批判性和超越性，是

---

① ［意］葛兰西：《狱中札记》，曹雷雨等译，中国社会科学出版社2000年版，第279页。

② 同上书，第265页。

以"改变世界和使实践革命化"为宗旨的革命哲学。在葛兰西那里，强调实践哲学的批判性是为了引导人民群众确立一种普遍的"批评意识"和"文化批判能力"的思维能力，从而重建以实践哲学为基础的新文化和新社会。

# 第二章 法兰克福学派的社会辩证法

法兰克福学派是 20 世纪西方马克思主义的重要流派，这一称谓是对德国美因河畔的法兰克福社会研究所工作过的知识分子的总称。无论是从其成员数量，还是其理论的深度来说，法兰克福学派都是 20 世纪最大的西方马克思主义流派，在众多的学者中，霍克海默、阿多诺、马尔库塞、弗罗姆、本雅明等哲学家是法兰克福学派的第一代主要代表人物。哈贝马斯、施密特等哲学家是法兰克福学派的第二代主要代表人物。

法兰克福学派的辩证法思想十分丰富，总的来说，他们都强烈地反对纯粹的自然辩证法，主张辩证法存在于人的实践活动和社会发展的进程中。因此，我们可以用社会辩证法统称他们的辩证法思想，但他们的辩证法仍存在着形式上和阐述上的差异。

## 第一节 霍克海默和阿多诺的启蒙辩证法

霍克海默[①]是法兰克福学派的代表人物、法兰克福大学社会研究

---

① 马克斯·霍克海默（Max Horkheimer，1895—1973），法兰克福学派的重要思想家。出生于德国斯图加特的一个犹太人家族，先后在慕尼黑、弗莱堡和法兰克福学习，主要研究哲学、心理学和社会学。1923 年博士毕业在法兰克福大学任教。1931 年任法兰克福大学社会研究所所长。1933 年由于法西斯上台而流亡美国。1949 年回到德国；1973 年病故。主要著作有：《启蒙辩证法》（与阿多诺合著，1947 年）、《理性之蚀》（1947 年）、《批判理论》（1968 年）等。

所第二任所长、"社会批判理论"的创始人。他与阿多诺合著的《启蒙辩证法》在辩证法史上具有重要意义。

## 一 什么是"启蒙"

我们通常所说的"启蒙"或启蒙运动主要是指 17—18 世纪资产阶级思想家反神权、反封建的思想解放运动。可以说，《启蒙辩证法》所说的"启蒙"与这场启蒙运动确有渊源。但是，《启蒙辩证法》所说的"启蒙"更强调的是一种启蒙精神，即与这场启蒙运动相关的并延续于整个现代社会发展进程中的思想和行为状态。康德在《什么是启蒙运动》中指出："启蒙运动就是人类脱离自己所加之于自己的不成熟状态，不成熟状态就是不经别人的引导，就对运用自己的理智无能为力。当其原因不在于缺乏理智，而在于不经别人的引导就缺乏勇气与决心去加以运用时，那么这种不成熟状态就是自己所加之于自己的了。Sapere aude! 要有勇气运用你自己的理智！这就是启蒙运动的口号。"① 康德说出了启蒙运动的核心精神。在《启蒙辩证法》中，霍克海默和阿多诺具体分析了启蒙运动的核心精神，揭示了启蒙运动的基本内涵。

（一）启蒙运动的核心是理性至上，强调用理性消除神话，用知识代替幻想

《启蒙辩证法》的全书开篇，霍克海默和阿多诺就指出："就进步思想的最一般意义而言，历来启蒙的目的都是使人们摆脱恐惧，成为主人。"② 它的纲领是唤醒世界，祛除神话，用知识替代幻想。他们认为，17 世纪的思想家培根的"知识就是力量"已经为启蒙树立了主旨：人类能够用理性战胜迷信，去支配自然。理性至上的观念是近现代以来十分深入人心的观念，人们认为，只有理性能使人们摆脱蒙昧的生存状态，用知识和理性作为行为的依据就能够认识自然并征服自然。于是，理性的精神和原则开始统治世界，并深入个人和社会

---

① ［德］康德：《历史理性批判文集》，何兆武译，商务印书馆 1996 年版，第 22 页。
② ［德］霍克海默、阿多诺：《启蒙辩证法》，洪佩郁、蔺月峰译，重庆出版社 1990 年版，第 1 页。

生活的各个层面，成为评价现代社会一切事件和行为的准则。韦伯曾经分析了现代资本主义社会的理性化进程，并指出，在这种理性化进程中产生了以工具理性为内涵的理性精神。

（二）启蒙从根本上改变了人与自然的关系，确立了人对自然的无限统治权

霍克海默和阿多诺认为，在传统社会中，人对自然的知识是有限的，人们倾向于用自己的理智去认识自然和把握自然，而不是把自然当作自己的奴隶去征服和统治。但是，启蒙运动之后，由于知识不断增长而带来的技术革命，使人们拥有了征服自然的强大武器，人们把征服自然、从自然中无限地攫取作为最重要的目标；"无限地统治自然界，把宇宙变成为一个可以无限猎取的领域，是数千年来人们的梦想。这就是男人社会中，人们思想上所追求的目标。这就是男人引以自豪的理性的意义。"[1]

（三）启蒙确立了人的主体性地位，强调了人的普遍自由

霍克海默和阿多诺认为，在启蒙中，理性至上使人获得了对自然的绝对统治权，确立了人的主体性地位，人成为宇宙的中心和主人，"按照启蒙精神看来，许许多多的神话中的形象都是一样的，他们都来自主体。"[2] 启蒙运动将人弘扬人的自由、确证自己的本质力量作为理性统治世界的根本目的，换句话说，启蒙就是人通过知识而使自己成为世界主人的过程。启蒙运动相信，"理性"和"人"是同一语义的不同语汇，理性的发展和人的发展本质上是同一的。因此，启蒙运动对理性精神的强调最终会使人成为独立和自由的主体。

## 二 启蒙的自我毁灭

按照启蒙的预设，通过人的理性的弘扬，人最终由于不断彰显自己的本质而实现自由，人类也会最终获得解放。但是在《启蒙的辩证

---

[1] ［德］霍克海默、阿多诺：《启蒙辩证法》，洪佩郁、蔺月峰译，重庆出版社1990年版，第235页。

[2] 同上书，第4页。

法》中，霍克海默和阿多诺认为，启蒙非但没有实现它最初的承诺，反而走向了它的反面，它所设想的人对自然的奴役和统治以及人的自由非但没有实现，由于人对自然的无限索取，人类中心主义的泛滥，导致自然对人的疯狂报复，人类陷入了新的桎梏中。霍克海默和阿多诺称之为"启蒙的自我毁灭"。那么，启蒙为什么会走向自己的反面呢？它的内在的逻辑出现了什么问题？启蒙怎么就成为一种"自我毁灭的启蒙"了呢？对于这些问题，霍克海默和阿多诺从这样几个方面给予了说明。

（一）启蒙的宗旨是消除神话、破除迷信，可自己却走向了迷信，退化为神话

霍克海默和阿多诺指出，从启蒙运动的整个过程来看，启蒙反对神话和迷信的过程，也是使自身不断陷入新的神话和迷信的过程。这主要表现在：首先，许许多多的神话形象都来自于人的形象，即他们都是人这一主体的变形。因此，神话的本质是人向自然界的延伸，因此它的基本原则是拟人化，它潜在地突显了人的本质力量。而启蒙的原则是弘扬人的理性，其本质是主体对客体的控制，也是突显人的力量。只不过神话是通过神的语言表现出来，而现代是通过客观知识表现出来；其次，在神话中，因果关系存在于神话的事件与事件的联系之中。在启蒙运动中，理性思维同样包含了同神话一样的因果联系，只不过这种因果联系是通过精确的概念和数学公式般的逻辑建立起来的，启蒙认为这样就可以避免重新回到神话，但是这种数学公式当作思想的做法只能是重现因果关系，而不具有批判和超越意义；再次，同神话对神和英雄的崇拜一样，启蒙运动对理性的崇拜也达到了盲目状态，数学的逻辑成为思想的逻辑，抽象的公式取代了批判意识，"认识不仅要求知觉、分类和计算，而且要求对一切直接的东西进行一定的否定。但是，数学的公式，这种公式具有直接最抽象的形式的中介数字，相反却坚持了单纯直接性的思维。真正地保持实际的东西，认识局限于重复，思想只是同义反复。思想机器越是从属于存在的东西，他就越是盲目地再现存在的东西。从而启蒙精神就倒退为神话学，但它从未想到

要摆脱神话学。"① 最后，"万物有灵"和"商品崇拜"本质上是同一的，对物的崇拜是启蒙与神话的共同特征。启蒙反对神话就是要消除一个有魔力的自然，实际上就是反对"万物有灵论"，但工业生产和商品经济的发展却塑造了一个新的神灵，即"商品"，人们对商品的膜拜比对神灵的膜拜更热切，"摹拟活动使事物具有了灵魂，工业化主义使灵魂物化了。经济结构由于全面计划已变成自动的，商品是按照决定人的行动的价值进行交换的。自从自由交换结束以后，商品就失去了它的经济性质，而具有了偶像崇拜性质，这种偶像崇拜的性质一成不变地渗入了社会生活的各个方面。"② 因此，"商品崇拜"是另一种形式的"万物有灵"，现代人像古人崇拜神灵那样崇拜着自己的创造物，将自己束缚于其中，通过将自身异化而获得文明的进步。

（二）启蒙运动认为理性是认识世界的万能钥匙，但实际上理性却使人以错误的方式把握世界

霍克海默和阿多诺指出，启蒙运动强调理性至上，理性万能，人通过理性就能摆脱认识上的迷雾，但是，启蒙在认识论上的一些特点决定了它不能帮助人们正确地认识世界。首先，启蒙运动将科学和理性作为把握这个世界的唯一方式，否定其他价值的普遍性，因而导致人们在追求科技的同时，放弃了对意义的追求，用数学公式取代了思想，用概念取代了语言，用规则取代了意志。他们把古希腊的宇宙观等同于迷信，把图腾崇拜等同于宗教，认为梦和绝对理念之间没有什么差别，对于启蒙运动来说，一切与理性规则和数学运算不相符合的都是可疑的；其次，启蒙运动的理想是找到自然和社会乃至于人类所必须遵循的规律，并把科学方法作为有效的手段。它将人类的思维抽象化，将逻辑公式化，将历史原子化，将事件物质化，将所有的形式都用统一、固定的模式。但是，世界还存在着许多不能被抽象、统一的东西，这样，那些不能被固化、抽象化、公式化的事物不可避免地都流于谬误；再次，启蒙运动强调共性、取消个性，因而同一性成为

---

① ［德］霍克海默、阿多诺：《启蒙辩证法》，洪佩郁、蔺月峰译，重庆出版社1990年版，第23页。

② 同上书，第24页。

启蒙运动追求的原则。在同一性和自然界的统一性面前，所有的差异性和个性都被抹平。科学研究强调的是万物之间的联系和共性，各种经验事实被归结为同一的事件，事物之间的有机联系被单一关系所取代，理性成为判断事物标准的唯一法则；最后，启蒙运动将思维抽象化，但是，抽象的先决条件是主客体的分离，二元论的思维模式由此而确立。这种思维模式将主体与客体不是作为统一的总体，而是作为相互对立的两极，从而导致人与自然关系的紧张。

（三）启蒙运动试图增强人的能力，但结果却使人变得软弱无能

启蒙强调人的理性，认为只有理性才能增强人的力量，但是在现代文明面前，人类却表现得软弱无力，霍克海默认为，人的主体能力的丧失不只是统治者的策略的产物，也是启蒙的逻辑结果。首先，启蒙导致了工具主义的盛行，导致了统治的合理化。工具主义的盛行使人们陷入物的依赖中，人自身也异化为物。这意味着人丧失了反思能力，尤其是丧失了对统治合理性的思考。在古代思维中所包含的对于统治合理性的批判性思维，已经作为统治的工具而产生。在现代社会中，物已经成为一种新的统治力量，它使人变得软弱无能。其次，在启蒙的过程中，人的真正本质逐渐消失了。在现代社会中，人的差异性被抹杀，传统的行为模式和固定的思维方式被当作自然的、合理的模式强加于个人。每个人都成了大机器上的小齿轮，都成为了物，人的真正本质被抹杀了，人和物一样的微不足道。

（四）启蒙运动的过程不断在反对极权主义，可自己却变成了极权主义

《启蒙辩证法》中反复指出，启蒙运动就是极权主义。启蒙运动初衷是提倡理性，反对极权，但是启蒙运动的极权主义的归宿与它的初衷却是相反的。首先，在人与自然的关系上，启蒙运动强调通过人的理性来认识自然进而支配自然，在启蒙的进程中，人类支配自然的能力确实在不断增长，但是人类支配自然和控制自然的能力的增长却是以人性的全面异化为代价的。事实上，欧洲文明的进程就是人对自然不断征服的过程，自然被破坏的同时人也全面异化为非人。其次，通过启蒙，人们不仅实现了对自然的全面统治，同时也实现了对人的

全面控制。随着科学技术的发展，个人逐渐被表现为在机器生产的物质生产所统治，大机器生产使人固定于某一位置，人的身体和头脑被迫退化为简单的活动，思考能力衰退，想象能力单一，审美能力弱化，不仅如此，机器对人的控制进一步转变为统治机器对人的控制，官僚体制不仅在政治上还是在思想上对人控制不断加剧。随着思想的放弃，启蒙运动走向了极权主义，"今天，技术上的合理性，就是统治上的合理性本身。它具有自身异化的社会的强制性质。汽车、炸弹和电影，除非它们之中所含的因素表现出非法的力量，否则它们都会联结为一个整体。"①

（五）启蒙的目的是促进社会和人类进步，但是却导致了倒退

启蒙的悲剧在于，它的初衷是促使人类进步，但却使整个社会陷入了不可阻挡的倒退，自然在倒退，人类在倒退，文明在倒退。霍克海默和阿多诺认为，这种倒退从启蒙运动的一开始就被决定了，"现代工业社会的整个挖空心思想出来的机制，也不过是相互残杀的自然界。再没有手段可以表达这种矛盾了。这种矛盾是与单调严肃的世界一起运动的，艺术、思想、否定性就是从这个世界中消失的。"② 可悲的是，现代人陶醉于科技进步所带来的虚假的繁荣之中，迷醉于科技理性和工具理性所给予的感官享乐和闲暇之中，无法看到启蒙的毁灭性力量。"人类进行毁灭的能力如此之大，如果这种毁灭力实现了，整个地球就会成为一片空地。或者人类自身互相吞尽，或者人类食尽地球上全部动物或植物，万物就会从最低级的阶段重新开始。"③

通过这样的论述，霍克海默和阿多诺认为，启蒙的本意是认识真理和实现人的自由，但是，它自身的内在逻辑却无法实现这个目标，反倒使人类文明走向衰败。这里我们看到，《启蒙辩证法》中所说的"辩证法"并不是早期西方马克思主义所探讨的关于自然或历史的内部结构及诸因素的辩证关系，而是社会的发展包含有自我摧

---

① ［德］霍克海默、阿多诺：《启蒙辩证法》，洪佩郁、蔺月峰译，重庆出版社1990年版，第113页。
② 同上书，第241页。
③ 同上书，第210—214页。

毁和否定的力量。因此，《启蒙辩证法》实际上是通过对启蒙运动辩证历程的分析思考了整个人类文明，在此基础上，他们又把现代社会的"文化工业"置于整个人类文明史之中进行考察，现代社会是经过了几百年的启蒙，科学和理性高度发展的社会，也是人类财富高度积累、社会文明程度前所未有的社会，但同时，也是启蒙的负面作用展现得淋漓尽致的社会，高度的文明与极端的堕落结合在一起。商品成为支配一切的决定性力量，当它服务于资本时，资产阶级就成为社会绝对的统治力量，就连本来无功利的艺术也成为商品，艺术和艺术家都不是自主的，艺术成为资本的附庸，艺术家成为雇主的奴隶；艺术的功能不在于促进个性的伸展和审美能力的增强，而在于摧毁个性和满足人类的低级趣味；艺术生产不是为了满足人们日益增长的审美需求，而是为了促进消费，能够在市场竞争中获得利润成为进行艺术生产的决定性力量。在霍克海默和阿多诺的思想中，启蒙之所以走向自身的反面，是因为理性和科学日益成为控制人类的工具，理性和科学对现代人造成了新的压抑和控制。不仅如此，这种工具理性还使人越来越随心所欲地控制自然，人与自然的关系日益紧张，最终危及人类自身。

## 第二节 阿多诺的《否定的辩证法》

阿多诺[①]的《否定的辩证法》也是法兰克福学派一部重要著作。"否定的辩证法"的称谓并不是阿多诺首先提出的，马尔库塞在1941年的著作《理性与革命》中首次提出的"否定的辩证法"术语，以此来解读马克思的辩证法。但是，阿多诺却是完整地建构"否定的辩

---

① 西奥多·阿多诺（Theodor Wiesengrund Adorno，1903—1969），生于德国法兰克福的一个犹太家庭，1921年进入歌德大学学习哲学、心理学、社会学和音乐。1924年以一篇"关于现象学"的论文获得博士学位。1938年为躲避纳粹迫害赴美；1949年重新回到法兰克福，任法兰克福大学教授。1958年成为法兰克福大学社会研究所所长。1969年去世。主要著作有：《启蒙辩证法》（与霍克海默合著，1947年）、《新音乐理论》（1949年）、《最低限度的道德：对毁掉的人生的思考》（1951年）、《棱镜：文化批判与社会》（1955年）、《否定的辩证法》（1966年）、《美学理论》（1970年）等。

证法"并系统地阐述其基本精神和主要内涵的第一人。他力图在哲学的各个领域建立"否定的辩证法"的理论体系，通过思考和解释现实来批判和否定现实。

## 一 "否定的辩证法"是一种绝对否定的辩证法

阿多诺认为，《否定的辩证法》所提出的辩证法思想是一种新型辩证法，这种新型辩证法与哲学史上所有辩证法都完全不同，他的辩证法不同于柏拉图的概念辩证法，它是一种关于社会的辩证法，他的辩证法也与黑格尔的否定之否定的调和型辩证法不同，它是一种绝对的否定；而且他的辩证法也不同于马克思的辩证法，因为马克思没有将矛盾贯穿到底，而他的辩证法是彻底的矛盾律、彻底的否定。由此可以看出，否定在他的辩证法思想中具有重要意义。

（一）否定传统哲学的"同一性"原理，提出"非同一性"

阿多诺认为，传统哲学尽管哲学主题和理论主张各有差异，但基本倾向是一致的，就是追求"同一性"，同一性就是和谐、统一、同一，如古希腊哲学对和谐的追求，近现代哲学对主、客体统一性的追求等。但是，实际上，"非同一性"比"同一性"更具有优先性，而他的否定辩证法就是怀疑"同一性"，肯定"非同一性"，"辩证法是始终如一的对非同一性的意识"[①]在他看来，非同一性充斥于一切方面，辩证法的基本因素都是非同一性：首先，客体是非同一性的，这里的客体是指存在于一定时间、空间之内并受一定时间和空间所规定的那些个别的、特殊的事物，客体是意识活动的对象。他在论述黑格尔的理论时指出，黑格尔虽然对个别事物不感兴趣，但他对个别事物非同一性的理解蕴含着真理性。在黑格尔那里，同一性是指排斥了一切差异的绝对同一，而个别的、特殊的事物由于自身的特殊性，所以不可能与自身真正同一，所以个别事物只能是非同一的。黑格尔这个论断成为阿多诺理论的起点。其次，主体也是非同一性的。与客体相比，主体作为精神性的存在更不可能具有同一性，"在其主观方面，

---

① ［德］阿多诺：《否定的辩证法》，张峰译，重庆出版社1993年版，第3页。

辩证法的结果是主张思想形式不再把它的对象变成不可改变的东西，变成始终如一的东西。"① 正如黑格尔所论述的，矛盾是绝对精神发展的动力，这也意味着精神的非同一性。既然事物和思维都是以非同一性为特征，阿多诺认为，传统哲学对同一性的追求本身就是错误的。

在阿多诺看来，矛盾即是非同一性，事物都是矛盾统一体，事物的非同一性在于矛盾的非同一性。"根据意识的内在性质，矛盾本身具有一种不可逃避的和命定的合法性特征，思想的同一性和矛盾性被焊接在一起。总体矛盾不过是总体同一化表现出来的不真实性。矛盾就是非同一性，二者服从同样的规律。"② 他认为，马克思的辩证法思想把矛盾作为辩证法最基本的规律是马克思的卓越贡献，确实，辩证法的根本任务就在于研究矛盾、正确地表述矛盾。但是，矛盾的含义并不是黑格尔所赋予的含义，黑格尔把矛盾看作是对立统一，对立面的统一使黑格尔没有将矛盾的否定性进行到底，并在统一中达到对立面的调和。因此，阿多诺说："黑格尔没有把非同一性的辩证法贯彻到底，尽管他在别的地方的意图是想维护前批判的语言惯用法，反对反思哲学的惯用法。"③ 在矛盾辩证法中，同一与非同一是绝对地对立的，承认同一性就是完全否定非同一性，而承认非同一性也就是完全否定同一性，矛盾双方的绝对对立表明了对立双方的互不相容，它们只能是非同一性的关系。

（二）反对"否定之否定"，提出"绝对否定"

阿多诺不仅反对黑格尔关于矛盾是对立统一的理论，他对黑格尔的"否定之否定"同样不满意。在黑格尔看来，"否定之否定"就是扬弃，即否定之中带有肯定，肯定性蕴含在否定性之中。但是阿多诺认为，否定之中包含着肯定看似体现了肯定与否定的辩证关系，但实际上这种否定不是真正的否定，而是肯定或不彻底的否定，从本质上说是一种调和论，"坚持不懈的否定非常严肃地主张它不愿意认可现

---

① ［德］阿多诺：《否定的辩证法》，张峰译，重庆出版社1993年版，第151页。
② 同上书，第4页。
③ 同上书，第119页。

存事物。'否定之否定'并不会使否定走向它的反面，而是证明这种否定不是充分的否定。"①阿多诺强调，否定的辩证法是绝对的、彻底的否定，它不与肯定有任何联系，不可能与肯定共存。真正的辩证法是否定的辩证法，它表明事物的发展过程不是肯定——否定——肯定，而否定——否定——再否定，否定的辩证法的特征就是没有肯定，只有不断地否定，辩证法就等同于否定。

他认为，马克思也是主张绝对否定的。他以马克思在《1844年经济学哲学手稿》中对黑格尔扬弃思想的评价为例来加以说明。马克思在《手稿》中提出，黑格尔辩证法的主要缺点在于他在实际运用"扬弃"范畴的过程中，特别是在精神哲学中，总是在保存意义上夸大保存要素，从而导致否定之否定恢复并保留旧的东西。阿多诺认为，马克思在这里不是批评黑格尔夸大保存要素，而是从不承认有任何肯定因素出发，批评黑格尔容忍保存要素。

## 二 否定的辩证法是辩证的逻辑学

在阿多诺那里，否定的辩证法不仅仅表明事物的非同一性，即被思考的对象的非同一性，而且将主体的意识纳入考察范围，即人的思维方式和意识本身。从主体的视角来说，否定的辩证法可以作为一种认识论和逻辑学。

他强调，作为逻辑学和认识论的否定的辩证法的主要特征是把"辩证的思考"放在首位。那么什么是辩证的思考呢？

（一）辩证的思考意味着摆脱同一律

阿多诺认为，在近代哲学中，同一性主要是指思维与对象的同一，即 A＝A，这是形式逻辑的同一律。但阿多诺认为，由于作为客体对象的特征是非同一性，所以任何一个对象都是特殊的、个别的，而思维和概念只能通过整体的方式去认识对象，因此不可能完全穷尽和把握对象，既然不能完全把握对象，也就是说思维与对象不存在同一性。近代哲学认识论的错误就在于忽视思维与对象的非同一性，非

---

① ［德］阿多诺：《否定的辩证法》，张峰译，重庆出版社1993年版，第157页。

要找到二者的同一性。而否定的辩证法就是要使认识面向非同一性，从而带来一种新的哲学观念。在《否定的辩证法》之中，他分析了"一个人是自由的"这一判断句之间对象与概念的非同一性。他认为，一方面，"自由"作为概念既能说明这个人的性质，也能说明那个人的性质，因此概念与对象不具有同一性；另一方面，"一个人"作为对象，既有"自由"的特征，也有其他众多的特征或性质，"自由"只能说明"一个人"的某一方面的特征，对象与概念也不具有同一性。因此，思维与对象、概念与存在不具有同一性，思维自身就蕴含着内在矛盾，它与不同于自身的任何存在都是对立的。既然思维与对象不具有同一性，形式逻辑的同一律也就不能成立。"改变概念性的这人方向，使它趋于非同一性，是否定辩证法的关键。对概念中的非概念的基本特性的洞见将结束这种概念所产生的（除非被反思所终止）强制性同一。"① 因此，思维应该摆脱形式逻辑规定的同一律，而把差异、对立、否定看作是思维的根本规律。

（二）辩证的思考强调非概念性

否定辩证法反对一切同一性，也就反对一切概念。因为在阿多诺看来，概念是思维排除了对象的各种差异性和特殊性进行抽象概括的结果，概念或概念化意味着同一性。阿多诺认为，否定辩证法的根本作用在于消除对一切概念的崇拜，表明概念的空洞性，并把非概念性当作非同一性的内容，"哲学的反思要确保概念中的非概念物。否则，根据康德的名言，概念就是空洞的，最终由于不再是任何事物的概念而成为虚无"②。概念追求普遍性，它用同一性去概括对象，但对象却是非同一性的，因此，同思维一样，任何一个概念都不可能完全把握对象，因此，"改变概念性的这个方向，使它趋于非同一性，是否定辩证法的关键"。阿多诺进一步指出，作为对象抽象的概念只体现普遍，因此不可能与作为个别的对象相同一，根据概念我们也不可能获得生动丰富的对象；另外，很多现象概念无法把握，比如说，概念

---

① ［德］阿多诺：《否定的辩证法》，张峰译，重庆出版社1993年版，第11页。
② 同上书，第10页。

不能把握运动，我们不能通过概念把握事物的运动变化状态，对象的变化是永恒的，但概念却掩盖了对象的变动性，因此。概念的形式是空洞的。

（三）辩证的思考是反体系的

阿多诺从反对同一性、反对概念出发，进一步反对一切体系。他强调否定的辩证法是反体系的。反对体系意味着反对任何理论体系，因为任何体系都是要揭示世界的最终本质，要追求终极的同一性，而否定的辩证法是以矛盾和否定为研究对象，反对一切同一性的，因而必然是反对体系的。"哲学的体系从一开始就是自相矛盾的。它们的基础被它们自身的不可能性所纠缠。恰恰是在现代体系的早期历史中，第一种体系都注定在下一种体系手中被消灭。"[①] 也就是说，人不可能达到对终极同一性的认识，因为从非同一性中不可能归结出同一性，因此，通过建立体系去把握不断否定的事物和矛盾本身是不可能的，即使把握到了，也不具有真理性。阿多诺要求人们放弃对体系的追求，放弃对世界整体和存在本质的终极认识。同时，在阿多诺看来，体系本身有扼杀思想的危险，因为体系是封闭的、统一的，一旦有思想超出了体系的内在逻辑，体系的建立者就会将这种思想抛弃。从根本上说，体系意味着保守和僵化。

从以上可以看出，阿多诺的"辩证的思考"就是在矛盾中思考，在差异性和个别性中思考，它强调的是"瓦解的逻辑"："它的运动不是倾向于每一客体和其概念之间的差异中的同一性，而是怀疑一切同一性；它的逻辑是一种瓦解的逻辑：瓦解认识主体首先直接面对的是概念的、准备好的和对象化的形式。"[②] 正是"瓦解的逻辑"体现了否定辩证法的批判和革命立场。

### 三　否定的辩证法反对本体论和第一哲学

阿多诺强调非同一性的另外一个表现是对传统本体论哲学的拒

---

[①]　[德] 阿多诺：《否定的辩证法》，张峰译，重庆出版社1993年版，第20页。
[②]　同上书，第142页。

斥，在他看来，传统哲学无一不是在寻找和确证同一性。确实，传统哲学的主要特征是要通过现象揭示背后的本体，并力图论证本体与现象的同一性，他说："一种辩证法成为不可拒绝的，它就不能像本体论和先验哲学那样固守它的原则，它不能被继续当作一种不管如何变更都得坚持的支撑性结构。在批判本体论时，我们并不打算建立另一种本体论，甚至一种非本体论的本体论。"[①]

在反对哲学本体论的基础上，阿多诺同样反对第一哲学。在哲学史上，本体论和第一哲学是紧密关联在一起的。当人们要找出现象背后的本体时，也就有了第一性和第二性的区分，如现象和本质、思维和存在、主体与客体、先验和经验等。当人们确定了第一性的东西，也就基于此建立了第一哲学。阿多诺反对对第一性和第二性的区分，也反对第一哲学的构建，他认为必须使人们的思想从本体论和第一性、第二性的二元论中解放出来，抛弃第一哲学："凡在宣扬某种绝对'第一性'之物的地方都会谈到次于它的东西，谈到和它绝对异质的东西，即它的意义上的关联物。第一哲学便和二元论走到一起来了。为了避免这一点，基础本体论必须极力不去规定对它来说什么是第一性的东西。"[②]

因此，阿多诺反对把他的否定的辩证法说成是一种哲学本体论，但在一些地方，他又称其为基础本体论，主体与客体、思维与对象的相互关系仍然是其重要内容。在他看来，主体和客体的关系是相互作用、密不可分的：主体必须以客体作为自己的认识对象，客体也必须有相应的主体的介入才能够成为被认识的对象。这里，阿多诺打破了传统哲学主客体关系的二元论，也就是说，一方面，客体离不开主体，客体像传统哲学家所规定的那样是脱离主体的实体，它是中介，作为中介意味着客体只有与主体联系在一起时才能被认识；另一方面，主体也离不开客体，不仅客体是中介，主体同样是中介，主体的中介意味着主体的思维或意识中不可能没有客体，思维不能离开对

---

① [德] 阿多诺：《否定的辩证法》，张峰译，重庆出版社1993年版，第133页。
② 同上书，第135页。

象，否则它就是空洞的。

正因为主体与客体都是中介，而不是实体，它们相互不可分，因此探讨思维与存在何者为第一性、何者为第二性是没有意义的。在阿多诺看来，片面地突出主体，主张思维第一性、存在第二性，就会忽视主体对客体的依赖作用。"当主体断言自身是万物的培根式的主人并最终是万物中心主义创造者时，它便把一种认识论的和形而上学的东西带进了这种幻想。"① 反之，如果主张存在第一性、思维第二性的唯物主义原则，那就"将客体建立在曾经为主体所占据过的孤立的皇冠上，在这个皇冠上，客体只是一个偶像"②。也就是说，就会忽视主体的能动作用。所谓辩证法就是探讨主体与客体之间相互关系的。从这一点出发，他又像其他的西方马克思主义者一样，否认自然辩证法的存在。他认为，辩证法不能作为阐述的普遍规律扩大到自然界中去。

尽管阿多诺反对探讨思维与存在何者第一性的问题，但实际上他还是不能回避这一问题。在他看来，由于在当代马克思主义者中，强调客体第一性的"宿命论"占了统治地位，所以当务之急是突出主体的能动作用。从这一认识出发，他又宣扬起"主体是第一性"的观点。他说："客体，作为非同一性的肯定表述，是一个术语上的伪装。一旦这种客体成为认识的一个对象，它的物质的方面通过下述的途径一开始就被精神化了：通过翻译成认识论，通过那种一般地说在最终是由胡塞尔现象学在方法论上加以规定的还原。当着在知识的批判中不可解决的主体和客体的范畴，开始显得是虚假的——不是纯粹的彼此对立——时候，这也意味着客体的客观的方面，即它的不能加以精神化的方面，是只从按一个主观目的进行分析的观点来看才被称作客体的，而在这种分析中，主体的首要性看来是不成问题的。"③

---

① ［德］阿多诺：《否定的辩证法》，张峰译，重庆出版社1993年版，第170页。
② 同上。
③ 同上书，第148页。

### 四 否定的辩证法是一种社会历史观

阿多诺认为，否定的辩证法并不仅指一种哲学理论，它具有更深刻的社会历史内涵和实践革命内涵，"现状的权力建起了我们的意识要冲撞的外表。意识必须积极去冲撞这外表，只有这样才会使深层的假设从意识形态中解放出来。在这种抵抗中存在着思辨的要素：那种并不具有既定事实为它的法定的东西，甚至在和对象最亲密的接触中、在否定极神圣的先验物中也要真正既定事实。"① 这里隐含的意思是，否定的辩证法在形式上存在思辨的要素，但事实上是能够对抗现实世界的实践力量。它的实践性主要表现在以下方面：

一方面，否定意味着人的自由。因为否定的辩证法的逻辑是一种瓦解的逻辑，因此它的宗旨是超越和破坏，超越现存的一切事物和意识，破坏一切思想上的假设。人的实践活动也具有这种超越性，对现存的否定和对压抑的抵制是人的自由的最好表达，"自由意味着批判并改造境况，而不是通过在境况的强制结构中作出决定来证明境况。"② 在阿多诺的理解中，自由就是否定、反抗和批判，人真正的自由体现在对现存进行批判和改造的实践性力量。

另一方面，否定是历史的本质。阿多诺认为，整个人类的社会历史运动也是不断否定的。黑格尔的历史观是历史与逻辑的符合，而阿多诺对此进行了断然的否定，"世界精神既是又不是精神，毋宁说它是否定性。"③ 因此，历史是与否定性联系在一起的，它是破坏性的、是革命性的，历史总是不断地否定固定的时代，不断地将将来变成现在，将现在变成过去，历史的本质是在不断地否定和革命中确立起来的。他用一个简单的命题表达了历史的本质："否定辩证法＝瓦解性的破坏。"他提出不但要破坏以往陈旧的东西，还要破坏新的东西，不仅要破坏传统，而且要破坏进步，不能相信"未来总是存在于现实之中"，也不能相信历史的连续性。否定的辩证法的实质就是破坏、

---

① [德] 阿多诺：《否定的辩证法》，张峰译，重庆出版社1993年版，第16页。
② 同上书，第222页注释。
③ 同上书，第302页。

批判，这种破坏、批判是真正的革命。

## 第三节　马尔库塞的社会历史辩证法

同霍克海默和阿多诺一样，马尔库塞[①]也是法兰克福学派的主要代表人物，西方马克思主义的最有影响者之一。早期，马尔库塞从黑格尔出发来理解马克思主义，后期，他深受弗洛伊德的影响，并把马克思主义和弗洛伊德主义紧密结合起来，成为弗洛伊德主义的马克思主义的代表人物之一。他不仅对马克思的辩证法进行了研究，他的社会批判理论也蕴含着丰富的辩证法思想。

### 一　马克思辩证法与黑格尔辩证法的区别

马尔库塞明确把马克思辩证法称为社会辩证法，在他看来，马克思理论的所有哲学概念都是社会的和经济的范畴，而黑格尔则相反，黑格尔的社会和经济范畴都是哲学概念。就辩证法来说，二者的区别主要表现在以下几点：

（一）否定辩证法的形而上学性

马尔库塞认为，是否具有形而上学是马克思的辩证法与黑格尔的辩证法的根本区别，"对于马克思来说，如同对于黑格尔一样，都主张真理仅仅存在于否定的整体中，然而，马克思理论所产生的整个不

---

[①]　赫伯特·马尔库塞（Herbert Marcuse，1898—1979），美国德裔著名哲学家，法兰克福学派代表人物之一。生于柏林的一个犹太家庭，1917 年参加社会民主党，两年后退党。1919 年起在柏林、弗莱堡大学攻读哲学；1922 年获博士学位。1928 年回到弗莱堡大学，担任海德格尔的助手。1932 年进社会研究所。1933 年流亡瑞士，1934 年赴美，进纽约的社会研究所。"二战"期间先后在美国战略情报局和国务院任职。1950 年在哥伦比亚大学执教，1951 年在哈佛大学任职。1954 年起任布兰代斯大学教授。1965 年出任加利福尼亚教授。1979 年赴西德访问途中，逝世于施塔贝恩克。主要著作：《历史唯物主义的现象学导引》（1928 年）、《辩证法的课题》（1930 年）、《黑格尔本体论与历史性理论的基础》（1932 年）、《历史唯物论的基础》（1932 年）、《理性与革命》（1941 年）、《爱欲与文明》（1955 年）、《苏联马克思主义》（1958 年）、《单向度的人》（1964 年）、《文化与社会》（1965 年）、《论解放》（1969 年）、《反革命与造反》（1972 年）、《批判的哲学研究》（1973 年）、《审美之维》（1978 年）。

过就是黑格尔哲学的整体,二者的差别包含着黑格尔与马克思辩证法之间的决定性的差别。"① 黑格尔的辩证法总的来说是一种世界观,内在地包含着形而上学性,因而他的辩证法是本体论的;而马克思的辩证法不再具有形而上学性,它不是世界观,而是一种历史的方法,因而是非本体论的。因此,马尔库塞说:"对于黑格尔来说,整体就是理性整体,一个封闭的观念体系,最终与历史的理性体系相一致,黑格尔的辩证过程因而就是一个普遍的观念过程,在这个过程中,历史被存在的形而上学过程所限定。另一方面,马克思从而今的基础中获得了辩证法。在他的著作中,现实的否定变成了一个历史条件,一个不能被作为形而上学关系状态的而具体化的历史条件。"② 这一观点与早期西方马克思主义者卢卡奇不同,卢卡奇虽然也在历史领域中思考辩证法,但他并不否定辩证法的形而上学性,甚至将辩证法与社会存在本体论紧密联系起来。但马尔库塞明确反对辩证法的本体论化。在他看来,辩证法本体论化的结果是把辩证法机械化,使辩证法失去现实的意义,变成一种僵化的规则。黑格尔的辩证法之所以丧失了革命性一个根本原因就在于他把辩证法作为普遍的世界观。马尔库塞认为,辩证法只能是一种方法,是一种思考方式,"辩证法因此由于其性质而成为一个历史的方法。辩证的原则并不是一个普遍的适用于任何一个主体物质的原则。"③

(二) 否定自然辩证法

同卢卡奇一样,马尔库塞明确反对自然辩证法,否认自然界存在辩证法的因素。但与卢卡奇不同的是,他不像卢卡奇那样,从主体——客体的总体性辩证关系出发来否认自然辩证法,而是从自然界的客体性出发来阐述的。在他看来,辩证法主要是论述主体与客体的相互作用,由于纯粹的自然界只有客体而没有主体,所以辩证法不可能存在于自然界。马尔库塞否认"自然辩证法"的客观实在性则是为了突出人的主体地位。在他看来,社会与自然对人来说是根本不同

---

① [美] 马尔库塞:《理性与革命》,程志民等译,重庆出版社1993年版,第284页。
② 同上。
③ 同上。

的，社会是由人构成的，因而人内在于社会之中，而自然是由人之外的因素构成的，因而人是外在于自然界和自然规律的，人无法改造自然规律，必须遵循自然规律。因此，辩证法只能在社会历史领域之中，而不能存在于自然界。如果认为辩证法既存在于社会领域又存在于自然领域，那就必然要承认在人之外还存在着精神实体或主体，从而动摇人的主体地位。当然，他并没有否认在人的社会历史中包含自然的因素，但这种自然已经被纳入社会和历史中，而不是纯粹的自然，"辩证法的整个也包括自然，但仅涉及进入社会再生产的历史过程的自然和成为社会再生产的历史过程的条件的自然。"① 但是，黑格尔并没有看到这一点，黑格尔把辩证法的运动普遍化为所有存在的运动，无论自然、社会、历史还是思维的发展变化都可归结为范畴和规律的辩证运动，因此所得到的仅是"对历史运动的抽象的、逻辑的、思辨的表达"。换句话说，因为黑格尔将辩证法用于自然领域中，因而消除了辩证法否定性内涵，而否定性恰恰是辩证法的核心，"对于马克思来说，如同对待黑格尔一样，辩证法注重于这一事实：内在的否定实际上就是'运动和创造的原则'，辩证法就是'否定的辩证法'。"②

（三）辩证法的阶级性

马尔库塞不仅认为辩证法只存在于社会和历史领域，而且认为辩证法并不是适用于所有的社会形态中，它只在阶级社会中起作用。"马克思的辩证法就其他方面看是一个历史的方法；它涉及历史过程的特殊阶段。"③ 那么为什么辩证法只在阶级社会中起作用呢？马尔库塞认为，辩证法本身就是阶级社会的产物，"在阶级社会的进步中，再生产在其发展的不同水平上表现出了各种各样的形式，因而，导致所有辩证法概念的基本结构的形成。"④ 马克思在描述黑格尔辩证法时，认为他只是描述了人类历史的一个特殊的领域，马克思称之为

---

① ［美］马尔库塞：《理性与革命》，程志民等译，重庆出版社1993年版，第284页。
② 同上书，第256页。
③ 同上书，第285页。
④ 同上书，第284页。

"人类成熟的历史",这个人类成熟的历史就是辩证法起作用的领域。人类成熟的历史,马克思也称其为人类的"史前史",它是阶级社会的历史。当阶级被消除时,人类的"实际历史"才真正开始。当人类的"实际历史"开始时,辩证法将不再起作用。所以无论是黑格尔的辩证法还是马克思的辩证法,所揭示的都是人类的史前史,只不过黑格尔的辩证法是为史前史的发展规定了一个抽象的逻辑形式,而马克思的辩证法则赋予历史以真实的具体运动。因此,马尔库塞说:"马克思的辩证法从其开始的否定描述了人类在阶级社会中存在;使否定加剧并最终废除了否定的矛盾对立就是阶级社会的对立。马克思辩证法的本质所要表述的就是,随着从阶级社会所代表的史前史向无阶级社会的历史的过渡,历史运动的整个结构将发生变革;一旦人类已成为其自身发展的有意识的主体,它的历史将不再依据史前史阶段的形式来叙述。"① 也就是说,随着阶级社会的消失,否定和对抗的消失,辩证法就会失去存在的意义。

### 二 历史辩证法的基础

马尔库塞对黑格尔与马克思辩证法的比较说明了马克思辩证法与黑格尔辩证法的区别,突出了马克思辩证法的社会性和阶级性。但是,马尔库塞并没有从根本上否定马克思和黑格尔的关系,在他看来,在更为基本的方面,二者存在着同一性。马尔库塞在分析黑格尔哲学的基础上,对二者的同一性进行了阐释。

（一）黑格尔哲学的革命性

马尔库塞认为,黑格尔哲学无论是与哲学史上以往的哲学相比较,还是与他同时代的哲学相比较,都是非常进步和革命的。

首先,黑格尔哲学是以法国大革命为社会背景产生的。当然,实际上整个德国古典哲学产生的社会历史背景都包含法国大革命。但是,黑格尔哲学更重视在理性的基础上如何建构合理的国家和社会,而不是像康德那样对理性本身进行分析和评判,黑格尔思考的是如何

---

① [美]马尔库塞:《理性与革命》,程志民等译,重庆出版社1993年版,第286页。

使现实国家既完成它的使命，又符合个人的自由。"理性的概念是黑格尔哲学的核心。黑格尔认为，哲学思维只是以自身为先决条件，历史涉及理性，而且只涉及理性，而国家则是理性的实现。"① 在黑格尔看来，法国大革命所带来的历史的决定性转变就是人类达到对精神的依赖，并且敢于使既定的现实服从理性的原则。法国的革命者把理性作为一种精神力量，正是这种力量使法国人民从专制的桎梏下解放出来，这种力量也必将使世界成为进步和幸福的乐园。因此，理性能够战胜社会不合理的现实和推翻人类的压迫者。对理性的强调是黑格尔在对法国革命进行分析总结的基础上提出的。

其次，黑格尔理性哲学继承了欧洲大陆理性主义的传统。马尔库塞认为，黑格尔哲学是对笛卡儿哲学的继承和对英国经验主义的批判。英国经验主义对理性能够掌握世界的真理持否定态度，他们把观念的存在归因于习惯的力量、经验的作用和心理的结构，而否认了真理和理性的力量。但是以笛卡儿为开端的大陆理性主义则把真理的获得作为哲学的最重要使命，"哲学从来没有终止过要求指导人成为自然和社会合理主宰的努力的权力。或者说也从未终止过以哲学精心建构关于世界知识的最高和最一般的概念这一事实作为这一要求的根据。由于笛卡儿哲学的实践关系假定了一个新的形式方式，这种形式与现代技术的进步潮流趋势相一致。"② 笛卡儿的对真理的建构也是黑格尔理性哲学的开端，在黑格尔这里，真理不仅是与概念、命题和判断相联系，而且与历史相关，也就是说，真理不仅仅是思想的本质，而且也是身处历史中的现实的本质，这一现实，就是可以称作"真理"的国家。

最后，黑格尔哲学与实证主义的比较。实证主义作为黑格尔之后欧洲主要的文化思潮在哲学上主要是反对法国和德国的理性主义倾向。实证主义认为，黑格尔哲学的否定性使它否定了任何不合理的和非理性的存在，它虽然在历史中理解事物，试图在时间中实现事物的

---

① ［美］马尔库塞：《理性与革命》，程志民等译，重庆出版社1993年版，第4页。
② 同上书，第15页。

潜能，但从根本上说，它并没有认识到事物的真正实在。因此，理性主义不能提供真正的知识，而实证观察和感觉经验才能确认实际发生的事情的可靠性。"黑格尔的辩证法被视为特定的一切毁灭性否定的典型，因为在辩证法中，每一个直接的特定形式都成为它的对立面，并只有如此它才能获得它的真正内容。批判主义者[①]认为，这种否定了真实的特定尊严。"[②] 马尔库塞认为，黑格尔竭力否定经验事实的可信性，强调如果理性不能统治现实，现实本身就不会是合理的，主体只有渗透到自然和历史的内容中去，现实的合理性才是可能的。实证主义则要求用人类的经验知识去统一哲学，要废除任何把现实从属于理性的做法，人们要通过观察和研究普遍有效的规律去认识现实和现象。但是，实证主义如果将这种实证的态度带入普遍存在的事物关系中，它必将肯定现存的秩序而反对那些认为需要对现存进行否定的人。这在政治上就会导致与黑格尔的理性主义完全不同的结果，实证主义变成了一种顺从主义、保守主义、极权主义，而黑格尔的理性主义却与激进主义、民主主义结盟。"黑格尔认为社会和国家将成为人类的历史成果，并从自由的方面解释了它们。相比之下，实证哲学则在自然形式之后和客观必然性的方面研究社会实在。事实关系的独立将被保存下来，理性化会在一个特定领域内被接受。通过这种方式，实证哲学目的是要反对批判过程，它包含了对特定的东西的哲学否定，以及恢复事实实证的尊严。"[③]

由此，马尔库塞指出了黑格尔哲学的基本内容："黑格尔不仅认为，存在的每一个东西都能如此地与其潜在相一致，而且认为精神已达到了自由的自我意识，变成了自由的自然和社会。理性的这一实现不仅是一个事实，而且是一个任务。客体所即刻表现出的形式并仍不是它真实的潜在形式。经过第一次否定，简单的既定与其真实的潜在是不同的。它在克服否定的过程中，变成了真实的、从而达到真理的诞生所要求的既定现存状态灭亡的目的。黑格尔的乐观主义是以对现

---

① 这里的批判主义者指实证主义者。
② [美] 马尔库塞：《理性与革命》，程志民等译，重庆出版社1993年版，第294页。
③ 同上书，第295页。

存的否定为基础的。所有形态都被理性的溶解运动所同化。理性的这种运动不断地取消和改变这些现存事物形态直到它们符合于概念。正是这个运动使思想反射在这个和解过程中。如果我们追寻我们感觉和概念的真实内容，追寻所有的立刻派个人客观崩溃的界限，它们将被溶解成大量的关系，这些关系详细地说明了客体发展的内容和在主体理解活动中的结果。"① 也就是说，黑格尔认为，理性的逻辑已成为真理，成为人们普遍承认的真理，那么接下来则是其在实践上的应用，"现在的特定条件就是一个必须要忍受的'苦难'，一个悲惨和不公正的世界，但在这个世界中产生自由理性的力量。对这些理性力量的认识就是哲学的作用，而社会真正秩序的获得则是实践的作用。②" 理论与实践是统一在一起的，理性与革命也是统一在一起的。理性的真正实现不仅仅在理论中、在哲学中的实现，更是在实践中、在社会中的实现。正如黑格尔的著名命题"合乎理性的东西是现实的，现实的东西是合乎理性的"所昭示的那样："凡是现存的、丧失必然性的东西，都应当使之灭亡，而凡是合乎理性、概念、理念的东西也注定会成为现实。"这一命题的字里行间迸发出革命的火花。

（二）马克思主义对黑格尔的继承

上文中，我们看到马尔库塞虽然承认了黑格尔的理性主义与孔德的实证主义的重要区别，但同时也肯定了哲学向社会学转向这一事实，只不过这种转向与实证主义的社会学是根本不同的。马尔库塞认为，理性主义由哲学的思辨转向社会的革命是由马克思来完成的。

关于马克思与黑格尔的关系，正统马克思主义者历来有三种看法：一是认为黑格尔哲学只是马克思主义哲学其中的一个来源，黑格尔辩证法与费尔巴哈的唯物主义以及空想社会主义共同构成了马克思主义的来源；二是认为马克思对黑格尔哲学是批判地继承，而批判是主要方面；三是认为马克思主义吸收了黑格尔辩证法思想的合理内核，而消除了其哲学的唯心主义，是一种积极的扬弃。马尔库塞认

---

① ［美］马尔库塞：《理性与革命》，程志民等译，重庆出版社1993年版，第23—24页。

② 同上书，第166页。

为，这三种观点均没有看到马克思哲学对黑格尔哲学的真正延续性，因此，需要重新阐释马克思与黑格尔的关系，以此对马克思的历史辩证法有正确的理解。

马尔库塞认为，马克思的理论与黑格尔的理论确实存在着不同，这主要表现在二者对理论的阐述方式不同，黑格尔的理论是将社会内容与经济内容包含于哲学思考中，而马克思的理论是以哲学思想为基础的社会学和经济学理论，这是一种形而上学思考方式的变革，"马克思理论的所有哲学概念都是社会的和经济的范畴，然而，黑格尔的社会和经济范畴都是哲学的概念。即使马克思的早期著作也不是哲学著作。它们表述的是哲学的否定，尽管它们是用哲学的语言表述的。"① 尽管如此，黑格尔的思想与马克思主义并不是根本对立的。黑格尔哲学真正的革命意义在于对理性主义的强调，这种思想被马克思全面继承过来。马克思对社会历史的辩证思考并由此而建立的关于社会发展思想的理论基础就是黑格尔的理性主义。马尔库塞认为马克思主义是黑格尔哲学的直接继承者，二者之间的同一性在于他们都从理性中获得了自己的力量，要求世界服从理性。

比如在经济学上，马尔库塞认为，马克思的经济学完全脱离了资本主义经济学家政治经济学的水平，经济关系、法律、制度在马克思那里不是孤立的客体对象，而是人类生活于其中的历史形式，所以经济范畴才是人类存在的决定性因素。同样，劳动也不仅是一个经济活动，更根本的在于，它是人类的根本活动，是人的自由意识活动。"当马克思谈及人的'普遍本质'时，他概括了这些人类的性质；他的经济学的考察特别地与这样一个问题联系起来：经济学能否实现人类的普遍本质。"② 马尔库塞指出，在以下思想中体现了黑格尔、费尔巴哈和马克思的一致性："人的真正本性存在于他的普遍性中。他的精神和物质才能只有在所有的人作为人存在，他们的人类智慧不断增长时才能被实现。只要所有的人都是自由的并作为'普遍的存在'

---

① ［美］马尔库塞：《理性与革命》，程志民等译，重庆出版社1993年版，第235页。
② 同上书，第250页。

而存在，那么人类就是自由的。当这些条件具备时，生活将被所有的个体所包含的潜能所规范。对于普遍性的强调也把自然代入了人类自我发展中。如果'自然是人的产物和人的现实'，以便'在他自己所创造的世界中认识到了自身'，那么，人类才是自由的。"①

马尔库塞认为，马克思关于"劳动"的观点更倾向于黑格尔而不是费尔巴哈，马克思认为，黑格尔关于劳动将感性确定性和自然带入历史过程中的观点使他重视劳动实践。但费尔巴哈忽视了劳动这一作用，即劳动可以把人类的自然性生存转变为社会化生存，"劳动把人类存在的自然条件改造成社会条件。由于在其自由哲学中删掉了劳动过程，因而，费尔巴哈清除了一个自然可以变成自由的中介的决定性因素。他对作为一个'自然'发展的人类自由发展的解释，忽视了自由的历史条件并使自由成为特定秩序内的一个事件。"② 也就是说，费尔巴哈把人的发展看作是一种自然发展，而不是自由自觉的发展，因而他也就忽视了劳动对人的决定性意义。马尔库塞认为，在劳动这个根本问题上，马克思继承了黑格尔而否定了费尔巴哈，当马克思将人的本质理解为自由自觉的活动的实践活动，当他将资本主义的生产定义为"异化劳动"时，就意味着他的经济学理论与黑格尔的哲学范畴是联系在一起的。正因为如此，马尔库塞才认为，异化劳动理论是对黑格尔辩证法的完善，他说："马克思把他的理论集中在劳动过程上，并且通过这样做完成了黑格尔的辩证法原则，即内容（现实）的结构决定了理论的结构。他使市民社会的基础成为市民社会理论的基础。这样的社会根据普遍的劳动原则而运动，因为劳动过程决定了人类存在的整体；劳动决定了所有事物的价值。由于劳动产品不断地广泛交换而使社会得以永恒存在，因而，人类关系的整体就被直接的经济规律所统治。个体的发展和个体自由的范围依赖于他的劳动满足社会需要的程度。所有的人都是自由的，但劳动过程的结构则统治着所有个体的自由。"③ 在此基础上，马克思通过劳动揭示了资本主义

---

① ［美］马尔库塞：《理性与革命》，程志民等译，重庆出版社1993年版，第250页。
② 同上书，第247页。
③ 同上书，第248页。

制度的不合理性，并通过批判资本主义社会的异化劳动，深入资本主义制度使人全面异化这一思想中。

（三）辩证法的基础是人道主义

正因为马克思主义与黑格尔哲学的继承关系，马尔库塞认为，马克思主义并不存在前期和后期的差异，马克思的思想中自始至终贯穿着"人"。马尔库塞认为，马克思最重要的哲学著作就是《1844年经济学哲学手稿》，这部著作并不是一本以科学为基础的政治经济学著作，而是完整地表达了马克思的人道主义思想的哲学著作，它也成为他后期历史唯物主义理论的基础。马尔库塞这一观点的提出是针对当时许多马克思主义者所认为的马克思前后思想存在着重大差异的观点，它们认为，马克思前期受到德国古典哲学影响，因而思想的核心是人道主义，而后期的马克思的思想不再是人道主义的，而是科学主义或实证主义的。马尔库塞认为，人道主义的立场一直贯穿着马克思理论的始终，他在《手稿》中所使用的诸如异化、人的本质、实践等概念在他后期的著作中出现的频率依然很高。同时，他认为，尽管马克思的思想非常丰富，但如果只用一句话归结马克思的所有理论的话，这句话一定是"关于人的本质和现实的理论"，"马克思在这儿经常谈论'人的本质力量'和'人的本质存在'……马克思所使用的哲学概念不能被看作是在以后要被抛弃的残迹，或者是我们能将其摘下的装饰品。根据马克思在同黑格尔的论争中发展起来的关于人的本质和人的本质的实现的思想，可以看出这样一个简单的经济事实，它表现为人的本质遭到歪曲，人的现实性丧失殆尽。只有在这一基础上，经济事实才能成为革命的真正的基础，这种革命将真正地改变人的本质和人的世界。"[①] 他强调不应该从实证的政治经济学批判的视角看待这部著作，而应该主要把这部著作作为一部真正的哲学著作来把握。

马尔库塞认为，马克思在《手稿》中着重从异化劳动着手来探讨资本主义制度下人的异化问题，而关于异化劳动的四个方面的阐述

---

① ［美］马尔库塞：《历史唯物主义的基础》，选自《西方学者论〈1844年经济学—哲学手稿〉》，复旦大学出版社1983年版，第98—99页。

（劳动者与劳动产品的异化、劳动者与劳动本身的异化、劳动者与其类本质的异化、人与人的异化）所要表达的核心就是人的本质的异化，因为在马克思那里，异化劳动并不是经济学意义上的，而是人存在的事实，是人的历史的一个重要过程。"在这一活动中，人表明自己是同动物、植物、无机界不同的有着自己'类'的特性的人的存在物。按照这种方式所理解的劳动，就是一种'关于存在的'特殊的人的'确证'；在劳动中人的存在实现了和被证实的。"① 因此，马尔库塞说："马克思的劳动概念的这种即使是最非正式的和最一般性的特征也已远远超出了经济的范围，它已深入到把总体的人的存在作为研究课题的领域。"② 但是，马尔库塞也对异化概念作了极端的理解。在他看来，马克思把异化的根源归结为人的本质。因为马克思无论是关于对象化的理解还是关于异化的理解最后都要归结到人的定义中去，"《手稿》在关于人的本质的定义中论证了这样一种看法：在人的本质中对象化总是倾向于物化，而劳动总是倾向于外化，所以物化和外化不仅仅是偶然的历史事实，与此相关，它也证明了劳动者怎样通过他的外化'造就'了非劳动者，从而也'造就'了对私有财产的统治。"③ 在马尔库塞看来，人的本质就是对象化，人追求外在于人的对象是人的需求，人必须通过对象化才能使对象成为属人的对象。人的对象化过程可以概括为：人作为人总是倾向于外化，而对象化总是倾向于物化，在此基础上，人才能通过否定之否定，通过消除外化从异化向真正的人复归，从而达到人的自由状态。事实上，无论马克思还是黑格尔，在阐述异化时，都把异化与对象化做了严格区分，并认为异化的根源不能归之于人的本质，在《手稿》中，马克思认为，分工导致的私有财产与异化劳动有紧密关系，并没有阐述异化劳动与人的本质的关系。在马克思看来，在人的本质中隐含着对象化的必然性，但对象化不等于异化，对象化只能造成了异化的可能

---

① ［美］马尔库塞：《历史唯物主义的基础》，选自《西方学者论〈1844年经济学—哲学手稿〉》，复旦大学出版社1983年版，第105页。
② 同上。
③ 同上书，第129页。

性，只有在一定的社会历史条件下，对象化才成了异化，这个一定的历史条件，就是资本主义的生产方式。

除了把异化与人的本质联系起来，马尔库塞认为，马克思对费尔巴哈"感性"概念的改造突出了人的意义。费尔巴哈将康德的认识论意义上的感性进行了改造，他在生物学意义上把感性与人的动物性的感性需求联系起来，认为感性是人的自然本质。但是马克思将"实践"与"感性"密切联系起来，强调人的感性活动与动物的感性活动是根本不同的，人的感性是一种自由自觉的实践活动，是人的真正本质，是人借以认识和改造自然从而确证自己的本质真正力量。"在这种自由活动中，人重新生产了整个自然界，并且通过改造和占有自然界，使自然与他自己的生命一起得以进一步发展，即使这种生产并不满足直接的需求。从而人的生命的历史在本质上同时也就是人的对象世界和整个自然界的历史。"① 也就是说，人的感性活动从根本意义上来说不是一种自然活动，而是一种社会活动，它使自然不断成为属人的自然，在人的实践活动中，无论是人还是自然始终处于不断的历史生成过程之中。

马尔库塞认为，马克思对黑格尔辩证法的理解同样建立在人的这一基础之上，在马克思的思想中，黑格尔对人的本质的历史所做的哲学描述是失败的，因为黑格尔把人的本质作为抽象的自我意识，因而也就忽视了人真正的具体的丰富内容，"黑格尔在《现象学》中对'人的本质'的历史运动作了'思辨的表达'，但他没有表达人的现实的历史，而只是表达了'发生的历史'。他所表达的人的本质的历史是：人首先成为他现在的这个样子，并且仿佛当人的现实的历史开始之初人就已经成了这个样子的了。"② 黑格尔把人的本质的历史作为自我意识的历史，对象化只不过是意识的否定方面。但是马克思将对象化作为人的真正的关系，人只有在对象化的关系中才能自我实现。但是，在马尔库塞看来，马克思只是否定了黑格尔辩证法的基础

---

① [美]马尔库塞：《历史唯物主义的基础》，选自《西方学者论〈1844年经济学—哲学手稿〉》，复旦大学出版社1983年版，第108页。

② 同上书，第135页。

和内容，而不是否定了作为方法的辩证法，恰恰相反，马克思吸收了黑格尔辩证法的积极方面，即人的自我创造被看作是一个过程，辩证法被应用于这一过程中，对象化也是非对象化，外化也是外化的扬弃，而对象性的人也是他自己的劳动成果。因此，马尔库塞说，马克思看到了黑格尔辩证法的积极意义，并把其应用于对人的本质的探讨中："人的本质（在黑格尔那里始终被当作仅仅是意识）是这样一个东西：它为了能够发现自己，不仅必须表现自己，而且必须外化自己，不仅仅使自己对象化，而且使自己丧失对象。只有当它真正丧失了自身，它才能回到自身，只有在他的'他物'中，它才能成为'自为的'存在物。这就是否定的'积极意义'，即'作为失去原则和创造原则的否定的辩证法'的积极意义。"①

在此基础上，马尔库塞认为，马克思的历史唯物主义是在批判德国古典哲学、特别是黑格尔和费尔巴哈的基础上建立起来的以探讨人的本质为核心的理论与实践相统一的总体性理论。在人道主义的基础上，马克思把辩证法与唯物主义有机地统一起来，使历史唯物主义成为关于人的自由的理论。

### 三 爱欲与文明的辩证法

马尔库塞除了是法兰克福学派的重要成员，还是弗洛伊德主义的马克思主义的代表人物。所谓弗洛伊德主义的马克思主义，顾名思义，就是把弗洛伊德的思想与马克思的思想结合起来考察人类文化。"弗洛伊德主义的马克思主义"一词最早出现于1936年赖希②为他的

---

① ［美］马尔库塞：《历史唯物主义的基础》，选自《西方学者论〈1844年经济学—哲学手稿〉》，复旦大学出版社1983年版，第140页。

② 威尔海姆·赖希（Wilhelm Reich, 1897—1957），弗洛伊德的弟子，"弗洛伊德主义的马克思主义"的主要代表之一。1927年加入奥地利社会民主党，1930年迁居柏林并加入德共。1939年移居美国，在美国进行讲学、传播其性革命思想并为性自由提供咨询，与官方一再发生冲突。1957年被美国食品与医药管理局以使用危险性物品和为不道德行为做辩护等罪名起诉，被判入狱，死于路易斯堡联邦监狱。主要著作有：《性格分析》（1928年）、《辩证唯物主义与精神分析》（1929年）、《性成熟，节欲和婚姻道德》（1930年）、《青年人的性斗争》（1932年）、《法西斯主义的大众心理学》（1933年）、《什么阶级意识》（1933年）、《性革命》（1936年）等。

《性革命》一书所写的再版序言中，赖希也成为弗洛伊德主义的马克思主义的重要代表。为了更好地了解马尔库塞的弗洛伊德主义的马克思主义的重要思想，有必要将弗洛伊德和赖希的理论加以介绍。

弗洛伊德是现代西方哲学非理性主义的主要代表人物。他是一位哲学家同时又是一位治疗精神病的医生，这使他能够从精神病理学方面揭示人的非理性的根源，并进而用精神分析的方法来思考人类文化。他认为，人的心理结构可以分为"无意识"和"意识"两部分，其中无意识是最根本的方面，它是人之为人的最本质的部分。在"无意识"和"意识"之间，人的心理还有一个部分叫作"前意识"，无意识就是人的本能，受快乐原则的支配；意识是人的理性，它受现实原则的支配；而前意识是用来看守无意识的，它把无意识紧紧地压制在人的心灵的最深处，不让其表露出来使人成为野兽。因此，无意识只有在前意识松懈的时候才在意识中出现，人在睡眠的时候前意识和意识最松懈，这时无意识就悄悄进入到人的意识中，梦就是无意识的表现方式。与人的心理结构相对应，人也有三种人格层次，本我、自我、超我，本我受无意识支配，是本能的人，超我受道德的制约，是道德的人，而自我是处于本我和超我之间的，受这二者同时控制的现实的人。现实的自我由于受到本我和超我的双向制约，因而总是处于分裂状态，如果调节不好就会成为精神病。弗洛伊德认为，无意识的核心是人的本能，本能又分为生的本能和死的本能，生的本能最核心的部分是性欲，他称为"力比多"，"力比多"在文明社会中总是受到压抑，因为社会的发展就是要使人从原始欲望下解脱出来，成为文明的人，因而社会越发展，本我越受到压制，人类文明程度越高，人格越受到压抑。当然这种压抑可以被引导为健康方式发泄出来，艺术和科学就是人的性本能最好的宣泄方式。

赖希作为弗洛伊德主义的马克思主义的最重要贡献是把弗洛伊德的理论与马克思的理论进行了比较，得出二者的相似性。

赖希认为，弗洛伊德的心理学将无意识与意识、本我和超我、自我与社会作为相互冲突的统一体，这体现了辩证法原则。也就是说，弗洛伊德从意识行为和无意识行为之间是一种相互冲突的关系作为出发点，进而通过本能与文明、本我与超我、自我与社会、欲望与道德的相互作用、相互调节来表现人类历史和人类文明的进程，这充分体现了辩证法的思想。因而，弗洛伊德的思想是一种"冲突心理学"。赖希又指出，弗洛伊德虽然认为自己的理论是一种"个人心理学"，但实际上，它更是一种"社会心理学"，它为从心理学角度探索人的行为开辟了道路，为人的自我认识、自我实践提供了新的视角。弗洛伊德的"社会心理学"正确地诊断出了现代社会精神病的产生原因，并把批判矛头直接指向文明社会的道德观念，这是对马克思资本主义理论的重要补充，它指出了资产阶级社会制度与个人的自由的不可调和的矛盾，宣布了被这个社会视为神圣的每一样东西的死亡，并把它归结为它的并不神圣和并不合理的起源。从这个意义上来说，弗洛伊德与马克思主义是相通的，它们都是唯物的、辩证法，同时也是批判的、革命的，具体来说，主要表现在以下三个方面：第一，马克思主义是一种辩证的理论，而弗洛伊德的精神分析学也是辩证的理论，马克思主义所提出的辩证法的主要原则，弗洛伊德大多将其用于分析个人心理以及人类文明的关系上面。第二，马克思主义是一种唯物主义学说，而弗洛伊德的精神分析也是一门唯物主义科学。如关于社会的起源上，弗洛伊德和马克思一样，把焦点集中在真正的人类的感性需求上面，把人类的欲望和饥饿这样的具体物质事实作为理论出发点；在人类社会的发展方面，弗洛伊德所描述的过程与马克思一样具有唯物主义性质，他将人类行为、活动作为社会发展的核心要素。弗洛伊德和马克思一样，承认生物基础对于心理的优先性，全部心理活动，不论其性质如何，都是生物因素的产物。第三，马克思主义在本质上是批判的、革命的，而弗洛伊德的精神分析在本质上也是批判的、革命的。赖希认为，马克思主义代表了对资本主义经济的批判，弗洛伊德的精神分析代表了对资产阶级道德的批判；马克思主义表述的是现代人所意识到的经济与政治压抑的规律，弗洛伊德的精神分析表述的是现代人所意识到的性压抑的规律。

正因为马克思主义与弗洛伊德主义有以上相似性，二者才可以结合起来。但是，为什么必须将二者结合起来呢？赖希认为，那是因为二者也有各自的局限性。就马克思主义来说，马克思主义主要是一种社会、政治学说，它在研究历史、社会时，主要从人的理性方面入手，研究人的活动与社会的相互关系，于是就产生了意识形态理论和社会革命学理论。马克思主义把意识解释为各种经济发展过程的产物，正确阐述了二者之间的关系，但没有进一步指出经济发展过程实际上是怎样变为意识的；同样，马克思主义虽然承认了意识形态具有明显的自主性，但对意识形态在实践中是怎样反作用于经济发展过程的，却没有作进一步的解释。在赖希看来，在社会现象如何影响人的问题上，在外部经济情况怎样变为意识形态的问题上，在非理性力量怎样阻挠人们认识自己利益的问题上，马克思主义有待于进一步发展。而在社会革命方面，马克思主义把革命归结为推翻资本主义制度和资产阶级的财产关系的暴力革命，结果使许许多多马克思主义者对于一个不公正的社会制度的存在，简单地用统治阶级的经济和政治权力去说明，而把革命的失败，也仅仅说成是由于被压迫阶级在经济上的相对软弱。归根结底，马克思主义过于粗陋、简单了，它忽视了作为整体的社会与个人的冲突，这使许多马克思主义者只注重"宏观的革命"而忽视了"微观的革命"，只注重外部世界的革命而忽视改造群众意识的"内部结构"。

与马克思主义相反，弗洛伊德的精神分析的研究范围主要限于个人或个人的心理。这也是它的缺陷所在。也就是说，精神分析虽然可以应用于个人的范围，但不能充分说明社会现象的深刻原因。精神分析虽然在个人的心理层面能够充分把握本能（物质基础）和意识（上层建筑）的相互关系，但不能在更广阔的背景下探索意识形态与物质基础的相互关系。具体来说，主要表现在以下方面：第一，它只重视个人心理方面的要素，而忽视了具体的社会情境对于精神病的影响，而人的任何行为都是发生在特定的环境中的。第二，把人的行为的根源完全归结为人的无意识和人的本能，而忽视了从人与环境的相互作用来理解人的行为和活动。第三，认为艺术和科学是人的本能受到压抑的合乎道德的表达，甚至认为许多著名的艺术作品都是艺术家性幻想的产物，而忽视了艺术和科学作为人类文化的社会学方面的意义。第四，认为人的本能的满足与人类文明的发展是对立的，二者是此消彼长的关系，因而对社会的发展持悲观主义态度。第五，把性压抑扩大化，忽视了经济压抑和社会压抑作为更根本的压抑的作用。

赖希认为，马克思主义的社会、政治学说与弗洛伊德的精神分析学自身存在的这些"局限性"，决定了各自有必要与对方结合起来，以弥补自己的不足。同时，二者之间的相同点也意味着它们有可能结合起来作为一种更为深入的理论。赖希在这方面做了有益的尝试，他用心理革命理论对马克思主义的经济革命和政治革命理论进行了改造，并认为这种改造使无产阶级革命既能推翻资本主义制度，又能够改变个人的心理结构，形成双向革命，在此不再赘述。

（一）现代工业社会对爱欲的压抑

同赖希一样，马尔库塞也将弗洛伊德的理论与马克思主义结合起来，用以解释个人的解放与文明的发展之间的辩证关系。在马尔库塞看来，弗洛伊德对"力比多"的解释过于狭窄，弗洛伊德只把"力比多"理解为性欲，在他看来，性欲具有反社会性，与人类文明是相冲突的，因此，压抑性欲是社会进步、文明发展的必要手段。但是，马尔库塞认为，"力比多"不能只限于这种与生殖相关的性欲，它可以表示人的机体追求快乐的普遍属性。为了区别于弗洛伊德的性欲，马尔库塞将其称为"爱欲"。与弗洛伊德认为的性欲与文明总是处于对抗状态不同，马尔库塞认为，爱欲与人类文明并不是冲突、对立的，弗洛伊德所理解的性欲确实是与人类文明相冲突的，但这种性欲只是爱欲的一种历史形态，爱欲一旦恢复了它原有的性质，它不但不会与人类文明发生冲突，而且还会促进人类的文明。马尔库塞将爱欲理论与马克思的人的解放理论结合起来，认为人的解放就是人的本质的解放，而人的本质就是人的爱欲，因此，人的解放就是人的爱欲的解放，即爱欲原有性质的恢复和人的本质的恢复。

马尔库塞认为，现代社会人的爱欲处于普遍压抑的状态。这种压抑并不像弗洛伊德所说的由于物质资料的匮乏，人们为了必要的生存不得不压抑自己的欲望。① 在现代社会，物质财富已经极大丰富，不存在为了生存而受到的爱欲压抑，那么人们普遍感受到的压抑来自何处呢？马尔库塞具体阐述了以下几个方面：

第一，基本压抑和额外压抑。马尔库塞认为，文明社会里爱欲遭受压抑的原因不仅是爱欲本身的性质导致的，爱欲之外的原因也应该被考察，并且，爱欲之外的原因是更重要的原因。这些爱欲之外的原因既包括社会方面的，也包括生物方面的。由生物方面造成的压抑属于基本压抑，由社会造成的压抑属于额外压抑。基本压抑由不可避免的根源造成，如生产力低下造成的物质资料匮乏和人的生存斗争，这种压抑具有不可避免性和合理性。"在现实原则背后，存在着一个基本事实，这就是匮乏。这意味着，生存斗争是在一个很贫穷的世界上发生的，人类的需要，如果不加限制、节制和延迟，就无法在此得到满足。换言之，要得到任何可能的满足都必须工作，必须为获得满足需要的手段而从事颇为痛苦的劳动。由于工作具有持久性（实际上它占去了成熟个体的全部生存），快乐受到阻碍，痛苦得以盛行。而且，由于基本本能所追求的是快乐的放纵和痛苦的消失，快乐原则与现实发生了冲突，本能被迫接受一种压抑性管制。"② 额外压抑是由社会方面的原因造成，在弗洛伊德那里，它主要指特定的统治集团从特定的利益出发，通过一些社会机制加诸人身上的多余的压抑，如为了维持一夫一妻制，为了维护社会等级制度等都必须对人的欲望进行压抑，使它转移或改变，"由一个人的统治发展为几个人的统治，这与'社会繁衍'的快乐有关，并在统治集体本身中造成了自我施加的压抑，因为这个集体的所有成员如果想维持其统治，就必须服从禁忌。现在，压抑已弥漫于压迫者自身的生活之中。他们的部分本能能量开始在'工作'中得到升华。"③ 在马尔库塞这里则特指在科学技术高

---

① 马尔库塞认为，这一理由也是不能成立的，因为消除匮乏的劳动，不但不会压抑爱欲，反而会促进爱欲的满足。如果异化劳动能够转变为一种爱欲活动，既能够创造物质财富解除匮乏，又能使爱欲获得释放，是一举两得的举措。

② ［美］马尔库塞：《爱欲与文明》，黄勇、薛民译，上海译文出版社1987年版，第21—22页。

③ 同上书，第43页。

度发达的现代工作社会对人造成的心理压抑，它具有不合理性，应该将它消除。那么，在现代工业社会，有哪些额外压抑对人造成心理压抑呢？

第二，技术理性对人的压抑。马尔库塞认为，发达工业社会的显著特征是科学技术已经深入到社会的各个层面中，但是无论是科学技术本身的发展，还是以科学技术为要素的现代技术理性的发展，都具有两面性：一方面，科学技术的发展极大地提高了劳动的效率，使社会财富不断增加；另一方面，科学技术也给社会和人带来强大的负面效应：(1) 科学技术的发展使人征服自然的能力增强，同时也切断了人与自然联系的纽带，人成为一种没有根基，迷失方向的存在；(2) 随着科学技术的发展，劳动的机械化、自动化程度不断提高，人们在劳动中的作用越来越没有自主性，劳动成为异化劳动；(3) 科学技术的发展破坏了传统的价值观念，科学只重视效率而不关心效应，只重视外在目的而不关心内在价值，真、善、美统一不在科学的视野之内；(4) 科学技术的合理性导致了政治的合理性，科学技术成了维护现存秩序，操纵大众意识的工具。科学技术的发展使它自身日益成为一种强大的技术理性，这种技术理性作为新的统治形式操控着人类的生活。"科学管理和科学分工，极大地增长了经济、政治和文化部门的生产率。其结果就是更高的生活标准。在同一时间和同一基础上，理性事业产生一个精神和行动样式，它甚至为这一事业最具破坏性最压抑的特征辩护、开脱。科学——技术理性和操纵结成社会控制的新形式。"① 也就是说，科学技术在越来越强大的基础上已经形成了自身的独立性和自律性，成为压抑人、控制人的理性力量。而统治阶级也利用科学技术的成果，使自己的统治更加符合科学的合理性。同时，"面对该社会的极权主义的特征，技术中立的传统概念再也维持不下去了。技术本身再也不能与对它的应用分离开来；技术社会是一个统治系统，它已经在按技术的思想和结构运转。"② 更重要的是，

---

① [美] 马尔库塞：《单面人》，左晓斯等译，湖南人民出版社1988年版，第124页。
② 同上书，导言第7页。

科学技术日益与政治统治结合起来,通过不断满足人们的物质需求,消解人的否定性和对社会的反抗。在马尔库塞看来,传统的政治统治形式是建立在强权暴力基础上的,而技术理性的统治是以提供给人富足、闲暇、幸福和自由为目的使人们自愿地服从它的统治。表现看来它是一种更好的统治形式,但它同样是一种极权统治,这种统治更易使人们麻木,从而在毫无抵抗的前提下被这种统治所奴役,"这种压抑,完全不同于作为我们社会从前不那么发达阶段的特征的压抑,它不再是由于自然和技术的不成熟性而起作用,倒是为着强化的目的。当代社会(精神和物质)的能力比从前任何时候都强到不可估量——这意味着社会对个人的统治范围也比从前大到不可估量。在压倒的高效率和日益增长着的生活标准的双重基础上,我们社会用技术而不是恐怖征服了社会离心力量,从而使自己卓越超群。"[①] 于是,当人越来越享受物质带来的极大满足,越来越陶醉于娱乐和消遣还来巨大快感时,他就越来越心甘情愿地同这个社会融为一体,成为单面的人。单面的人是丧失了否定性和反抗性的人,是自动进入到现代工业社会系统中满足于虚假需求的人,是拜倒在物面前失去了灵魂的人。

第三,社会的整体异化对人的压抑。马尔库塞指出,现代工业社会是一个普遍异化的社会,"劳动几乎完全异化了。装配线的整套技巧、政府机关的日常事务以及买卖仪式,都已与人的潜能无关。工作关系几乎变成了作为科学活动和效率专家的处理对象,成为可以互相替换的人与人之间的关系。确实,迄今尚很流行的竞争需要一定程度的个性和自发性;但是,这些特征已与它们所依赖的竞争一样,变得肤浅和不真实了。事实上,个性在名义上只存在于对类的特殊表达中(如卖淫妇、主妇、硬汉、女强人、上进的年轻夫妇,等等),正如竞争力将缩小到对败类预定的小玩意、装饰品、调味品、颜料之类的东西的生产上。在这个虚幻的表面现象背后,整个工作世界及其娱乐活动成了一系列同样甘受管理的有生命物和无生命物。在这个世界

---

① [美]马尔库塞:《单面人》,左晓斯等译,湖南人民出版社1988年版,导言第2页。

上，人类生存不过是一种材料、物品和原料而已，全然没有其自身的运动原则。这种僵化的状况也影响了本能、对本能的抵制和改变。原来的动态本能现在变成为静态的了，自我、超我和本我之间的相互作用凝聚成了机械反应。超我的僵化伴有自我的僵化，它的表现就是在不恰当的时间和地点产生僵化的性格和态度。意识越来越少自主性，它的任务范围缩小了，它只须使个体与整体相协调。"[1] 马尔库塞用这样一大段话描述了整个发达工业社会的异化状态。但是，尽管异化现象已经非常普遍，异化程度已经非常严重，人们却并没有反抗甚至没有意识到，这是什么原因呢？马尔库塞认为，这是由于异化力量已经不是人格化的统治者，而是非人格化的力量，如官僚机构、技术理性、意识形态等。在这种情况下，人们对异化的意识和行动会变得异常艰难，"由于统治变成了一个无偏见的管理制度，指导着超我发展的形象也就变得非人格化了。以前，超我是由主人、酋长、首领来'充当'的。这些人以其具体的人格代表着现实原则。他们既严厉又仁慈，既残酷无情又赐福于下人。他们唤起了人们反抗的愿望，却又惩罚这种愿望。强迫人们顺从乃是他们自己的功能和责任。因此人们对他们这些人及其作为除尊重和害怕外还伴之以仇恨。他们为冲动及满足这种冲动的自觉努力提供了活生生的目标。但是这些人格的父亲形象在各种机构后面逐渐地消失了。随着生产设施的合理化及其功能的多样化，所有的统治都采取了管理的形式。而在这种统治发展到登峰造极的时候，集中的经济力量把人完全吞没了。任何人，即使身居高位的人，面对这种设施本身的运动和规律，都显得软弱无力。控制一般由政府机关实施。在这个机关中，无论雇主和雇工都是被控制者。主人不再履行某种个体的功能。性虐待狂首领、资本主义剥削者，都被改造成了某个官僚机构的拿薪俸的成员，而他们的臣民是以另一个官僚机构的成员的身份与他们打交道的。个体的痛苦、挫折和无能都导源于某种多产和高效的制度，尽管在这个制度中，他们过着

---

[1] ［美］马尔库塞：《爱欲与文明》，黄勇、薛民译，上海译文出版社1987年版，第72—73页。

前所未有的富裕生活。负责组织个体生活的是这个整体，是这个'制度'，是决定、满足和控制着他的需要的全部机构。攻击冲动失去了攻击的对象，或者说，仇恨所遇到的都是笑容可掬的同事、忙碌奔波的对手、唯唯诺诺的官吏和乐于助人的工人。他们都在各尽其责，却又都是无辜的牺牲者。"① 这种全面异化状态在人身上的表现就是劳动异化成苦役，爱欲异化为性欲。

（二）对弗洛伊德文明辩证法的修正

按照弗洛伊德的理论，本我与超我、本能与理性、快乐原则与现实原则永远是相互冲突的，人类文明的历史就起源于理性对性本能的压抑，整个人类文明就是理性不断压抑本能、现实不断压抑快乐的历史，因此，终其整个人类历史，人类都"不可能彻底解放快乐原则"。"文明陷入破坏性的辩证法之中，因为对爱欲的持久约束最终将削弱生命本能，从而强化并释放那些要求对它们进行约束的力量，即破坏力量。"② 但是，马尔库塞不同意这种观点，在他看来，如果本我与超我、本能与理性、快乐与现实的对抗是由于物质的匮乏、生存的斗争所导致的，那么这种对抗完全是历史性的，当这些问题解决了之后，爱欲与文明就不是冲突的，非压抑性生存是完全可能的。"本书提出了非压抑性生存方式这个概念，旨在表明，向现阶段文明有可能达到新阶段过渡将意味着，使传统文化颠倒过来，不论是物质上的还是精神上的，就要解放迄今为止一直受到禁忌和压抑的本能需要及其满足。"③

马尔库塞认为，要想在爱欲的解放和文明的发展建立关系就要将弗洛伊德主义与马克思主义结合起来，用马克思的理论修正弗洛伊德的理论。第一，把马克思的人性理论补充到弗洛伊德的爱欲理论中，将爱欲解放与马克思的劳动解放结合起来。马尔库塞指出，爱欲的解放的核心是劳动的解放。因为在人的所有爱欲活动中，劳动是最基本

---

① ［美］马尔库塞：《爱欲与文明》，黄勇、薛民译，上海译文出版社1987年版，第69—70页。
② 同上书，第27页。
③ 同上书，序言第14页。

的爱欲活动。劳动的本质不在于获得物质资料,而在于使人获得快乐,劳动的过程是追求快乐的过程,劳动也是宣泄爱欲冲动的主要方式。马克思虽然指出了人的解放就是从异化劳动中解放出来,人的本质就是自由自觉的活动,但是马克思并没有回答人怎样在劳动中能实现自己以及人怎样在劳动中会获得快感的问题。如果把马克思主义与弗洛伊德主义结合起来,这些问题就会迎刃而解。第二,把马克思的社会理论补充到弗洛伊德的心理理论中。马尔库塞认为,爱欲普遍受到压抑是由于爱欲之外的社会因素造成的,即统治集团的利益。"在现实原则下,统治利益要求对本能组织施加额外压抑。快乐原则被废黜,不仅是因为它妨碍文明进步,还因为它所反抗的恰恰是一种其进步将使统治和苦役持久存在的文明。"① 也就是说,本能受到压抑并不是由于匮乏所导致的,而是由于处理匮乏的那种不合理的组织方式导致的。各种文明社会总由少数人居于统治地位,他们握有对生存斗争的组织权。在组织生存斗争时,他们不是考虑如何创造更多的物质财富以满足人类的需要,也不考虑如何使劳动成为人类宣泄本能的手段,唯一考虑的是如何维护自身的既得利益。在现代工业文明时代尤其如此,现行的统治制度是当前爱欲受到压抑的真正根源。因此,要想真正解放爱欲,就要推翻现行的统治制度。第三,把马克思主义的批判性与弗洛伊德主义的批判性有机地结合起来。马尔库塞认为,马克思通过对异化劳动的分析,揭露资本主义社会本质和罪恶,即对人的本质的摧残和剥夺。但是,在马克思的著作中,即使是《手稿》这样的著作对人的本质的规定也是模糊的,这使他在批判资本主义社会时,对这种制度对人性的压抑程度缺乏具体的标准。马克思理论的这一不足,可以用弗洛伊德的理论加以补充,把弗洛伊德的精神分析学所揭示的关于人的本质的学说与马克思的理论相结合,使马克思关于人的本质的理论清晰化,即人的本质是爱欲,爱欲的核心是劳动,这样,马克思关于资本主义的异化理论就具体了:因为资本主义社会

---

① [美]马尔库塞:《爱欲与文明》,黄勇、薛民译,上海译文出版社1987年版,第24页。

没有使爱欲得到充分的满足，作为爱欲活动的劳动被异化为受强迫的苦役，生的本能与死的本能处于严重的对抗之中，所以资本主义制度是不合理的、应该被推翻的制度，现代工业社会是个"爱欲受压抑的社会""攻击性的社会"，这样马克思的批判理论才真正具有指向和意义。

通过将马克思主义与弗洛伊德主义结合起来，马尔库塞将弗洛伊德悲观主义的文明辩证法修改为乐观主义的辩证法。在他看来，爱欲与文明的和谐统一是可以实现的。他通过对席勒《审美教育书简》的分析得出，只要我们"（1）苦役（劳动）变为消遣，压抑性生产变为表演。在这个变化之前，首先必须征服作为文明决定因素的缺乏。（2）感性（感性冲动）的自我升华和理性（形式冲动）的贬值，调和了这两种基本的、对抗的冲动。（3）征服有碍于持久满足的时间。"[①]我们就可以获得"非压抑性秩序"。这种"非压抑性秩序"的特征是：第一，工作转变为消遣。马尔库塞认为，"非压抑性秩序"本质上是一种富有的秩序，富有的秩序才能与自由相一致，因而它只有在最成熟的文明阶段才是可能的。当用最少的时间、最小的身心能量的付出就能满足基本需要的时候，工作就成为一种消遣，"消遣和表演作为文明的原则，并不表示劳动的转变，而表示劳动完全服从于人和自然的自由发展的潜能。"[②] 这样，工作才能"完全摆脱生产和操作的价值标准"，而成为一种自由自觉的、实现人的本质的活动。第二，性欲转变为爱欲。马尔库塞认为，社会的发展、文明的进程使爱欲不断缩小，最终使爱欲退化为性欲，从而在现实原则基础上建立了理性对本能的统治，而现在，"非压抑性秩序"可能存在的唯一条件是性本能升华为爱欲。"生物内驱力成为文化内驱力。快乐原则显示了自身的辩证法。爱欲的目标是要维持作为快乐主——客体的整个身体，这就要求不断完善有机体，加强其接受性，发展其感受性。这个目标还产生了爱欲自身的实现计划：消除苦役，改造环境，征服疾病和衰

---

[①] ［美］马尔库塞：《爱欲与文明》，黄勇、薛民译，上海译文出版社1987年版，第141页。

[②] 同上书，第143页。

老，建立安逸的生活。所有这些活动都直接源于快乐原则，同时，它们也是把个体联合成'更大统一体'的努力。它们由于不再限于操作原则的摧残性范围，因此可以在改变冲动的同时又不使之与其目标相偏离。这里的升华，因而也有文化。但这种升华是在一系列扩展着的、持久的力比多关系中实现的，而这些力比多关系本身就是工作关系。"① 也就是说，通过性欲升华为爱欲，人们会建立起一种新的生存状态，多维的感受性、幸福的生活、作为消遣的工作都建立在此基础之上。

（三）爱欲解放的途径

马尔库塞认为，正因为资本主义的发达工业社会是爱欲被彻底压抑的异化的社会，爱欲作为人的本质，如果总是处于受压抑的状态，就会使人陷于无限的痛苦之中。为了恢复人的本质，使人从痛苦的深渊中解放出来，就必须解放爱欲。因此我们完全有理由进行社会主义革命作为解放爱欲的主要方式。但是，对于革命主体，他与马克思的观点不同，他认为，无产阶级不再是变革资本主义社会的主要力量，因为随着资本主义经济的繁荣与稳定，无产阶级的直接经济利益得到满足，工人阶级已同资本主义制度一体化，成为资本主义制度的肯定力量，工人阶级已没有革命欲望。当然，这种一体化并不是工人阶级已经与资本家同化，而是工人阶级已经被资本主义社会全面异化，以直接经济利益取代了真正的历史利益，他们已经不再具有否定意识，不再是资本主义的否定力量了。那么，社会主义革命的主要力量是谁呢？马尔库塞认为，社会主义革命的主要承担者是第三世界的被压迫者和西方工业社会的"新左派"。这是因为：第一，第三世界的无产者既受到本国统治阶级的压迫，又受到资本主义宗主国的压迫，他们遭受的奴役是双重的、加倍的，在生活上他们穷困潦倒，政治上没有一点民主，他们既仇视本国的压迫者，又仇视资本主义宗主国。这样他们也就兼任着双重的革命使命：既要反抗本国的阶级压迫，还要积

---

① ［美］马尔库塞：《爱欲与文明》，黄勇、薛民译，上海译文出版社1987年版，第155页。

极进行反对资本主义的斗争，他们的游击战是无产阶级革命的重要形式。也是第三世界对无产阶级革命的贡献。第二，所谓"新左派"是由这样一些人构成的：流浪者、"嬉皮士"、其他种族的受剥削和受迫害者、青年知识分子和大学生等。流浪者、嬉皮士、其他种族的受剥削和受迫害处于社会的最底层，他们在经济上无法享受物质财富，在政治上处于民主之外，他们最迫切的目的就是改变当前的生活条件和地位，因此，即使他们的意识不具有革命性，但他们的反抗却是真正革命的。青年知识分子、大学生虽然不像工人阶级那样与资本主义大工业生产有密切联系，但是他们会出于正义的本能，无私无畏地同这一制度作斗争；同时，因为科学技术、知识水平在现代化生产中占有重要地位，而知识分子和大学生具有高度的科学文化知识，从而能"看破技术统治的面纱"，自觉地意识到自己人性遭受摧残的处境。

因为革命的主体不再是无产阶级，而是第三世界的被压迫者和新左派，所以革命的方式也要发生改变。马尔库塞即反对资产阶级的改良主义，也反对激进分子的暴力革命，他认为，资本主义的民主只不过是掩盖现代政治制度本质的虚假的形式，不但不应该提倡，而且要主动向它发起挑战，揭露它的丑恶，迫使它使用武力，自动显现出法西斯主义的原形。而如果采取暴力手段的话，会受到制度化了的暴力的更疯狂的制裁，革命的合理性也会被弱化。马尔库塞赞同的革命方式是"非暴力反抗"，他认为非暴力反抗是西方文明中最古老、最神圣的因素，是对主体权利和责任的承认和使用，意味着人作为历史推动者的真正的自由，是一种潜在的反抗力量。马尔库塞所说的非暴力反抗就是"文化大拒绝"，"拒绝使用富裕社会的死气沉沉的语言，拒绝穿戴整洁的服装，拒绝享用富裕社会的精巧物品，拒绝接受为富裕社会服务的教育。"① 也就是说，要拒绝与发达工业社会的一切关系，拒绝充当异化劳动的帮凶，拒绝对技术理性和官僚统治的服从，

---

① ［美］马尔库塞：《爱欲与文明》，黄勇、薛民译，上海译文出版社 1987 年版，序言第 8 页。

开展"总体革命",这种"总体革命"是全面的革命,即它不仅是进行经济革命和政治革命,最重要的是要进行文化革命以及人的意识和本能的革命。由于文化和人的意识的形成是一个长久的过程,所以"总体革命"不可能在短时间内就使革命获得成功,而是一场持久的斗争,因此,他要求人们在现有制度中不断反思自己的工作,拒绝现行体制的压抑。

马尔库塞的革命理论着重强调了艺术和审美的作用,在他看来,反抗压抑性生存,重建非压抑性秩序的重要途径就是艺术,或称审美形式:"美学形式的背后乃是美感与理性的被压抑的和谐,是对统治逻辑组织生活的持久抗议,是对操作原则的批判。"[①] 艺术的审美形式是一个独立的整体,它的感性丰富性使它能够反抗简化的科学原则和由分工导致的人的片面性和单一性,它的非功利性使自身具有从压抑的、不合理的现实中异化出来的能力。"在快乐、感性、美丽、真理、艺术和自由之间有一种内在的联系,这种联系在审美一词的哲学史上曾被揭示过。在这个词于此所指的领域中,保存了感觉的真理,并在自由的现实上调和了人的'高级'机能与'低级'机能、感性与智性、快乐与理性。"[②] 马尔库塞认为,艺术的形式是表现和传播思想与真理的重要形式,在资本主义这样一个全面商品化的时代,只有艺术才具有这样的功能。因此,资本主义社会的总体革命可以充分挖掘艺术的政治潜力,将艺术领域作为革命的根据地,并在文化领域和意识形态领域开展有效的革命,最后将革命推向整个资本主义社会。

通过以上论述,我们可以看到,马尔库塞的社会辩证法思想阐述了这样的思想,即辩证法是以人道主义为基础的社会辩证法,它旨在反抗资本主义爱欲受到压抑的异化状态,使人最终获得爱欲的解放和人的真正本质。在马尔库塞看来,以往的辩证法只是在概念上规定了历史的可能性和必然性,而他的辩证法是在实践领域中回应这种可能性和必然性,只有这样才能真正实现历史的统一性。"辩证法的概念在把

---

① [美] 马尔库塞:《爱欲与文明》,黄勇、薛民译,上海译文出版社 1987 年版,第104 页。

② 同上。

握既定事实的过程中，超越了既定事实。这正是其真理性的标志。"①

## 第四节　弗洛姆的自由辩证法

作为法兰克福学派的另一代表人物，弗洛姆②与马尔库塞一样，将马克思主义与弗洛伊德主义结合起来，从人道主义立场出发来阐述辩证法思想。

### 一　马克思的人道主义思想

弗洛姆毕生的哲学研究都以人的存在，主要是人的心理机制和人的性格结构为中心，他对人的研究是建立在对马克思的人道主义和弗洛伊德的精神分析学的深刻理解之上的。

（一）马克思主义是关于人的存在的理论

弗洛姆认为，在当代的政治家、社会科学家和哲学家中，许多人对马克思主义的理解都是错误的，"在形形色色的误解中间，也许没有什么观念比马克思的'唯物主义'观念传播得更为广泛了。在有些人看来，仿佛马克思认为人的最主要的心理动机是希望获得金钱与享受，这种为获得最大利润而作出的努力，构成个人生活和人类生活中的主要动力。作为对这种观念的补充的是下述这个同样广泛流传的看法：马克思没有看到人的重要作用；马克思对人的精神需要既不重视，也不了解；马克思的'理想人物'是那种吃得好、穿得好然而'没有灵魂的'人。"③对马克思的这种看法使他们把社会主义描绘成

---

① [美] 马尔库塞：《单面人》，左晓斯等译，湖南人民出版社1988年版，第216页。
② 埃里希·弗洛姆（Erich Fromm，1900—1980），当代美国著名德裔哲学家和心理学家，也是早期法兰克福学派的主要代表人物。出生于德国法兰克福；1922年在德国海德堡大学获工学博士学位，同年在慕尼黑大学和柏林精神分析研究所工作。1934年去美国，先后在芝加哥心理分析学院、耶鲁大学、哥伦比亚大学任教。其主要著作有：《逃避自由》（1941年）、《自为的人》（1947年）、《健全的社会》（1956年）、《马克思关于人的概念》（1961年）、《在幻想锁链的彼岸》（1962年）、《占有还是生存》（1976年）等。
③ [美] 弗洛姆：《马克思关于人的概念》，选自《西方学者论〈1844年经济学—哲学手稿〉》，复旦大学出版社1983年版，第21页。

这样:"成千上万的人听命于一个拥有至高无上权力的国家官僚机构,这些人即使可能争取到平等地位,可是牺牲了他们的自由;这些在物质方面得到满足的'个人'失去了他们的个性,而被变为成千上万个同一规格的机器人和自动机器,领导他们的则是一小撮吃得更好的上层人物。"① 在他看来,这些人对马克思哲学目标的描绘实际上就是当前西方资本主义社会的现实,资本主义社会的大多数人都把获得物质财富、获得享受作为生活的动力,"他们日益满足于一种在生产和消费方面都由国家、大公司以及他们各自的官僚机构加以调节和操纵的生活;他们已经达到一致顺从的程度,这就使他们大大失去其个性。用马克思的术语来说,他们成了为有生殖能力的机器服务的、自己却没有生殖能力的'商品——人'。"② 事实上,这正是马克思所批判的社会。在他看来,马克思哲学探讨的是人的存在问题,"马克思的哲学在《经济学—哲学手稿》中获得最清楚的表述,它的核心问题就是现实的个人的存在问题,人就是他实际上呈现出的那个样子,人的'本性'展现在历史之中。"③ 马克思从来没有认为获得物质财富是人生存的主要目的,恰恰相反,他要将人从经济需要的压迫下解放出来,克服异化,实现个人的解放,获得人的真正本质。

与此同时,弗洛姆修正了对唯物主义和历史唯物主义的曲解,在他看来,马克思的唯物主义并不是那种主张追求财富的增长和生活的舒适的哲学,马克思的所使用的唯物主义是超越了哲学史上的唯物主义和唯心主义的一种新的哲学观念:"马克思在他的《经济学—哲学手稿》一书中认为,'彻底的自然主义或人本主义既有别于唯心主义,也有别于唯物主义,同时是把它们二者统一起来的真理'。马克思主张以此代替那种机械的、'资产阶级的'唯物主义。事实上,马克思从来没有用过'历史唯物主义'或者'辩证唯物主义'这个字眼;他确实说过他自己的'辩证方法'与黑格尔的辩证方法不同,

---

① [美]弗洛姆:《马克思关于人的概念》,选自《西方学者论〈1844 年经济学—哲学手稿〉》,复旦大学出版社 1983 年版,第 21—22 页。
② 同上书,第 22 页。
③ 同上书,第 15 页。

说过他的辩证方法的'唯物主义基础'。他所说的'唯物主义基础'只不过是指人类生存的基本条件。"① 马克思在研究人和历史时，是以现实的人和他必须生活于其中的经济环境和社会环境为出发点的，从根本上说，马克思既不赞同唯心主义也不赞同唯物主义，他的哲学既不是唯物主义也不是唯心主义，而是自然主义和人本主义的结合。因此，马克思从来没有认为历史的真正推动力是人们的物质欲望，恰恰相反，在马克思的观念中，人对金钱和物质的强烈欲望是由经济条件决定的，"实际上，历史唯物主义完全不是一种心理学理论；它认为，人们的生产方式决定人们的思想和欲望，它并不认为人们的主要欲望就是想获得最大的物质利益。就这个方面而言，经济就与心理的动力无关，而与生产方式有关；与主观的、心理上的因素无关，而与客观的、经济社会的因素有关。"② 在弗洛姆看来，马克思与十八、十九世纪的唯物主义者有巨大的差别，"马克思的'唯物主义的'历史观，或者'经济的'历史观，与那种把所谓的'物质的'或者'经济的'斗争当作人的最基本的推动力的观点，没有任何共同之处。它的确意味着人、现实的和完整的人、'现实地生活着的人'——不是由这些'个人'所产生的观念——是历史的主题，也是历史规律这一观念的主题。如果人想避免使用'唯物主义的'和'经济的'这些模棱两可的字眼，可以把马克思的历史观叫作人类学的历史观；他把对历史的理解建立在人是'自己历史的创造者和行动者'这个事实的基础之上。"③ 通过这样的解释，弗洛姆将马克思主义与庸俗唯物主义区分开来，肯定了马克思主义的人道主义基础。

（二）马克思的人性概念

既然马克思多次提及人的本质、人性，那么他所认为的人的本质或人性是什么呢？弗洛姆指出，马克思从来不认为人性是一种抽象物，马克思不像许多现代社会学家和心理学家那样认为人性是后天形

---

① ［美］弗洛姆：《马克思关于人的概念》，选自《西方学者论〈1844年经济学—哲学手稿〉》，复旦大学出版社1983年版，第27页。
② 同上书，第29页。
③ 同上书，第30页。

成的，在马克思看来，人性就是人的本质，人并不是生来是一张白纸，人性并不仅是由后天的教化才形成的，人性是可认识的，并且不仅可以通过生物学、解剖学和生理学来认识，而且能够按照心理学来认识。虽然人的本质不是抽象的，但人的本质与人性的特殊表现也是不同的，每一种文化中人性的特殊性并不是人的一般本质，"马克思以一种更加符合历史变化的形式，在'人的一般本性'和每个历史时代'变化了的人的本性'之间的区别中，显然保留了关于人的本质的思想。"① 同时，马克思也区分了人的两种类型和欲望，在他看来，一方面，人有不变的或固定的欲望，诸如食欲和性欲，这是人性的基本组成部分，只是在不同的文化中有不同的形式和倾向；另一方面，人也有相对的欲望，这不是人性的组成部分，它们起源于"一定的生产和交换条件"。因此，在马克思那里，人性既有不变的部分，同时也是历史地形成的，"马克思认为，人的潜能是一种给定的潜能，人仿佛是人的原材料，因此是不能改变的，正如人脑的结构有史以来就一直保持不变一样。然而，人在历史的过程中确是变化了的；他发展了自己，他改造了自己，他是历史的产物；既然他创造了自己的历史，那么他也就是他自己的产物。历史是人的自我实现的历史；历史无非就是通过人的劳动和生产过程的人的自我创造。"②

弗洛姆认为，马克思继承了德国哲学的传统，将人的能动性作为人的本质："斯宾诺莎、歌德、黑格尔和马克思都认为，人之所以是活生生的，只是因为他是进行生产活动的，是因为他在表现他自己的特殊的人类力量的活动中，在他以这些力量掌握世界的活动中掌握了那个处于他自身之外的世界。如果人不进行生产活动，如果人是消极的被动的，那么他就什么也不是了。他就死了。在这种生产活动的过程中，人实现了他自己的本质，人恢复到他自己的本质中去，用神学的语言来说，这无非就是复归于上帝。"③ 通过对把人的本质规定为

---

① ［美］弗洛姆：《马克思关于人的概念》，选自《西方学者论〈1844年经济学—哲学手稿〉》，复旦大学出版社1983年版，第40页。
② 同上书，第41页。
③ 同上书，第44页。

能动性，马克思揭示了劳动（生产活动）对于人的重要意义，人的本质正是在生产劳动过程中实现了的。"马克思把这种与对象世界的积极的关系称为'生产的活动'。'这是创造生命的活动。生命活动的性质包含着一个物种的全部特性、它的类的特性，而自由自觉的活动恰恰就是人的类的特性。'马克思所说的'类的特性'是指人的本质；它就是一般的人，它是在通过人的生产活动的历史过程中实现的。"[①] 在马克思那里，劳动不仅是维持生命的活动，也是自我创造的行动，劳动是人和自然的能动关系，是新世界的创造，其中包括人自身的创造，人的独立与自由也是以自我创造的行动为基础的，"劳动是人的自我表现，是他的个人的体力和智力的表现。在这一真正的活动过程中，人使自己得到了发展，变成为人自身；劳动不仅是达到目的即产品的手段，而且就是目的自身，是人的能力的一种有意义的表现；因而劳动就是享受。"[②] 正是在此基础上，马克思认为，资本主义最大的罪恶不在于工业化生产和财富分配不公，而在于资本主义使劳动堕落为被迫的、异化的、无意义的劳动，进而使人变成了异化的人。

（三）马克思的异化理论

弗洛姆认为，马克思关于人的本质的概念与异化的概念是紧密相关的，要想真正理解人的本质，必须理解异化。因为马克思看来，人的历史就是人不断发展同时不断异化的历史，而人的解放就是从异化中解放出来，回归自己真正本质的过程。

弗洛姆对马克思的异化概念的理解主要体现在以下三个方面：

第一，异化就是人丧失了作为能动者的作用，"在马克思看来，异化（或'疏远化'）意味着人在把握世界的时候并没有觉得自己是发生作用的行动者，而是觉得世界（自然界、别人和他自己）对他来说依然是陌生的。它们作为客体站在他之上，与他相对立，即使它们可能是他自己创造出来的对象。异化主要是人作为与客体相分离的

---

[①] ［美］弗洛姆：《马克思关于人的概念》，选自《西方学者论〈1844年经济学—哲学手稿〉》，复旦大学出版社1983年版，第47页。

[②] 同上书，第54—55页。

主体被动地、接受地体验世界和他自身"。① 也就是说，人的本质本来是人的生产性和能动性，但是异化的人却丧失了人的本质的力量，成为非生产性的、被动的"物"。马克思认为，异化在人类历史中一直存在着，并在资本主义社会达到顶峰。工人阶级异化得最显著，他们在劳动中没有主动性，是作为整个大机器生产的一部分，劳动成了为了维持他们肉体生存的单纯的手段。

第二，异化的根源在于人的存在与本质的分裂。弗洛姆认为，异化概念是由黑格尔创造出来的，黑格尔把人的历史看作是人的异化的历史。马克思继承了黑格尔的观点，认为异化是人的现实与本质的分裂。"在马克思看来，也和在黑格尔看来一样，异化概念植基于存在和本质的区别之上，植基于这样一个事实之上：人的存在与他的本质疏远，人在事实上不是他潜在地是的那个样子，或者，换句话说，人不是他应当成为的那个样子，而他应当成为他可能成为的那个样子。"② 马克思认为异化过程表现在劳动和分工之中，劳动本来是一种自由自觉的创造活动，但是由于私有财产和分工的发展，劳动失去它原有的创造性的力量，劳动及其产品成为与人的本质、人的计划和人的愿望相分离的存在。当劳动发生了异化时，它就不是作为人（劳动者）的本性的一部分，而成为异己的、使人的肉体和精神遭受摧残的外在力量。

第三，异化最终导致的是人所具有的类意识的异化。弗洛姆认为，异化劳动最可怕之处在于人不仅在身体上而且在意识上处于被奴役而不自知的状态，不仅人所创造的物成为人的统治者，人所创造的社会政治环境也成为人的统治者，"异化了的人相信他已经成为自然界的主人，然而却变成物和环境的奴隶，变成世界的软弱无力的附属品，而这个世界同时却又是他自己的力量的集中表现。"③ 也就是说，人的异化不仅表现在劳动过程、劳动产品和劳动者的异化，

---

① ［美］弗洛姆：《马克思关于人的概念》，选自《西方学者论〈1844年经济学—哲学手稿〉》，复旦大学出版社1983年版，第56页。
② 同上书，第59页。
③ 同上书，第64页。

最终导致的是每一个人从类本质中异化出去，"异化了的人不仅同其他人异化；他还在自己的自然品质和精神品质方面跟人类的本质、跟自己的族类存在异化。跟人类的本质异化，导致存在的自我中心主义，马克思把这种自我中心主义描述为人的人类本质变成了'个人生存的手段。异化劳动把人自己的身体从人那里异化出去，就像把在他之外的自然界，把他的精神本质、他的人的本质异化出一样。"① 不仅如此，异化还导致一切价值的贬低，由于人把经济价值作为生活的最高目的，人就不能发展真正的道德价值。人丰富的需要异化为单一的货币需要，人与外部世界的关系被异化为一种单一的消耗关系。

那么，如何克服异化呢？弗洛姆认为，关键在于克服主客体的分裂。但是他把禅宗佛教的思想与马克思的思想等同，又是曲解了马克思的思想。"歌德、黑格尔和马克思的思想与禅宗佛教的思想紧密相连。他们一致认为：人克服主客体的分裂；对象既是对象，又不是对象，以这样一种新的态度来处理对象，人就成了与对象一致的人，虽然人和对象依然是两个。人在以人的方式跟对象世界发生关系的过程中，克服自我异化。"② 也就是说，只有当人达到佛教所说的物我不分的境界时，异化才能得到克服。

### 二 自由辩证法

弗洛姆不仅分析马克思主义的人道主义基础，而且通过对人的心理机制和性格结构的弗洛伊德式的分析对资本主义社会进行批判，他的专著《逃避自由》就是通过对人渴望自由又逃避自由的辩证分析资本主义制度下法西斯主义的产生和人的心理意识的异化。

（一）法西斯主义产生的心理根源

弗洛姆认为，要想打击法西斯主义，就必须了解它。了解法西斯主义，主要是指了解它为什么产生，为什么得到这么多人的拥护。只

---

① [美] 弗洛姆：《马克思关于人的概念》，选自《西方学者论〈1844年经济学—哲学手稿〉》，复旦大学出版社1983年版，第65页。
② 同上书，第47页注释①。

有把握了它产生的根源,才能有针对性地抨击、批判它。

他说,法西斯制度的产生否定了人们数百年来同专制斗争的成果,使本来的自由民主制度走向了它的反面。这一切是如何造成的呢?很多人认为,法西斯主义的产生是由于资产阶级民主制度的不成熟,使专制代替了民主,这种专制使人们丧失了理性。随着资产阶级民主制度的成熟,人们就会自觉抵制专制。因此,只要安心等待西方民主政治的达到成熟阶段,法西斯主义就会迎刃而解。还有一种最危险的错觉,这些人认为像希特勒这样的人物,不过是用奸诈诡计,获得控制国家的政权,他们仅仅依持着武力来统治,全体德国人民不过是受到了欺骗和蒙蔽而已。

弗洛姆认为,这些看法是错误的。实际上,并不是法西斯政党剥夺了德国人民的自由,而是现代德国人民自身不想要自由,在他们在可以得到自由的情况下想要放弃自由,并且现代人这种想要放弃自由的迫切程度甚至比传统社会时人类争取自由还要强烈,人类漫长的争取自由的斗争,在现代人看来完全是无意义的,德国人现在非但不想要自由,甚至还要设法逃避自由;与现代德国人的逃避自由相比,更多的人对现代社会自由之丧失漠不关心,认为不值得为保卫自由而作战和牺牲。

对于这种数百万、数千万的人们逃避自由,希求统治与被统治的情况,多数人是没有思想准备的。但也有少数人已注意到并在事先发出了警告。比如一些马克思主义者和一些受马克思主义影响的思想家。他们看到,法西斯主义的产生是有其深刻的经济根源和社会根源,它的产生符合德国中、小资产阶级经济利益的需要,是资本主义商品经济发展的历史必然,是垄断资本主义发展的逻辑结果,希特勒的纳粹主义只不过是垄断资本主义的一种形式而已。资产阶级为了自己的经济利益,为了解决经济危机,必然采取独裁国家的政治形式来稳定垄断资本主义的经济形式。弗洛姆认为,马克思主义者所作的这种分析,显然比把法西斯主义的产生归结为希特勒之流搞阴谋诡计的结果的观点,要深刻得多。但他又指出,马克思主义者所作的分析仍有极大的片面性。这主要表现在忽视心理因素在促使法西斯主义形成

## （二）自由对现代人的双重意义

弗洛姆问道：自由对现代人到底具有什么意义呢？这种意义都是积极的吗？人类的全部历史就是不断摆脱自然的束缚、获得自由的历史。到了现代，人们似乎已经获得了自由，但是，人们对待自由的态度是怎样的呢？

在古代社会，人类还没有完全从自然中脱离出来，人与其他自然生物一样，与自然界处于未分裂的"天人合一"状态，人与人之间也处于群居的共生状态，相互制约，相互合作，没有独立性和自由，"当人类从与自然界同一的状态中觉醒过来，发现他是一个与周遭大自然及人们分离的个体时，人类社会史于是开始了。然而，在历史的漫长时间中，这种觉醒一直是隐晦不显的。个人仍继续与大自然及社会有密切的关系；虽然他已部分地发觉，他是一个单独的个体，但是他依然觉得，他是周遭世界的一部分，这种个人日渐脱离原始关系的'脱颖'过程——我们可称此过程为'个人化'——在宗教改革到目前这数百年当代历史中，已达到其顶峰状态。"[①] 到了资本主义社会，个人获得了高度的自由，独立的个体才真正诞生。但是，这种"个人化"给予人的影响是双重的，一方面，"个人化"使人摆脱了自然的束缚，个人获得了独立发展，人能够根据自己的理性自由支配自己，人获得了自由；另一方面，个人虽然获得了自由和独立，但也失去了与自然的天然联系所带来的安全感和归属感，于是，人又感到了前所未有的孤独。这种自由和孤独相互依存的局面无论在个体方面还是群体方面都是存在的。在个体方面表现为个人由孩童长成为成年人的过程，"一方面，儿童变得日益自由，可以发展和表现自我，而不受原来约束他的那些关系的妨碍。可是在另一方面，儿童也日益脱离了给他安全与保障的那个世界。个人化的过程虽然是其个人人格日增力量及日渐完整的一个过程，但同时，也是这样一种过程，在这种过程中，失去了当初与他人无分彼我的

---

① ［美］弗洛姆：《逃避自由》，陈学明译，北方文艺出版社1987年版，第1—2页。

同一性，儿童日渐与他们分离。这种日渐分离的情形可能产生一种孤立状态，从而产生凄凉之感，和造成强烈的焦虑与不安。"① 也就是说，儿童最初没有自主性，完全依赖父母，他虽然没有自由但也不会感到孤独，当他日渐长大，不断获得了自由和独立，但也同时失去了由父母之爱所还来的安全感，孤独也不可避免地产生了。而在群体方面则表现为人类与自然的分化，人类群体不断与自然脱离的过程，也是人类逐渐失去安全感的过程，"人类日渐获得自由的过程，与个体生长的过程，有着相似的辩证性质。一方面，日益增长力量与统一的过程，这是日益可以控制自然、增长理智，日渐与其他人类团结的过程。在另一方面，这种日益个人化的过程，却意味着日渐的孤独、不安全和日益怀疑他在宇宙中的地位、生命的意义，以及日益感到自己的无权力及不重要。"② 弗洛姆用《圣经》中的一段叙述人类被撵出天堂的神话来说明自由的辩证性对人的影响：在伊甸园中，男人与女人、人与自然和谐地相处在一起。那里一片安宁，不必工作，没有选择，没有自由，也没有思想，但是有一天，男人违反了上帝的命令，吃了智慧之树的果实，打破了与自然合而为一的和谐状态。弗洛姆认为这是人类自由的开始，违反上帝的命令意味着人从上帝的高压控制中解脱出来，意味着人的理性的开始，人从无意识的史前生活，进入了自由的人类生活。但是，这次人类争取自由的行为给人类带来了什么样的后果呢？"人与自然之间原有和谐状态破裂了。上帝宣告男人与女人之间的战争，以及自然与人之间的战争……这段神话强调这次行为所导致的痛苦。由于想超越自然，想脱离自然及其他的人类。使他裸露，使他觉得羞耻。他是孤独而自由的，但也是无权力和恐惧的。新获得的自由显然象是一个天罚；他脱离天堂的可爱的枷锁，获得了自由，但是他却不能自由地去管理自己，去实现他的'个人人格'。"③

弗洛姆认为，资本主义发展的主要动因，就是个体的人从自然和

---

① [美]弗洛姆：《逃避自由》，陈学明译，北方文艺出版社 1987 年版，第 8 页。
② 同上书，第 12—13 页。
③ 同上书，第 11 页。

群体状态中独立出来,获得了自由发展的空间,人成为社会一切活动的中心和原则。人开始不断打破大自然的束缚,利用大自然的力量,人知道如何依靠自己的理性,摒弃一切怀疑和迷信,通过个人的努力进行活动和创造,人获得了自由,这种自由在经济上表现为自由的资本主义市场经济,在政治上表现为民主和自由,在思想上则表现为科学与理性,人不再相信神话和幻觉,科学技术成为人所依赖的主要力量,新兴的中产阶级因其经济地位的升高,已日渐掌握政治力量,并已运用其政治力量增加了许多经济上进步成长的机会。但是,这样的自由社会并没有使人感到幸福,而是使人茫然不知所措。"个人解脱了经济与政治关系的束缚。由于他必须在新的制度中,扮演积极和独立的角色,他也获得了积极的自由。但是,同时他也脱离了以前给予他安全感及相与感的那些关系。他不再生活于一个以人为中心的封闭社会里;世界成为没有边界的,同时也是危险的。由于人失去了他在一个封闭社会中的固定地位,他也失去他生活的意义,其结果是,他对自己和对生活的目的感到怀疑。他遭到威力庞大的超人力量,资本及市场的威胁。由于每一个人都成为一个潜在的竞争者,人与他人的关系变成为敌对的和疏远的;他自由了,但这也就表示,他是孤独的、隔离的、受到来自各方面的威胁。他没有文艺复兴时代财主所拥有的财富或权力,也失去与人及宇宙的同一感,于是,一种他个人无价值和无可救药的感觉压倒了他。天堂永远地失去了,个人孤独地面对着这个世界——像一个陌生人投入一个无边际而危险的世界。新的自由带来不安、无权力、怀疑、孤独及焦虑的感觉。"① 因此,弗洛姆的结论是:自由在现代人那里实已成为不堪忍受的负担。也就是说,现代人由于获得了自由而陷入孤独当中,当这种孤独感不断深入而致极端时就成为不可忍受的负担,于是,现代人为了摆脱孤独只好向后退,企图通过"逃避自由"来摆脱这种孤独。在"逃避自由"的过程中,现代人形成了一种"逃避自由"的心理机制,"逃避自由

---

① [美]弗洛姆:《逃避自由》,陈学明译,北方文艺出版社1987年版,第35—36页。

的心理机制是指个人放弃其自己独立自由的倾向，而希望去与自己不相干的某人或某事结合起来，以便获得他所缺少的力量。换句话说，也就是寻求新的第二个束缚，来代替其已失去的原始约束。"[1] 心理机制是指内心固有的法则，它决定人的思想、感觉和行为。某一种心理形成心理机制后，这种心理就不是少数人的心理或行为，而是社会大多数成员普遍具有的心理现象，它实际上已经成了一种"社会性格"，而这种"社会性格"会把社会中大多数人的意识或思想引向同一个方向。

（三）"逃避自由"的心理机制

弗洛姆指出，"逃避自由"的心理机制正是法西斯主义产生的心理根源。在他看来，法西斯主义主要由两部分人构成，即受虐狂和虐待狂，二者表现看来是相互矛盾的，但实际上二者是相辅相生的，他们共同的心理机制就是逃避自由。弗洛姆对受虐狂和虐待狂的表现及其动力本质作了详细阐述，以此作为对产生法西斯主义的心理根源的分析。

弗洛姆分析说，受虐狂的典型特征是：极端轻视自己，觉得自己渺小、软弱，不愿自己主宰自己，而是心甘情愿地依靠权威人物或组织，"这些人经常想除掉这个负担以期获得安全，这个负担也就是——自己"，而"除掉自己。换句话说，即消除自由的负担"[2]。因此，法西斯主义的信徒是自愿接受法西斯主义头子的庇护，他们把个人无条件地服从整体法西斯主义制度作为自己的避难所，企图在这里安身立命。即便这种庇护会侵犯他们的利益，他们也会毫无理性的服从，甚至为了服从这种权威不惜牺牲自己的生命。而虐待狂的典型特征与受虐狂相反，他们要控制他人，操纵他人，使他人依附自己，即便是以绝对的、非常的手段也在所不惜。他们以能够主宰他人，驱策他人为乐，不择手段地把他人的东西占为己有，不仅包括物质方面，还有精神方面，他们要占有他人的一切，甚至于情感与智慧。"完全主宰别

---

[1] ［美］弗洛姆：《逃避自由》，陈学明译，北方文艺出版社1987年版，第70页。
[2] 同上书，第95页。

人，使别人在我的意志下完全屈服，使自己成为真神，甚至于做到与其同乐的地步，屈辱他们，奴役他们的最终目的无非是使他们痛苦，因为控制他人的权力越大就越使别人增加痛苦，虐待狂动力的本质便是由完全主宰他人而得到的快感。"① 因此，虐待狂就是要使别人痛苦，以看到别人痛苦为乐，这种痛苦既包括肉体上的也包括精神上的。弗洛姆进一步指出，虐待狂在进行虐待时往往是自认为善意和公正的，他们经常的表现是以关心他人的方式来掩饰其虐待行为。他们有时公开厚颜无耻地对受虐待狂宣称："我知道什么对你们最好，什么对你们最有益，所以你们应当绝对地服从我，让我来统治你们"，"因为我的各方面都高人一筹，所以我有权统治你们"；有时则是凶神恶煞地这样威胁受虐待狂："我曾经受过别人的害，现在我不过是以牙还牙，没有别的，只有报复"，"为了预防自己或我的朋友受到伤害起见，最好的办法就是打击对方"。

弗洛姆指出，希特勒等纳粹分子就是典型的虐待狂，他们肆无忌惮地剥夺他人的情感、意识甚至生命，企图使别人完全屈服于他们，他们视人民为草芥，骑在人民头上作威作福，以主宰他人为乐。弗洛姆列举了大量事实，以证明希特勒一伙的全部行为都是为了控制他人使别人在自己的意志下完全屈服，达到操纵别人、主宰别人的目的。

弗洛姆分析道："想要主宰他人的行为与想要被虐待的行为正好相反，但实际是密切关联的。从心理学的观点研究，两者有一共同的来源，即不能忍受自己的孤独及懦弱，笔者叫这种现象为'共生体'，'共生体'本为一心理学上的解释，意即两者必须共存，因此必须丧失其个别独立的完整性，而成为相互依赖的现象，只是两者寻求安全的方法不同，一为主动的，另一为被动的；一为失去自己，使自己融化于外界的权力中，另一为扩大自己，使他人变成自己的一部分，虽然得到外力，但丧失独立，就是因为不能忍受自己的孤独，因此才必须依赖他人。"② 也就是说，表面上看受虐待狂和虐待狂的行

---

① [美] 弗洛姆：《逃避自由》，陈学明译，北方文艺出版社 1987 年版，第 97 页。
② 同上。

为是相互矛盾、相互冲突的,但二者却是相互联系、相互依存的"共生体"。弗洛姆认为,虐待狂与受虐狂都是极权主义的表现,他们的关系是相互依赖的,不仅是受虐狂依赖虐待狂,虐待狂也依赖受虐狂,虐待狂表现出的强大和力量不是因为其自身,而是来自受虐待狂,因此,虐待狂同样不能离开受虐待狂。虐待狂与受虐狂都来源于"逃避自由"的心理机制,这种心理机制形成了特定的人格结构,这种人格结构成为一种无形的力量推动了法西斯主义的形成。

弗洛姆认为,逃避自由的心理机制除了极权主义的受虐狂和虐待狂之外,还存在着两种机制,一种是攻击性和破坏性;另一种是舍己的自动适应。前者通过毁灭外在于自己的一切力量来缓解自己的孤独感和无权力感;后者则是通过与世无争的方式委身于某种习俗或文化模式,从而消除自由和责任带来的负担和孤独。在弗洛姆看来,现代社会中经常发生的破坏和攻击性行为实际上都是与逃避自由的心理相关的,"破坏性的不同是因为他的目的不在于主动的或被动的共生,而在于消灭它的目的物。可是,它也是产生于个人无法忍受的无权力感及孤独感。由于我把外在的东西摧毁了,因此,我可以免除了我自己无权力的感觉。当然,如果我成功地消灭了外在的目的物,我还是孤独的和孤立的,可是,我这种孤独是一种绝佳的孤立状态,在这种孤立状态中,外在的目的物之力量,不能再压服我了。毁灭世界是想使自己不再受外界力量摧毁的最后一种,几乎是奋不顾身的企图。虐待狂是欲借统治他人来增强自己的力量;破坏则是欲借消除外界的威胁,来增强自己的力量。"[①] 但是,对现代社会的大多数人来说,往往会采取更温和的方式来逃避自由,就是舍己的自动适应,"这个逃避现实的心理机制,是大多数正常人在现代社会中所发现的解决办法。简而言之,就是:个人不再是他自己,他完全承袭了文化模式所给予他的那种人格。因此他就是和所有其他的人一样,并且变得就和他人所期望的一样。这样,'我'与世界之间的矛盾就消失了,然

---

① [美] 弗洛姆:《逃避自由》,陈学明译,北方文艺出版社1987年版,第107—108页。

后，对孤立与无权力的恐惧感也消失了。这种心理机制宛如某些动物的保护色。在他们看来，与他们的周围环境那么相似，以至于他们几乎和周围的环境，没有什么区别，一个人放弃了他独有的个性，变得和周围的人一模一样，便不再感到孤独和焦虑。"① 也就是说，顺世和随俗是大多数人表现出来的舍己方式，这种方式虽然不会造成极大的破坏，但却具有很大的消极性，它会导致主体性的消解和人格的退化。

（四）逃避自由的积极模式

弗洛姆认为，虽然现代人普遍利用"逃避自由"的方式来摆脱孤独，但是这并不是现代人摆脱孤独的唯一方式，现代人完全可以找到一条积极的途径，使自己既能获得自由独立，又能与他人建立起良性的关系。

1. 马克思主义与弗洛伊德主义的相同点

这种积极模式的基础是马克思主义与弗洛伊德主义的结合。弗洛姆认为，马克思主义与弗洛伊德主义具有共同的基础，主要表现在以下几个方面：第一，二者的理论出发点是怀疑一切。怀疑一切作为17世纪自然科学的立足点主要是反对对宗教的迷信和对知识的幻觉。但在马克思和弗洛伊德这里，主要是反对传统哲学的人的存在和本质的理论。正是在这样的基础上，马克思发现了思想背后的经济结构和利益，而弗洛伊德则发现了思想背后的无意识。第二，二者都坚信真理的力量。弗洛姆认为，马克思认为人类的解放力量并不是暴力，而是真理，只有真理才能使人们从幻想中恢复理智，才能真正揭示被幻想和意识形态掩盖的现实。弗洛伊德同样相信真理的力量，认为只有真理才能进行精神分析疗法，使病人从非理性中获得理性的力量。"马克思认为，真理乃是引起社会变革的一种武器。弗洛伊德则认为，真理是引起个人变革的一种武器。"② 第三，二者的思想基础都是人道主义。弗洛伊德认为，人道主义是指每一个人均体现了全部的人

---

① ［美］弗洛姆：《逃避自由》，陈学明译，北方文艺出版社1987年版，第111页。
② ［美］弗洛姆：《在幻想锁链的彼岸》，张燕译，湖南人民出版社1986年版，第15页。

性，人所具有的，每个人都具有。马克思继承了伏尔泰、莱辛、赫尔德、歌德和黑格尔的人道主义传统，极力批判异化的、不完整的人。弗洛伊德则将无意识作为人的普遍本质，不论是精神病人还是正常人。他捍卫了人的自然欲望，反对理性对人的控制，这也是对欧洲传统人道主义的继承。第四，二者都是用动力学和辩证法的方法来研究现实的。弗洛姆认为，动力学方法是指"透过过去或现在行为的表面，从中了解产生过去那种行为模式的力量究竟是什么"[①]。在马克思那里，社会是一个复杂但具有发展力量的结构，这个结构能够被人们所认知，并因此能够使人们在一定程度上了解过去和预知未来。弗洛伊德则把人作为包含着力的结构的精神实体，精神分析的任务就是要认识这些力的本质、强度和方向，以便了解过去，预先对未来作出选择。在马克思和弗洛伊德那里，真正的变化是指给定结构中的能量的变化。实现这一变化，不仅需要对这些力以及这些力的运动所遵循的规律有一个深刻的认识，而且也需要巨大的努力和坚强的意志。

在此基础上，弗洛姆认为，马克思的理论有一些不足。马克思虽然提出了经济基础和上层建筑的相互关系，但对于经济基础是如何转化为上层建筑的并没有给予说明，这就需要运用弗洛伊德的理论进行分析来弥补这一不足。弗罗姆通过改造弗洛伊德的性格理论，认为性格可以分为个人性格和社会性格。个人性格存在着较大的个体差异，因为个人性格的形成受家庭、个人经验、社会、文化等多种因素的影响。相对来说，社会性格更具有稳定性，因为它指一个社会中绝大多数成员所具有的基本性格结构，它是文化和社会的重要组成部分，往往对个人性格产生潜移默化的影响。"社会性格的作用在于促成社会成员的活动能力，使他们对社会的行为模式不再有自觉的意识，从而使他们盲目地跟在别人后面，并在符合社会要求的行动中得到满足。换言之，社会性格的作用在于造就和疏导人的社会能量，以便使社会能够维持下去。"[②] 也就是说，社会性格对社会起着支配和稳定的作

---

[①] [美]弗洛姆：《在幻想锁链的彼岸》，张燕译，湖南人民出版社1986年版，第20页。

[②] [美]弗洛姆：《健全的社会》，欧阳谦译，中国文联出版公司1988年版，第77页。

用。正是社会性格的这种力量，使它能在经济基础和上层建筑之间起到中介作用，一方面，经济基础不能直接产生上层建筑，它必须借助社会性格，社会性格是各种思想和意识的居所，经济基础的动力通过社会性格才能上升为上层建筑；另一方面，意识形态对经济基础的反作用也必须通过社会性格，也就是意识形态必须先作用于社会性格，才能对经济基础产生反作用。

2. 非生产性社会性格结构

那么，在发达工业社会中，社会性格具有什么样的倾向呢？弗洛姆认为，要研究社会性格，必须运用精神分析方法对人性进行"整体的研究"，所谓整体的研究就是把人与其他生物相关联的原始欲求引入人性之中，并作为人性首要的和基本的因素。弗洛伊德主义者认为，人和其他生物一样，有吃、喝、性欲等各种自我保存的本能和基本的生活需求，这些原始的本能和最基本的需求是人的本性，是人性的最基本方面，任何一个社会都要首先满足每一个个体的这些原始欲求。但是，人的基本需要，即吃、喝、性欲等即使完全得到满足，人也并不会就此感到幸福和快乐，人还要追求其他的东西，也就是说，人具有超越动物性的需求的其他需求，人不仅需要满足本能和生理的需求，这些其他需求同样构成了人的本性，并成为人区别于动物的主要标志。"即使人的饥渴和性追求完全得到满足，实际上'他'并不满足。正得动物成正比，他的最迫切问题只是开始而不是得到解决。"①

那么人最迫切需要解决的问题是什么呢？弗洛姆认为，这些需求与人的生存密切相关，人的生存本身决定了人的需求。但是，人的生存却处于不可避免的失衡状态中，因为"人是自然界的一部分，受自然规律的支配，但是他凌驾自然界的其他部分。当人类属于自然界的一部分的时候，却又与自然界分离，找不到归宿，并同所有的人一样被家庭紧紧拴住。"② 因此，人无法摆脱生存的二分律，具体来说，

---

① [美]弗洛姆：《追寻自我》，苏娜、安定译，延边大学出版社1987年版，第56页。

② 同上书，第49页。

这种"生存的二分律"表现在以下几个方面：第一，生与死之间的二分律，这是最基本的"生存二分律"。生与死相反，并与生活的体验无关，二者不能共存，但同时，死亡又是生命的一部分，是生命的归宿，对死亡的了解并不能改变死亡，人只能接受死亡的现实。第二，人的潜能的无限与生命的有限之间的二分律，人的潜力是无限的，但人的生命却是有限的，即使在最好的生存环境下人也不可能完全实现自己的潜力。也就是说，虽然每一个人都赋有人类所能具有的所有潜力，但生命是短暂的，每个人的生命从其诞生到死亡只不过是人类历史长河中短暂的一瞬。因此，每个人渴望实现所有潜力的愿望与由于生命的短暂而不可能实现之间就产生了尖锐的冲突。第三，"个人化"带来的自由与孤独之间的二分律。每一个人的成长都是不断脱离自然状态的个人化过程，在这一过程之中，一方面，个人的能力得到了增强，人不断切断自然与他人的纽带，越来越自由；另一方面，由于失去了与自然和他人的联系，人又没有了安全感和归属感，由此又不可避免地产生孤独感。一个个体的人是一个独立的整体，他斩断了与自然的天然联系，摆脱了自然与他人的束缚，因而是自由的；但是，由于与自然联系的切断，他又产生了孤立无依之感，因而他又是孤独的，这就是个人化带来的自由与孤独的二分律。

正是由于人生存在这样的"二分"中，所以人总是处于矛盾之中，为了摆脱这种矛盾的窘境，人就采取各种方式使自己的生存和生活和谐："他能够用和谐的意识形态去安抚他的心灵，他能够不断地工作，用享乐来逃避内心的不安，他能够想办法消除自由，使自己变为外在权力的工具，把自己沉湎于在这种权力之中，但他仍然感到不满、焦虑不安。"要想真正消除生存的二分律，只有一个办法，"那就是面对真理，了解他在对其命运漠不关心的宇宙里陷入孤独与寂寞的根本原因，去认识世界上没有任何权力可以为他解决问题。人必须肩负起自己的责任，并接受只有用自己的力量才能够使生命富有意义的事实，但这种意义并不含有确定性。当然，寻求确定性会阻碍对意义的追求。不定性才是使人发挥力量的真正条件。假如他在真理面前并不害怕，他将会认识到，只有人能借发挥他的力量过有创造性的生活,而赋予他生命的意义以外的生命并没有意义,只有经常提醒自己不断地努力探索,才能使完成这个重要的任务——用生活规律约束我们,在有限的范围内充分地发挥力量。人的困惑、好奇和发现新问题是没有止境的,只有他认识了人的情境、生存固有的二分律以及发挥力量的能力,才能依赖自己,凭借实现人独有的特质——理想、爱及创造才能,去实现人类幸福的目标。"① 但是,在西方发达工业社会中,人们往往不采取这种面对真理、追寻自我的创造性方式,而是采取非创造性方式来解决问题,之所以通过这种方式,是由于发达工业占主导地位的社会性格是"非生产性的"性格结构。

"非生产性的"性格结构是与"自发创造性的"性格结构相对的范畴,"自发创造性的"性格结构是与创造性紧密联系在一起的,弗洛姆认为,创造性对于一个健全的人来说非常重要,是人作为不同于其他生物的存在的重要依据。"人不仅是理性的善于社交的动物,他也可以被称为是一种有自发创造性的动物,能够使用理性和想象力改变现有的物质。他不但'能够'创造,而且为了活下去,他'必须'创造。然而,物质创造只是属于性格部分最常有的创造表现。人格的'创造指向'是指一种基本的态度及一种在人类经验的一切领域内的'关系形式'。它包括对其他人、对自己及对一切事物的精神、情绪与感觉的反应。创造性是人通过使用他的力量实现固有潜能的能力。"② 当人拥有创造性的时候,他的人格就是健全的,他的性格结构就是"自发创造性的"性格结构,而当人失去了创造性的时候,他的人格就是不健全的,他的性格结构就是"非生产性的性格"结构。"非生产性性格"是指一种内在潜力还没有获得完全发展的性格特质,"非生产性性格"具体地又被分为以下四种:

第一,接受型性格倾向。这种性格结构的人的最大特点是缺乏自主性,在行动上,他们喜欢接受,认为所有好的东西都在外在,所有所需要的东西必须从外面获得。当他们一个人独处时会感到不知所

---

① [美]弗洛姆:《追寻自我》,苏娜、安定译,延边大学出版社1987年版,第55页。

② 同上书,第100页。

措,没有别人的帮助就不能做任何事情;在思想上,他们不愿意承担责任和义务,总是依赖于权威或他人,虚心接受他人的意见。他们是最理想的听众,总是接受意见而从不发表意见。这种性格倾向的人是无主体、无创造性的人,他们虽然外表乐观友善,但是当他所依赖的对象无法对他们提供帮助时,他们就会焦虑和心神不安,因此,他们无法真正摆脱孤独感。

第二,剥削型性格倾向。这种性格结构的人同接受型性格结构一样,认为所有好的东西都在外部,而不是来源于自己的创造性。但是二者也有区别,剥削型性格倾向不是被动地接受他人的东西,而是要利用强迫或诡诈的手段把他人的东西占为己有,在行动方面,他们常常强行索取或欺骗笼络;在思想方面,他们不会创立新观念,而是用剽窃的手段窃取别人的思想,再用不同的词语重述出来。这种人从来不是去真正地创造,从来不知道发挥自己的内在潜力,表面上看他们总是主动获取,但实际上他们仍然是被动的角色,失去了他人他们就没有任何思想和创造性。这种人也不可能真正摆脱孤独。

第三,储积型性格倾向。这种性格结构的人与上面两种性格倾向不同,他们不是从外面获取或接受东西,因为他们对从外面得到的新东西缺乏信心,他们对别人的东西不关心,他们的安全感建立在储蓄和节省的基础上。无论是对于物质、金钱还是感情、思想方面,他们都非常吝啬。这种性格倾向的人"对别人甚至对回忆都表现出一种特别的忠实。他们的多愁善感,使得过去的一切都显得可贵;他们紧紧地抓住它,沉浸在以往的感情和经验的回忆之中。凡事他们都没有能力做有创造性的思维。"① 这种人好像在自己的周围筑起一道防护的墙,所有的东西都被收入墙内,尽量不让东西流失出去,这种人也无法摆脱孤独,因为那道防护的墙会使他自己与他人的关系日渐疏远。

第四,市场型性格倾向。这种性格结构的人是在现代市场经济条件下形成的,这种人往往把自己和他人都当成商品,并以交换价值作

---

① [美]弗洛姆:《追寻自我》,苏娜、安定译,延边大学出版社1987年版,第79页。

为自己个人的价值。这种把人放入市场中进行价值衡量的现象弗洛姆称之为"人格市场"。"人格市场"同样要服从商品市场的价值规律，因此，具有这种性格倾向的人首先要具有某种技术条件和德性，但是他的成功主要依靠的是他如何在市场上推销自己，"为了成功，只具备某种工作所需的技术和才能还不够，还必须同其他人竞争，将自己的人格'推销'出去，这种事实形成了自己应该采取的态度问题。如果为了生活，凭借一个人知道的和所做的就足够的话，那么，一个人的自尊将和他的能力成正比，也就是说和他的使用价值在成正比；但是成功主要取决于他如何推销自己的人格，因此他便体会到自己是一种商品，或者说得更恰当点，他既是推销人，同时又是推销的商品。一个人关心的并不是他的生活和幸福，而是有没有销路。"① 从表面上看，具有这种性格结构的人在塑造自己，似乎具有创造性，但实际上，他们不过是使自己成为市场所需要的样子，他们塑造的不是真正的自我，而是虚假的自我，他们的需求也不是真正的需求，而是虚假的需求，他们并没有真正的创造性。另外，市场型的人不仅把自己当作是商品，把他人同样也当作商品，人与人的关系成为商品与商品之间的关系，人的主体性被消解，因而不可能消除孤独感。

### 3. "自发创造性的"社会性格和健全的人

弗洛姆认为，"自发创造性的"社会性格不同于"非生产性性格"的人，这种性格与创造性紧密相关，创造性是人通过使用他的力量实现自己潜力的能力，即人依靠自己的理性引导，自主地应用和控制自己的能力。"自发创造性的"性格的人通过"创造性"来应对生存的二分律，通过"创造性"的活动和思维来满足获得自由和安全，同时也通过"创造性"的活动和思维创造世界和自身，也就是说，这种人不是模仿和复制这个世界，而是以自己的超越性思维唤起和创造新的世界，在创造新世界的过程中，他们也超越了自身，并通过自己的力量和情感与他们建立"既能保持自己的完整性，又能逃脱孤

---

① [美]弗洛姆：《追寻自我》，苏娜、安定译，延边大学出版社1987年版，第84页。

独"的理想的关系,在这个过程中,他不断成为一个强者,成为世界的体验者和行动者,成为爱的力量的拥有者。在弗洛姆看来,"自发创造性性格"是健全的人格,能够突破生存的二分律,是健康积极的人格类型,也是健全的人。

如果说"自发创造性的"性格与"非生产性的"性格是相对立的,健全的人则是与异化的人相对立的。弗洛姆在《健全的社会》中对异化的人进行了细致的描述:"我们在现代社会中看到的异化,几乎是无孔不入,异化渗透到人与自己的劳动、消费品、国家、同胞以及自身的关系之中。人创造了一个前所未有的物质世界。人建成了一个复杂的社会机器来管理他建立起来的技术机器。但是,人的全部创造物却高于他并控制着他。他感觉不到自己是一个创造者和中枢,反而觉得自己是一个他用双手造出来的机器人的奴隶。他释放出来的力量愈是有力和巨大,他就愈是感到人的软弱无能。他面对着体现在事物中的自己的力量,这一力量的发展脱离了他自身。他被自己的创造物所占有,失去了自身的所有权。他建立了金钱这一偶像并对众生说,'这些是带领你们走出埃及的神'。"[①] 与异化的人对立,健全的人是非异化的、具有创造性的人,"精神健康的人是创造的和没有异化的人;他使自身与世界建立起友爱的联系,运用他的理性去客观地把握现实;他感到自己是一个独一无二的个体,同时又觉得跟他人是一体的;他不屈从于非理性的权威,而是自愿地接受良心和理性的合理性权威;只要他生存着,他就会不断地发展自身,他把生命的赠予看作是他最宝贵的机会。"[②]

弗洛姆把这种健全的人的生存方式称为"重生存的"生存方式,而把异化的人的生存方式称为"重占有的"生存方式。前者以人的创造力的发挥和人的本质力量的实现为价值目标;后者则是以对现存事物的占有和消费作为价值目标。"我所说的'生存'是指一种生存方式,在这种生存方式中人不占有什么,也不希求去占有什么,他心

---

① [美]弗洛姆:《健全的社会》,欧阳谦译,中国文联出版公司1988年版,第124—125页。

② 同上书,第278页。

中充满欢乐和创造性地去发挥自己的能力以及与世界融为一体。""在重占有的生存方式中，与世界的关系是一种据为己有和占有的关系，在这种情况下，我要把所有的人和物，其中包括自己都变为我的占有物。"① 弗洛姆具体指出了"重生存的"生活方式所塑造的健全的人的主要特征，其中主要包括全面地生存，具有安全感，积极进行创造性活动，喜欢奉献和分享，爱和敬畏生命，具有理性思维能力，充分发展自己的个性，努力克服贪欲、仇恨和自恋，遵守纪律，富有想象力，认知自我，建立与他人的关联，充分合理地运用自由，努力幸福地生活等。② 这些具体化的规定是对他"自发创造性的"性格和健全的人的细致描述，也是他解决发达工业社会自由辩证法的具体构想。

## 第五节　哈贝马斯的交往辩证法

作为法兰克福学派的第二代代表人物，哈贝马斯③将辩证法提高到一个新高度，在他这里，理论与实践的统一、主体与客体的统一被赋予了新的内容，因而辩证法也呈现出新的面貌。

### 一　理论与实践的辩证法

理论与实践的关系一直是西方马克思主义者探讨的主题之一，哈

---

① ［美］弗洛姆：《占有还是生存》，关山译，生活·读书·新知三联书店1988年版，第23、29页。

② 同上书，第179—181页。

③ 尤尔根·哈贝马斯（Jürgen Habermas），生于德国北莱茵威斯法伦州的谷默斯巴赫的一个中产阶级家庭，1949年进入哥廷根大学学习；1955年进入"社会研究所"。1964—1971年执教于法兰克福大学。1971年离开法兰克福学派担任马克斯·普朗克学会科学和技术世界生活条件研究所所长和这个学会的学部委员。1983年重新回到法兰克福大学，至1994年退休。哈贝马斯著述十分丰富，主要著作有：《绝对性与历史，谢林思想的二重性》（1954年）、《大学生与政治》（1961年）、《公众舆论的结构变化》（1962年）、《理论与实践》（1963年）、《社会科学的逻辑》（1967年）、《作为"意识形态"的技术与科学》（1968年）、《认识与兴趣》（1968年）、《晚期资本主义的合法性危机》（1973年）、《历史唯物主义的重建》（1976年）、《交往行为理论》（1981年）、《现代性哲学话语》（1985年）、《后形而上学思维》（1988年）、《现代性——一项未完成的工程》（1990年）、《事实性与有效性》（1992年）等。

贝马斯着重从历史的角度阐述了理论与实践关系的演变，并由此分析马克思历史唯物主义关于理论与实践关系的理解。

（一）理论与实践关系的历史进程

哈贝马斯认为，理论与实践的关系必须从历史的角度进行描述，才能揭示出来其所包含的真正内容。他将理论与实践关系的演变分为三个时期：第一时期，古典时期。古典时期主要以亚里士多德的理论为代表，在亚里士多德的思想中，政治学是实践哲学的一部分，政治学是伦理学的延续，它所涉及的是人的行为，即实践的领域，它赋予公民以美好生活的权利，它的目的是培养性格，采用的方法不是技术的手段，而是教育学的方法。因此，在亚里士多德看来，实践哲学不是严格的科学，它的价值和意义是思维，是对情况的明智认识，因而不提供绝对必然的知识。第二时期，近代时期。由于近代时期所有的社会哲学都是以科学为依据建构的理论，它的目的不是为了培养性格和增长智慧，而是使社会哲学成为一门精密的科学，"社会哲学在走向科学的道路上丧失了政治学曾经作为智慧和机智所具有的能力。"① 政治学的目的是一劳永逸地指明如何建构正确的国家秩序和社会秩序，政治学开始与伦理学分离，政治学成为一种权衡的行为，不再是对美好和正当的生活的教导。这样，政治学成为社会哲学，失去了实践哲学那种与情境和条件的密切关系。第三时期，现代时期。现代时期最重要的方法论原则是实证主义的研究逻辑对社会科学的渗透，社会科学已经完全脱离了古典政治学的规范。亚里士多德提出的"科学的目标是永恒的真理，而实践的机智只是或然的东西"的思想不复存在，实践成为受理论指导的领域，"随着政治科学的理性化，随着实践通过技术手段受理论所指导，原本的遗留问题就多了起来。"② 经验科学的分析进入社会科学领域中，但是经验分析并不能解答实践问题，理论和实践的关系更多地表现为"对技术（有经验科学保障的技术）有目的的、合理的使用"。

---

① ［德］哈贝马斯：《理论与实践》，郭官义、李黎译，社会科学文献出版社 2004 年版，第 47 页。

② 同上书，第 48 页。

哈贝马斯认为，虽然从古典时期到现代时期理论与实践的关系日益密切，但是并没有实现理论与实践的真正统一，"理论与实践关系的真正困难，当然不是产生于即将成为技术力量的科学这一新功能，而是产生于我们无法把技术力量和实践力量加以区分。科学化的文明也不能不回答实践问题。所以，当科学化的过程超越技术问题的界限，而不能摆脱受技术限制的理性的反思阶段时，真正的危险就出现了。这就是说，人们根本不再谋求公民对实践上控制他们命运的理性共识。代替理性共识的，则是试图既非实践的、又非历史的，以一种完美的社会管理方式，从技术上获得支配历史。同真正意义上的实践相关的理论，把社会理解为相互交谈的人的行为联系，而进行语言交流的人，则必须把社会交往纳入自觉交往的联系中，并且必须在这种联系中把自己构成一个有行为能力的总主体，否则，在许多方面越来越严格地理性化的社会的发展方向，从总的方面看，必然会脱离它们日益需要的理性的教育。"[①] 因此，现代科学理论都是与实践相脱离的，其原因就在于科学与哲学对于理性的误解，使理性失去了获得实践的力量。

（二）马克思主义的理论与实践关系

哈贝马斯认为，马克思主义是一种批判理论，它介于科学与哲学之间，"我们可以毫不含糊地说，马克思主义理论的结构是一种明确地用政治观点设计出来的、同时在科学上又可以证伪的历史哲学；我们可以大胆地利用晚辈者的机会说，我们能够比马克思对自己的理解更好地理解马克思。"[②] 那么，马克思是如何理解理论与实践的关系的呢？哈贝马斯认为，要搞清楚马克思主义理论与实践的关系，就必须认清它作为历史哲学的结构，而马克思主义作为历史哲学的结构，实际上是一种批判的结构，因而认清马克思主义作为历史哲学的结构也就是认清其批判的结构，"当人们把政治经济学批判理解为一项工作——这项工作以人道主义者的语言学的批判开始，在文学家的美学

---

① ［德］哈贝马斯：《理论与实践》，郭官义、李黎译，社会科学文献出版社2004年版，第331页。

② 同上书，第259页。

批判中得以继续，最终在哲学家的理论批判和实践批判中学会把自己理解为批判——的完成时，马克思才把他的理论称之为批判——一个并不引人注意的名称。"①

为了说明马克思主义的批判理论所体现了理论与实践的统一，哈贝马斯阐述了"批判"与"危机"的相互关系，强调批判与危机不仅在词源学上相同，而且具有相同的词根。"在希腊语中，批判性的判断（Kritisches Urteil）隶属于危机（Krisis），即隶属于作为亟须做出决断的法律争执；批判（Kritik）本身是危机的客观联系中的环节。"② 批判与危机词源学上密切关系意味着批判本身的实践性和客观性，即人类文明的历史发展过程就是一种自我批判的过程。但是，中世纪之后，危机概念被应用于神学的救世之中，开始与批判分离。同样，批判概念的使用范围也逐渐缩小，在 18 世纪之后更成为只关涉主观能力的概念。19 世纪经济危机的逐渐扩大化使危机超出了单纯的主观批判的范围，人们意识到，批判无法从理论自身来论证自身，批判的正确性必须伴随着危机的克服。黑格尔的辩证法即是关于危机的理论，黑格尔"把世界的历史完全猜测为危机与危机的联系。在发展的每一阶段上，丑恶、敌意、破坏发展成了特有的冷酷、固执与权力欲；否定的东西以及否定本身获得一种只有上帝在违背上帝自己的情况中才能实现的肯定性。"③ 但是，黑格尔的辩证法始终把神作为一个超然存在，这使它包含着许多神秘主义的东西，并且，黑格尔并不认为自己的理论隶属于危机，而是认为他的理论是危机的解决，也就是说，他不认为哲学是一种批判，而认为哲学是一种综合。

哈贝马斯认为，马克思主义理论的批判与危机是真正意义上的统一。他说："马克思是从社会劳动的辩证法中，用唯物主义的思想来理解危机联系的。社会劳动辩证法的诸种范畴，是在当时的政治经济学中发展起来的，但不是在政治经济学的彻底的历史特点中被人们所

---

① [德] 哈贝马斯：《理论与实践》，郭官义、李黎译，社会科学文献出版社 2004 年版，第 259 页。
② 同上书，第 260 页。
③ 同上书，第 262 页。

认识。因此,马克思采用政治经济学批判的形式来研究资本主义制度。在政治经济学批判这一并不引人注目的标题下,'批判'首先要求批判地探讨先前文献资料的含义,但要求批判地探讨用实践的意图拟定的克服危机的这一理论的深层含义:政治经济学批判也是原本意义上的危机理论。对异化劳动的分析具有唯物主义辩证法引论的性质;真正的批判是以唯物主义辩证法为根据展开的:它向人们证明,人们的历史是他们自己创造的(虽然他们对此没有明确认识),人们对自然状况的鲜明的、巨大的优势是用自己的双手劳动创造的。"[1]也就是说,马克思主义的政治经济学的批判并不是马克思的主观想象,它是与资本主义的实践或资本主义的危机联系在一起的,因而它体现了理论与实践的统一,这是与马克思主义在唯物主义的基础上的主、客体的统一相一致的。他论证说,在康德那里是主、客体分离的,黑格尔把实体等同于主体,这样作为实体、主体的绝对精神就能通过自身的运动构成世界万物,并且最终包含了所有的实体的积极成果复归到自身,实现了主体和客体的同一。黑格尔在唯心主义的基础上论述了主客体的统一,反对了康德的主客体分离的二元论。马克思则通过批判黑格尔的唯心主义,使主客体的统一建立在唯物主义基础上。他说:"马克思使理性与自然、主体与客体的辩证关系失去了唯心主义根基。马克思把精神自身的活动(在精神自身的活动中,主体与客体过去和现在都是相互结合在一起的)解释为人通过社会劳动的自我产生。'主客体的统一性',既不是作为精神的人,也不是作为自然生物的人生来就有的,这种统一性只有在同自然界的劳动交换中,作为人与自然相互形成的过程,通过实践形成的。"[2]

(三)苏联马克思主义的缺陷

哈贝马斯认为,马克思主义作为一种批判理论,与实践密切不可分,但一旦马克思主义失去了批判理论的特征,就不再与实践结合在一起了。在他看来,由于当代马克思主义者把马克思主义作为一种纯

---

[1] [德]哈贝马斯:《理论与实践》,郭官义、李黎译,社会科学文献出版社 2004 年版,第 266 页。

[2] 同上书,第 255—256 页。

理论、纯科学加以接受,所以马克思主义越来越成了不能说明实际问题的教义。他认为,对于仅被当作理论加以接受的马克思主义,对于作为一种世界观的马克思主义,特别是对于"斯大林所整理过的马克思主义"——苏联的辩证唯物主义——来说,它存在着以下四个方面难以逾越的障碍:

第一,作为自由资本主义阶段的标志的国家与社会的"分离",在资本主义的有组织阶段,已经被这两者的相互结合所取代。资本主义社会一度根据自由市场的规律听凭个人的首创精神发挥作用,而现在,商品交换和社会劳动的领域需要如此集中的组织和管理,迫使资产阶级社会不得不对它的众多的商业部门诉诸政治干预。"当资本主义社会的构成不再是作为国家前提和基础时,国家和社会就不再处于上层建筑和基础的古典关系中。"①

第二,在先进的资本主义国家,无论如何,至少在广大人民阶层中,生活水平已经大大提高,以致社会解放的利益再也不能直接用经济的术语来表达。"异化"已经丧失了它的明显的经济上受苦的含义。"饥饿和劳累在受异己控制的兴奋的无聊中,在不是'自己的'需求的满足中,保持着它们的更加微妙的和甚至于连阶级特征都不是的形式。'抗拒'现实的形式更加隐秘,即使像既往那样,也许是更加伤神的。同样,统治作为异化的另一方面,放弃了在雇佣劳动契约中所确立的暴力关系的赤裸裸的表现。"②

第三,"在这种情况下,一个未来社会主义革命的指定的承担者,无产阶级,作为无产阶级自行消失了"③,被排斥在生产资料的管理之外,已经并不必然与收入、教育、安全等这些社会待遇的丧失联系在一起了。在今天的工人阶级的核心阶层中,并非一定会发现任何阶级意识,特别是那种革命的阶级意识。任何革命理论都失去了它的鼓动对象。即使还存在着批判的头脑,也没有批判的灵魂了。现在,即

---

① [德]哈贝马斯:《理论与实践》,郭官义、李黎译,社会科学文献出版社 2004 年版,第 240 页。
② 同上书,第 241 页。
③ 同上。

使是马克思也会不再指望理论一经掌握群众,就会变成物质力量。

第四,俄国革命和苏维埃制度的建立是历史的事实,正因为如此,马克思主义被最大限度地僵化了。由力量薄弱的无产阶级发动的、由小资产阶级和前资产阶级的农民群众支持的、在列宁主义训练的职业革命家的指导下进行的1917年10月的反封建革命,并没有直接的社会主义目标,但是建立了官僚和党的干部的统治。在此基础上,十年以后,斯大林依靠农业集体化,自上而下官僚主义地发动了社会主义革命。"社会主义的苏维埃道路,为发展中国家介绍的似乎只不过是一种缩短了的工业化方法;这种方法同实现真正的社会解放相去甚远,甚至在时间上使自己落后于资本主义的法治国家的成就,成了一党专制的合法的暴政。"[①]

在哈贝马斯看来,马克思主义的现存的基本原理是无法说明上述这些事实的,作为一种世界观、纯理论的马克思主义确实已与实践脱节了。对马克思主义基本原理因脱离实际而"过时"的揭露和批判,贯穿于哈贝马斯的以后的所有著作中。

## 二 交往辩证法

法兰克福学派第二代代表人物与第一代代表人物的一个显著区别是第一代代表人物,如霍克海默、马尔库塞等人竭力恢复马克思主义被人忽略、忘却或被错误理解的思想,而第二代代表人物却是要对马克思主义进行修正和改造,哈贝马斯对马克思主义的修正和改造是他理论中的重要特色,他的交往行为理论是他所有理论中最有特色和最有影响的部分。

(一)交往理论的提出

哈贝马斯交往理论的提出与他对资本主义社会的技术理性批判有着密切联系。他认为在现代资本主义社会,科学技术的两重性日益明显,一方面,科学技术极大地提高了劳动效率,成为社会发展的第一

---

① [德]哈贝马斯:《理论与实践》,郭官义、李黎译,社会科学文献出版社2004年版,第242—243页。

推动力量，"随着大规模的工业研究，科学、技术及其运用结成了一个体系。在这个过程中，工业研究是同国家委托的研究任务联系在一起的，而国家委托的任务首先促进了军事领域的科技的进步。科学情报资料从军事领域流回到民用商品生产部门。于是，技术和科学便成了第一位的生产力。"[1] 另一方面，科学技术也形成了一种新的意识形态，控制着人的思想和意志。"因为现在，第一位的生产力——国家掌管的科技进步本身——已经成了统治合法性的基础。"[2] 也就是说，在工业社会中，资产阶级与传统的统治有所区别，传统的统治是政治的统治，它以统治阶级制造的虚假意识和政治空想为主要形式，而现代的统治是科学技术的统治，它以技术合法性作为统治的基础，因而形成一种新的意识形态。这种新的意识形态虽然比传统的政治意识形态较少意识形态性，但是它的本质依然是为统治阶级的统治合理性辩护。并且，这种新的统治涉及的范围更广泛、更具有欺骗性。

哈贝马斯认为，科学技术之所以成为一种统治形式并不像马尔库塞所说的那样是由于社会组织劳动的方式出了问题，而是由于以科学技术为基础的劳动的"合理化"导致了交往行为的"不合理化"，因此，要想消除科学技术的意识形态化，必须实现交往行为的"合理化"。

在哈贝马斯看来，以往的马克思主义者总是强调劳动对于个人发展和社会发展的核心地位，把交往作为劳动的一部分或劳动实现的条件。但是事实上，劳动与交往是两种不同的人类活动，他说："我把'劳动'或曰目的理性的活动理解为工具的活动，或者合理的选择，或者两者的结合。工具的活动按照技术规则来进行，而技术规则又以经验知识为基础；技术规则在任何情况下都包含着对可以观察到的事件（无论是自然界的还是社会上的事件）的有条件的预测。这些预测本身可以被证明为有根据的或者是不真实的。合理选择的行为是按

---

[1] ［德］哈贝马斯：《作为意识形态的技术与科学》，李黎、郭官义译，学林出版社1999年版，第62页。
[2] 同上书，第68页。

照战略进行的，而战略又以分析的知识为基础。分析的知识包括优先选择的规则（价值系统）和普遍准则的推论。这些推论或是正确的，或是错误的。目的理性的活动可以使明确的目标在既定的条件下得到实现。""我把以符号为媒介的相互作用理解为交往活动。相互作用是按照必须遵守的规范进行的，而必须遵守的规范规定着相互的行为期待，并且必须得到定海两个行动的主体【人】的理解和承认。"① 也就是说，劳动是一种以工具为基础和手段的有目的的理性活动，它的目的是特定理性目标的实现；而交往活动是以语言符号为基础和手段的相互作用，它的目的是达到主体间的理解和合作。

哈贝马斯强调，相比较于劳动，交往活动更具有优先性和重要地位，因为劳动主要指向人与自然的关系，它强调了人对自然界的改造使自然变成为人们所享用的对象，它使社会生产力逐渐提高，物质财富不断增长。而交往活动的主要指向是人与人之间的关系，它强调人与人之间在遵循社会规范基础上的平等交流和相互理解，它使人与人能够进行交往和合作，使社会有序化和和谐。"在人们的相互交往尚未摆脱统治之前，自然界的那种仍被束缚着的主观性就不会得到解放。只有当人们能够自由地进行交往，并且每个人都能在别人身上来认识自己的时候，人类方能把自然界当作另外一个主体来认识，而不像唯心主义所想的那样，把自然界当作人类自身之外一种他物，而是把自己作为这个主体的他物来认识。"② 也就是说，人与自然的主客体关系、人对自然的征服和改造只有在人与人自由交往的基础上才能得到根本改变，否则，自然就永远作为人的对立面而被认识，社会的和谐和有序也不会实现。

（二）交往理论的主要内容

1. 言语的意义

哈贝马斯着重探讨了交往行为概念和与之相关联的内容。在《交往与社会进化》一书中，哈贝马斯把通过普遍语用学建立的理解作为

---

① ［德］哈贝马斯：《作为意识形态的技术与科学》，李黎、郭官义译，学林出版社1999年版，第49页。

② 同上书，第45页。

交往的一般性前提。传统哲学总是重视"语言"而轻视"言语",因为语言适合于逻辑分析和精确的认知,而言语只适合经验交流。但哈贝马斯认为,不仅语言适合于规范分析,言语同样也适合于规范分析。他区分了四类言语活动:第一种,交往性的或互动的言语活动;第二种,断言式的或认识式的言语活动;第三种,自我表达的或表达式的言语活动;第四种,规范调节的言语活动。其中,交往性的言语活动是其他三类言语活动的基础,在哈贝马斯看来,语言是一种中介,通过这种中介,说者和听者实现了一定的基础性界分,这种界分包括四个方面:"主体将他自己界分了出来——(1)从他作为观察者的第三者态度出发而将自己客观化的环境中;(2)从他作为参与者的自我变更态度出发而对其遵从或背离的环境中;(3)从他作为第一者的态度出发而加以表达或掩饰的他自己的主体性中;(4)从语言自身的中介中——界分了出来。"① 语言界分所涉及的四个领域实际上就是"外在自然""社会""内在自然"和"语言"。"外在自然这个术语,我意指成年主体能够(尽管仅仅是间接地)感知、能够操纵并在现实中客观化了的那一部分。""社会则意味着成年主体可以在某种非遵从性态度中加以理解的——作为一个交往行为中的人、一个交往系统的参与者而理解的——现实中前符号化结构的那一部分。""我作为内在自然加以分类的乃是全部欲望、感觉、意向等等。""我将引入我们话语的语言中介物作为一个特别领域。恰恰因为语言(包括非陈述性符号系统)在我们交往行为及表达的施行过程中保留着某种特殊的半超越状态,它将自身作为现实中独特的一个部分(前意识地)呈示给了言说者和行为者。"② 这样,每一个成功的语言活动都包含着与世界的三重关系,即与客观的外在世界的关系、与他人的社会世界的关系和与自身的内在世界的关系。

2. 交往理性

在《交往行为理论》中,哈贝马斯是从"合理性"这个概念入

---

① [德]哈贝马斯:《交往与社会进化》,张博树译,重庆出版社 1989 年版,第 67 页。

② 同上书,第 68 页。

手考察人类的社会行为。他指出，在传统哲学中，"合理性"总是与知识相关的，即知识要以某种逻辑的方式表述出来。但事实上，"合理性更多涉及的是具有语言和行为能力的主体如何才能获得和使用知识。"① 因此，在他看来，合理性既适合于认识和工具合理性，同时也适合于道德实践合理性以及美学实践合理性等。这种对于合理性的理解是建立在认识的意义上而不是仅仅描述知识。根据这种合理性，哈贝马斯分出了两种理性：认知—工具理性和交往理性，"我们如果把目的行为从非交往的角度对倒是知识的运用作为出发点，就会做出一种有利于认知—工具理性概念的预断：这种理性概念被经验主义常常地打上了现代性自我理解的烙印，具有丰富的自我论断的内涵，而且，通过对偶然的周围世界环境的深入占有和积极适应，这种自我论断还能够取得成功。反之，我们如果从言语行为对命题知识的交往运用出发，就会作出有利于另一种和古代逻各斯观念有着密切联系的理性概念的预断。这种交往理性概念的内涵最终可以还原为论证话语在不受强制的前提下达成共识这样一种核心经验，其中，不同的参与者克服掉了他们最初的那些纯粹主观的观念，同时，为了共同的合理信念而确立起了客观世界的同一性及其生活语境的主体间性。"② 通过这样的阐释，哈贝马斯通过与工具理性的区分，初步确立了交往理性的概念。进一步地，他认为，法兰克福学派的思想家对工具理性曾进行了激烈的批判，但是，他们的批判是在主客体对立的意识哲学的哲学范式下进行的，因此无法对理性作出正确分析，更无法解决理论和实践的关系问题。要想准确把握理性，必须转变哲学范式，即将意识哲学范式转变为交往哲学范式，在主体间性中考察人们的行为，从而达到对理论和实践关系的正确理解。

哈贝马斯认为，合理性概念涉及行为者与世界的关系。他参考了波普尔关于三个世界的划分：第一个世界是物理对象或物理状态的世界；第二个世界是意识状态或精神状态的世界，或者可以说是对行动

---

① ［德］哈贝马斯：《交往行为理论》（第一卷），曹卫东译，上海人民出版社2004年版，第8页。

② 同上书，第10页。

的行动布置的世界；第三个世界是客观思想内容，特别是科学思想和诗歌思想，以及艺术作品的世界。①这三个世界哈贝马斯分别称之"客观世界""社会世界"和"主观世界"。同时，哈贝马斯考察了四种不同的社会学意义的行为概念：第一，目的行为。这一行为模式是指行为者在一定状况下通过选择和运用某种手段，而实现一定的目的，它以目的合理化为方向，涉及行为者的意见和意图，以此来判定其合理性。这种行为模式如果需要进一步进行决断或需要其他行为者的参与就会发展为策略行为。这种模式经常被解释成功利主义的，它强调为了实现自己的目的而对对象实施操控和统治，行为者在处理与客观世界的关系时一般涉及这种行为模式，这种行为模式的核心范畴是"行为计划"，它的有效性要求真实性。第二，规范调节的行为。这一行为模式行为者不仅涉及与客观世界的关系，也涉及与其他行为者，也就是社会世界的关系。社会世界以规范为条件，规范表达了在某一社会集团中所存在的意见一致的情况，体现了这一社会集团的共同的价值观念。遵循规范也就意味着满足一种普遍化的行为要求，遵循规范的意义在于规范能够解决具有某种共性的社会成员问题和满足他们统一的价值观念。这种行为模式的核心范畴是"遵守规范"，它的有效性要求正确性。第三，戏剧行为。这一行为模式所涉及的既不是孤独的行动者，也不是一种社会集团的成员，而是行为者与观看或参与其行为的观众之间的关系。戏剧行为虽然与客观世界、社会世界和主观世界都有关涉，但主要涉及的是主观世界。行为者通过将自己的意图、思想、观点、愿望、情感等向观众展示来表现自己的主观性，从而使观众看到并参与到这种行为中来。这种表现并不是一种自发的表达活动，而是行为者将自己经历的现实通过一种使观念能够接受的方式表述出来。这种行为模式的核心范畴是"自我表现"，它的有效性要求真诚性。第四，交往行为。这一行为模式是以语言为媒介，是两个或两个以上的具有语言和行为能力的人进行的内部活动，

---

① [德]哈贝马斯：《交往行为理论》（第一卷），曹卫东译，上海人民出版社2004年版，第94页。

行为者之间试图相互理解彼此之间的行为计划和状况，以使他们的行为得到统一的安排最终达到协调一致。交往行为实质上是一种言语行为，"交往行为与策略行为之间的区别就在于：有效的行为协调不是建立在个体行为计划的目的理性基础之上，而是建立在交往行为的理性力量基础之上；这种交往理性表现在交往共识的前提当中。"[①] 交往行为既然是一种言语行为，因而它与客观世界、社会世界与主观世界都有密切联系，言语行为要求三个有效性：真实性、正确性和真诚性。当言语论述客观世界时要求它必须真实，当言语论述社会世界时要求它必须正确，当言语论述主观世界时要求它必须真诚。交往行为模式的核心范畴是"相互理解"。

哈贝马斯认为，既然我们的社会有四种行为模式及其要求的有效性，那么与这四种行为模式及它们有效性相对应，也存在着四种理性：与真实性要求相对应的是理论理性，与正当性要求相对应的是实践理性，与真诚性要求相对应的是美学理性，而与交往行动相对应的就是交往理性，哈贝马斯有时称之为"交往合理性"。"交往合理性"的建立首先要求言语的有效性，"言说者必须选择一个可领会的表达以便说者和听者能够相互理解；言说者必须有提供一个真实陈述（或陈述性内容，该内容的存在性先决条件已经得到满足）的意向，以便听者能分享说者的知识；言说者必须真诚地表达他的意向以便听者能相信说者的话语（能信任他）；最后，言说者必须选择一种本身是正确的话语，以便听者能够接受之。从而使说者和听者能在以公认的规范为背景的话语中达到认同。不仅如此，一个交往行为要达到不受干扰地继续，只有在参与者全都假定他们相互提出的有效性要求已得到验证的情形下，才是可能的。"[②] 有了言语的相互理解的基础，主体才开始具有进行交往的能力，在此基础上，交往理性才能够确立，交往的合理化才能达成。

那么，在哈贝马斯那里，这种交往理性与传统理性相比，它的特

---

① ［德］哈贝马斯：《后形而上学思想》，曹卫东等译，译林出版社2001年版，第60页。

② ［德］哈贝马斯：《交往与社会进化》，张博树译，重庆出版社1989年版，第3页。

征是什么呢？他认为，主要有三个方面：第一，交往理性是语言性的。意识哲学所说的理性是工具性的，而交往理性是语言性的。交往必须以语言为媒介，"在交往行为中，言语的有效性基础是预先设定的，参与者之间所提出的（至少是暗含的）并且相互认可的普遍有效性要求（真实性、正确性、真诚性）使一般负载着行为的交往成为可能。"① 也就是说，语言是主体与主体之间进行对话、沟通的必不可少的条件。第二，交往理性是主体间性的。意识哲学关注的是主体与客体之间的关系，强调主体对客体的认识和征服，关于客体的知识只是实现主体目的的工具和手段。而交往哲学强调主体与主体的关系，即主体间性。因为交往行为中，主体不是孤立进行的行动，而是以主体之间的理解和活动为基础的。在交往行为中，虽然交往双方都有自己的目的和计划，但是他们能够对话，能够交流，在此基础上尊重和理解对方的目的和计划。哈贝马斯认为，实际上，目的行为、规范调节行为、戏剧行为同样涉及主体与主体的关系，只是程度不同罢了。正因为如此，主体间性是一种具有广泛意义的关系形态。第三，交往理性是程序性的。意识哲学是实体性的，它的目的是要寻求世界的本质和绝对真理，并认为主体能够通过理性获得这个世界的终极真理，理性所提供的即是真理的标准和根据。而交往哲学是程序性，交往理性的操作原则是一种商谈的过程和程序，"交往理性发现，其标准在于直接或间接兑换命题真实性、正确性、主观真诚性以及审美和谐性等有效性要求所使用的论证程序。"② 也就是说，目的行为、规范调节行为和戏剧行为虽然具有各自的有效性要求（真实性、正确性和真诚性），但这些有效性并不总是能得到保证。当有些有效性要求不再成立时，就有必要进行商谈，重新确立有效性。因此，"商谈"是使社会行为成为可能的活动。由于不在这些有效性本身的层面上，而是在这些有效性之外来商谈这些有效性，因此交往合理性是程序

---

① ［德］哈贝马斯：《交往与社会进化》，张博树译，重庆出版社1989年版，第121页。
② ［德］哈贝马斯：《现代性的哲学话语》，曹卫东等译，译林出版社2006年版，第366—367页。

化的。

通过以上我们看到，哈贝马斯虽然批判了工具理性，但并没有像许多后现代思想家那样否定理性，而是试图用交往理性取代工具理性，即"把认知—工具理性放到更加具有包容性的交往理性当中"①交往理性的确立，使哈贝马斯的哲学超越了传统意识哲学的藩篱，以一种全新的哲学思维方式思考人与自然、人与人以及人与自身的关系。

（三）生活世界

在《交往行为理论》中，哈贝马斯提出"生活世界"概念作为交往行为的一个重要概念。"生活世界"概念的首创者是胡塞尔，他晚年在《欧洲科学的危机和超越论的现象学》一书中提出了这个概念，并把它作为理性批判的基础。在胡塞尔那里，"生活世界"具有先验的、基础性的地位，"生活世界对于从事科学研究的人来说或对于研究集体来说，是作为'基础'而预先给定的。……生活世界对于我们来说，是始终存在的，总是预先给定的。因此，全部的科学就随同我们一起进入到这——纯粹'主观的—相对的'——生活世界之中。"②生活世界是前科学的形态，也就是能够被直接经验到的世界的整体性。

哈贝马斯认为，胡塞尔正确地用生活世界理论解决现代科学所导致的危机，但是"由于语言主体间性构成了主体哲学的一个盲点，因此，胡塞尔也未能认识到，日常交往实践本身就是建立在理性化前提上的。"③在哈贝马斯那里，生活世界是一个与客观世界、社会世界以及主观世界相区别的独特的世界，并且它是这三个世界成为可能的前提条件，它所体现的也不是行为者与上述三个世界的关系，而是行为者之间的关系，即通过对话和交往实现的对于三个世界解释的意见

---

① ［德］哈贝马斯：《交往行为理论》（第一卷），曹卫东译，上海人民出版社2004年版，第373页。
② ［德］胡塞尔：《欧洲科学的危机和超越论的现象学》，王炳文译，商务印书馆2001年版，第158页。
③ ［德］哈贝马斯：《后形而上学思想》，曹卫东等译，译林出版社2001年版，第75页。

一致。"生活世界类似发言者和听众所遇到的先验的地方,在这种地方,他们可以相互提出要求,就是说,他们的表达与世界(客观世界、社会世界或者主观世界)相适应;并且在这里,他们可以批判和证实这些运用要求,排除意见不一致,取得意见一致。"[①] 可以说,生活世界是交往行为发生的背景或场所,无论是言者还是听者,甚至是语言媒介,都必须在生活世界中发生。哈贝马斯具体阐述了生活世界的结构和功能。在他看来,生活世界包含三个层次:文化、社会和个性,"我把文化称之为知识储存,当交往参与者相互善于一个世界上的某种事物获得理解时,他们就按照知识储存来加以解释。我把社会称之为合法的秩序,交往参与者通过这些合法的秩序,把他们的成员调节为社会集团,并从而巩固联合。我把个性理解为使一个主体在语言能力和行动能力方面具有的权限,就是说,使一个主体能够参与理解过程,并从而能论断自己的同一性。"[②] 具体来说,文化作为知识储存,它以符号形式表现出来,语词、理论、书籍、技术、行为都是符号形式;社会表现为制度、法律、法规等合法秩序以及它们的具体实践和应用;个性则是个人进行交往的能力或资质。在交往活动中,交往行为者相互之间的交流是以其文化知识作为自己表达和理解他人的基础,以社会秩序作为建立人际关系的基础,以自己的语言和行为能力参与到交往活动中,从而增强交往者之间的团结与合作。生活世界这三个层次相互联系,形成了以文化共同性、社会统一性和个体社会化有机统一的复杂关系网。哈贝马斯认为,生活世界在交往行动中起着非常重要的作用,它为尊重交往参与者提供创造性见解的源泉,交往行动的各个参与者,凭借文化所提供的储存知识,在社会团体中,通过自己的交往资质参与不同情境下的交往活动,共同承认由解释所产生的相互理解的必要性,从而把客观的、社会的和主观的世界联系在一起。更重要的是,生活世界是其他三个世界得以构建的前提条件,客观的、社会的和主观的世界作为具体的社会行为的场所是

---

[①] [德]哈贝马斯:《交往行为理论》(第二卷),洪佩郁、蔺青译,重庆出版社1994年版,第174页。

[②] 同上书,第189页。

从生活世界中分化出来，并以生活世界作为前提和背景的，"在一定方式下，生活世界；即交往参与者所属的生活世界始终是现实的，但是只是这种生活世界构成了一种现实的活动的背景。"①

作为一种活动的背景，哈贝马斯概括了生活世界的主要特征：第一，生活世界具有绝对的明确性。"生活世界背景的第一个特征是一种绝对的明确性。它赋予我们共同生活、共同经历、共同言说和共同行动所依赖的知识以一种悖论的特征。"它既是明确发生的，又让人感到不可捉摸，既是被人们直接感受到，又是不可言说的，既是历历在目的，又不被人们所关注，它是一种知识形式，但仿佛又根本不是什么知识，"背景知识与可能出现的问题之间缺少一种内在联系，因为它只是在被言说出来的一瞬间才和可以批判检验的有效性要求发生接触，才被转化为可能出错的知识。绝对的明确性始终都是牢不可破的，直到它自己突然消解；因为从严格的可错性角度来看，它根本就不是什么知识。"② 第二，生活世界的总体化力量。生活世界的主体不是单个的主体，而是集体共同居住的世界，这个世界中无论是空间上的（如村庄、地区、国家、民族、国际社会等）还是时间上的（如代系、时代、年代、历史等）都是相互渗透、相互重叠的网络结构，它们共同与主体间性发生关系。"生活世界是一种总体性，具有一个中心和许多不确定的界限；这些界限是可以穿透的，但不能逾越，因为它们带有收缩性质。在感知层面以及意义层面上，表层的视界知识和语境知识从它们基础那里获得了一种世界观的特征。共同的言语情境构成了一个中心，可以供越来越集中的社会空间和三维的历史时间不顾一切客观的计量而集中到一起；因此，这个中心不是像人类学现象学所认为的那样是每个人自身的肉体。"③ 第三，生活世界知识的整体论。整体论是与绝对性、总体化联系在一起的，整体论意

---

① [德]哈贝马斯：《交往行为理论》（第二卷），洪佩郁、蔺青译，重庆出版社 1994 年版，第 171 页。

② [德]哈贝马斯：《后形而上学思想》，曹卫东等译，译林出版社 2001 年版，第 79 页。

③ 同上。

味着生活世界的知识是没有经过反思的前形式或前结构,这种知识是其内部不同要素相互结合、相互纠缠在一起的整体,只有经过反思或言语行为,它们才被分化开来,"有了这种整体论,背景知识表面上看起来是透明的,但实际上是无法穿透的:因此,生活世界是一片'灌木丛'。不同的要素在其中混杂在一起,只有用不同的知识范畴,依靠问题经验,才能把它们分离开来。"①

通过对生活世界三个特征的规定,哈贝马斯认为,生活世界的知识是充满悖论的,因而是非主题知识。尽管这种知识充满悖论,但这种悖论是具有积极意义的:它揭示了当前壁垒分明的各种知识在生活世界的统一性和整体性,"这种非主题知识的三个特征,即绝对性、总体化力量以及整体论观念,或许可以解释清楚生活世界当中充满悖论的'基本功能',即接近经验的偶然有限性。根据我们从经验当中刚刚得到的确切性,生活世界建立起了一道围墙,用于抵御同样也是来源于经验的惊奇。如果世界知识肯定是后天获得的,而语言知识相对又具有先天性质,那么悖论的基础则可能就在于,世界知识和语言知识在生活世界基础上是整合在一起的。"② 因此,在哈贝马斯那里,生活世界先于意识世界,经验先于知识,主体间性先于主客关系,正是在生活世界的基础上,交往行为才能真正建立起来。

## 三 交往共同体

哈贝马斯认为,现代社会虽然存在着大量的交往事实,但是由于劳动的合理化导致了交往的不合理化。也就是说,劳动合理化是指在资本主义发达工业社会,劳动越来越符合科学技术的要求,越来越合乎于工具理性了。但是,劳动的合理化却削弱了主体间的交往合理性,把人与人的主体间性降格为物的关系,因而导致了交往的异化和人的全面物化,"科学和技术的准独立的进步,表现为独立的变数;而最重要的各个系统的变数,例如经济的增长,实际上取决于科学和

---

① [德]哈贝马斯:《后形而上学思想》,曹卫东等译,译林出版社2001年版,第80页。

② 同上。

技术的这种准独立的进步。于是就产生了这样一种看法：社会系统的发展似乎由科技进步的逻辑来决定。科技进步的内在规律性，似乎产生了事物发展的必然规律性，而服从于功能性需要的政治，则必须遵循事物发展的必然规律性。""技术统治论的命题作为隐形意识形态，甚至可以渗透到非政治化的广大居民的意识中，并且可以使合法性的力量得到发展。这种意识形态的独特成就就是，它能使社会的自我理解同交往活动的坐标系以及同以符号为中介的相互作用的概念相分离，并且能够被科学的模式代替，同样，在目的理性的活动以及相应的行为范畴下，人的自我物化代替了人对社会生活世界所作的文化上的既定的自我理解。"[①] 这里的相互作用就是指交往行为。科学技术的准独立性使个人生活和社会生活的各个方面，都服从于目的理性，交往遵循的价值理性结构被劳动所遵循的目的理性结构所取代。

　　哈贝马斯认为，人类文明的发展确实是一个理性化的过程，但理性的过程并不等于就是工具理性化过程，我们完全可以用交往理性取代工具理性，因为工具理性仅仅与目的行为相联系，只存在于认知领域中，而交往理性既适合于工具理性，也适合于实践理性和审美理性，它可以分布于真、善、美三个领域，成为它们的理性基础。哈贝马斯强调说，交往理性化是整个生活世界的理性化，是理性本身意义的理性化，它是以整合的方式进行的；而目的理性化或工具理性则只是次一级的理性化，它是以分化的过程进行的，迄今为止，人类文明的理性化过程都以分化的方式进行的，都是次一级理性意义上的理性化。哈贝马斯进一步指出，这种次一级理性意义的理性化的实质是意识哲学框架下的功能理性，它是从认知主体和行为主体的角度来表现主客体关系的，这样的理性化过程必然包含着片面化，"工具理性所调节的主客体关系，不仅仅决定着社会与外在自然的关系，这种关系反映在生产力的历史水平上，而且主要是反映在科技进步的历史水平上。剥削客观自然的结构在社会内部又重新上演了一遍。这一点在人

----

　　① ［德］哈贝马斯：《作为意识形态的技术与科学》，李黎、郭官义译，学林出版社1999年版，第63页。

际关系以及内有关系中均有表现,前者的特征是社会阶级压迫,后者的特征则在压制冲动的本性。"① 因此,一些批判理论家,如韦伯、卢卡奇、霍克海默等人对理性的批判都是成立的。但是,对理性片面化的批判不能就此导致悲观的结论,以整合方式进行的交往理性化是可能实现的。在此基础上,哈贝马斯重建了一种"乌托邦"理论作为人类社会的发展理想模式。他认为,要实现人类解放就必须建立一种理想的社会模式,这种社会模式是以语言为中介、主体间的相互交往和社会一致性为基础,以自由平等的公民共同体的自我组织为核心的社会,其中,主体间性是人与人之间的相互理解、解决人们合理动机的分歧并达到意见一致的重要前提。"有了主体间性,个体之间才能自由交往,个体才能通过与自我进行自由交流而找到自己的认同,也就是说,才能可以在没有强制的情况下实现社会化。这一方面意味着行为理论范式的转变:从目的行为转向交往行为;另一方面则意味着策略的改变,即重建现代理性概念策略的改变,要想重建现代理性概念,就必须使世界观非中心化。需要解释的现象,已不再是对客观自然的认识和征服,而是可以达到沟通的主体间性——不管是在人际关系层面上,还是在内心层面上。研究的焦点也因此而从认知—工具理性转向了交往理性。交往理性的范式不是单个主体与可以反映和掌握的客观世界中的事物的关系,而是主体间性关系,当具有言语和行为能力的主体相互进行沟通时,他们就具备了主体间性关系。交往行为者在主体间性关系中所使用的是一种自然语言媒介,运用的则是传统的文化解释,同时还和客观世界、共同的社会世界以及各自的主观世界建立起联系。"② 因此,真正理想的社会只有建立在以主体间性为基础的交往理性的基础上才是可能的。这个交往共同体不再是现代社会的目的合理行为的共同体,而是在非强制意愿下形成的更高水平的无限制交往共同体。

那么,具体来说,怎样才能实现这个交往共同体呢?哈贝马斯认

---

① [德]哈贝马斯:《交往行为理论》(第一卷),曹卫东译,上海人民出版社2004年版,第373页。
② 同上书,第375页。

为，以主体间性为基础的交往合理性不仅仅是一个经济领域的生产和交换的问题，而是在更广阔的生活世界中的社会与个人行为如何实现真正合理性的问题。在理想的社会中，人与人之间的相互理解是核心内容，也是最终目标。为了达到相互理解，就要消除一切妨害相互理解的障碍，这里首要的就是要建立积极的、自由的政治环境和社会环境，转变舆论结构，使人们能够不受约束地自由对话，并逐渐使这种自由的理性交往和对话制度化。这里，我们看到，哈贝马斯"交往合理性"理论将公民社会的建立和舆论结构的发送置于非常重要的地位。在哈贝马斯看来，当前政治主题的变化已经为这种理想社会的建立提供了契机，当前的政治主题不再是资本主义初期的经济保障、政治保障、社会保障等问题，而是一些关于公正、生活质量、幸福、个人的自我实现、人权等新的政治问题，这些新的政治主题不是经济领域的问题，而是延伸到生活世界之中，是生活世界领域的问题。同时，政治运动的主体不再是无产阶级，而是各种各样的人群共同体。和平运动、公民隐私运动、自由选择运动、少数民族运动、宗教运动、绿色运动等，都是通向哈贝马斯构建的理想社会的动力。

### 四 历史唯物主义的重建

通过上面阐述我们知道，哈贝马斯把发达工业社会的技术异化的原因归为劳动的合理化所导致的交往行为的不合理化，因此建构交往合理性对改变传统的历史理论、重新思考人类历史的走向具有重要意义。正是在此基础上，哈贝马斯提出了历史唯物主义的重建，并认为，"生产力和生产关系之间的联系，似乎应该由劳动和相互作用之间更加抽象的联系来代替。"① 这里的"相互作用"就是指交往行为。哈贝马斯并不是从根本上取消劳动的地位，而是把劳动与交往作为相互联系与相互作用的辩证统一体。在他看来，劳动与交往都是人类基本的存在方式，二者在人类社会的发展历程中同样重要，在未来的社

---

① ［德］哈贝马斯：《作为意识形态的技术与科学》，李黎、郭官义译，学林出版社1999年版，第71页。

会发展中，交往的地位会日益提高。因此，历史唯物主义的基础不应当是劳动，而应当是交往。他高度评价了马克思的"社会劳动"概念，认为这一概念不仅体现了人与动物相区别的生活方式，而且将劳动建立在人与人之间的相互协作的基础上。但是，遗憾的是，马克思的社会劳动概念不是建立在主体间性的基础上，而是假定社会发展是"宏观主体的单线的、必然的、连续的和上升的发展。"这里的宏观主体就是马克思所说的"类"或类的主体。哈贝马斯认为，"历史唯物主义不需要假想一个进化赖以进行的类的主体。更确切地说，进化的承担者是社会和与它结为一体的行为主体。进化表现在按照一个合理构成的模式而构成的、又经常被更全面的结构所代替的那些结构上。在这种构成结构的过程中，社会和个人，连同个人的自我同一性和群体同一性，都在变化。"① 因此，马克思所划分的人类历史的五阶段或六阶段（加上亚细亚生产方式）的理论过于僵化了。事实上，历史发展是一个复杂的过程，包含种种复杂的因素，这种复杂性使我们不能简单地以生产方式作为划分人类历史发展阶段的标准，也无法得出社会发展的五阶段或六阶段理论。"生产方式这个概念，它所反映的情况是生产力的发展管理社会发展的一个重要尺度和方面，但对社会发展的分期来说却不是起决定作用的尺度和方面。"② 在他看来，任何一种社会形态，都是一种"社会一体化"的形式，而不是单纯的生产方式形态，因此，"社会一体化"的发展水平可以作为划分历史阶段的标准。并且，"社会一体化"的发展水平比生产方式更加抽象，生产方式本身可以用社会一体化组织原则加以说明。哈贝马斯的"社会一体化"组织原则分为这样几个方面，一是"一般的行动结构"，主要对个体或群体的行为有决定作用；二是"世界观的结构"，主要对道德和法律起决定作用；三是"制度化的法律结构与具有约束力的道德观念结构"，主要对制度和观念起决定作用。按照这样的原则，哈贝马斯将迄今为止的社会形态分为四个发展阶段，即"新石器

---

① ［德］哈贝马斯：《重建历史唯物主义》，郭官义译，社会科学文献出版社 2000 年版，第 149 页。

② 同上书，第 160 页。

社会""早期的高度文化""高度发达的文化"和"现代社会"。

哈贝马斯认为,"社会一体化"的实质是生活世界对价值观念和规范的统一进行的维护。社会的延续和发展是整个生活世界的传承,因此,社会进化的动力并不是生产力的发展而是"进化式的学习",社会进化的机制是"学习机制"。但是,学习并不仅限于对工具性的知识和劳动技能的获取上,更重要的是学习包括道德—实践领域学习在内的整个生活世界的知识,"学习过程同样发生于道德洞见、实践知识、交往行为以及对行为冲突的交感性调整这类侧度内。这些学习过程乃是在社会一体化的更为成熟的形式中、在新的生产关系中被沉淀化的,这种沉淀化使新的生产力的引发成为可能。"① 实际上,哈贝马斯更加重视的是道德—实践知识。他认为,这种知识不但能够促进人的交往能力的进化,而且能够推动工具性知识的学习,"物种所学习的,不仅是对生产力发展具有决定意义的、技术性的有用知识,而且包括对相互作用结构具有决定意义的道德—实践意识。交往行为规则确实对工具行为和战略行为领域内的变化作出了反应,并推动了后者。"②

哈贝马斯认为,学习首先是个体的学习,学习是主体获得交往资质的重要途径。这里的交往资质最重要的是"自我同一性"的获得,在哈贝马斯看来,主体的交往活动可以分为三个发展阶段,一是"自然同一性"阶段,行为者的行为没有规范体系;二是"角色同一性"阶段,行为者虽然能够形成互动机制,但是规范行为并没有普遍化;三是"自我同一性"阶段,主体的行为建立在规范普遍有效性的基础之上,并能够对其进行反思和论证。哈贝马斯认为,学习推动了自我同一性的发展,"在自我同一性中,表达了某种相互矛盾的关系:作为一个一般的人,自我与所有其他的人都一样;但作为一个体体,他却绝对不同于其他所有个体。自我同一性在某种能力中证明了自身,这种能力使成年人在冲突环境中构建了新的同

---

① [德]哈贝马斯:《交往与社会进化》,张博树译,重庆出版社1989年版,第101页。

② 同上书,第152页。

一性，并使新的同一性与过去的、被取代的同一性相和谐，从而把他自己和他的相互作用——在一般性原则和程序模式的指导下——纳入统一的生活历史。"① 除了个体的学习，学习还表现为整个社会学习能力的进步。社会本身不会学习，社会的学习能力是在个体学习的基础上进行的，它使社会不断进步，"恰恰是个体系统，才是个体发生学意义上的学习过程的承担者。而且在相当程度上，只有社会性主体才能从事学习。但是，社会系统借助于社会性主体的学习能力，能够形成新的结构，以解决威胁自己继续存在的转向问题。在这个程度内，社会进化意义上的学习过程依赖于自身所属的个体的资质。反过来，个体又要求他们的资质不是作为孤立的单子，而要成长并进入生活世界的符号化系统。"② 这样，主体的学习机制就成为社会进化的根本动力，"一种新的组织原则的实施，就意味着社会一体化达到一个新水平。这个新水平又使现有的知识得到补充，或者产生新的技术组织知识，这就是生产力的一种提高和体制的复合性的一种扩大。因此，对社会进化来说，道德—实践意识领域中的学习过程，具有起搏器的功能。"③

通过以上论述，我们看到，哈贝马斯将历史发展的动力归结为合理的交往模式。在此基础上，哈贝马斯进一步分析了马克思历史唯物主义的两个基本观点：首先，关于经济基础决定上层建筑的观点，哈贝马斯认为，这种论断只适合于资本主义社会，事实上，社会的进化与发展取决于在这个社会中占统治地位的系统，原始社会起作用的血缘系统，资本主义社会是市场系统，而在未来文化高度发达社会中，起决定作用的很可能是教育和科学系统。其次，关于生产力与生产关系的矛盾运动的观点，他认为，马克思把生产力只理解为生产技术的提高是工具理性的表现，在他看来，生产力是由多种因素构成的，劳

---

① ［德］哈贝马斯：《交往与社会进化》，张博树译，重庆出版社 1989 年版，第 93 页。
② 同上书，第 159 页。
③ ［德］哈贝马斯：《重建历史唯物主义》，郭官义译，社会科学文献出版社 2000 年版，第 174 页。

动和交往、生产技术的知识和组织知识都是它的构成要素，同时，生产关系也不概括一切社会关系，因此，单一的把社会发展归结为生产力与生产关系的矛盾运动是片面的。这里，哈贝马斯把马克思的历史唯物主义只理解为社会进化或社会发展的理论，而不是一种方法和一种逻辑。

正因为哈贝马斯只把历史唯物主义作为社会进化的理论，因此他没有理解辩证法的实质，他所建构的交往理论虽然对于解决资本主义社会技术异化问题具有重要意义，但是他把交往从生产关系中排除出去了。他所说的"交往"是一种原始意义上的交往，但又把交往行为与其他社会行为并列，没有明确地划清这是两种不同层次的社会行为，没有明确交往行动本身并不能独立存在，只能存在于其他社会行为中，由于这些原因，他就把马克思的生产力和生产关系，把生产方式单纯当作目的行为，没有认识到在生产方式中本身就包含比原始意义的交往低一层次的交往。他反对生产力与生产关系的原理，但却把生产力的发展水平和交往形式的成熟程度，作为判断社会进步的标准，这是他思想中含混不清的方面。

## 第六节　施密特的历史辩证法

施密特[①]与哈贝马斯同为法兰克福学派第二代代表人物，他早期的两部著作《马克思的自然概念》与《历史与结构》集中体现了他对马克思主义理解，特别是他对马克思主义辩证法的理解。

---

[①] 阿尔弗莱德·施密特（Alfred Schmidt, 1931—　），德国当代哲学家，西方马克思主义法兰克福学派第二代的左派代表人物。出生于柏林，早年在法兰克福大学攻读哲学、社会学和历史，1962年，在霍克海默和阿多诺指导下完成博士论文《马克思的自然概念》，后执教于法兰克福大学和法兰克福劳动学院。1972年任法兰克福学派社会研究所所长。主要著作有：《马克思的自然概念》（1960年）、《尼采认识论中的辩证法问题》（1963年）、《康德与黑格尔》（1964年）、《列斐伏尔和现代对马克思的解释》（1966年）、《工业社会的意识形态》（1967年）、《经济学批判的认识论概念》（1968年）、《论批判理论的思想》（1974年）、《什么是唯物主义?》（1975年）、《作为历史哲学的批判理论》（1976年）、《观念与世界意志》（1988年）等。

## 一 历史唯物主义自然观

**（一）马克思的自然观是历史唯物主义的自然观**

施密特认为，马克思对自然的理解不是在本体论意义上的，而是在辩证法意义上的。虽然马克思同费尔巴哈一样把自然理解为"不依赖人的占有方式"或"不直接与人同一的东西"，是人的活动的材料，而且马克思总是用"物质"来称呼自然，但绝不意味着马克思把自然当作是与人相对立的抽象物，在马克思那里，自然既是关涉万物的，同时又是关涉人的实践的，"费尔巴哈对于同他所说的自然相对立的人加以人本主义的强调，则始终是抽象的。在他看来，自然作为整体是非历史的匀质的基质；而马克思批判的实质就是把它水浴在主体和客体的辩证法之中。在马克思看来，自然概念是人的实践的要素，又是存在着的万物的总体。"[①] 因此，马克思的自然概念具有辩证意义，它是包含着主体与客体的总体，"马克思只是在把主体和客体都看作'自然'的范围内，坚持费尔巴哈的自然主义的一元论。同时，马克思把自然和一切关于自然的意识都同社会的生活过程联系起来，由此克服了这种一元论的抽象的本体论性质。"[②] 在施密特看来，虽然马克思总是提及"物质"概念，但是马克思所理解的物质并不是在作为世界本原的本体论意义上来说的，而是把物质作为一种具体的存在状态，正是在具体的、特殊的事物中，物质才具有独立于意识的普遍性，这并不意味着物质是存在的依据和本原。事实上，马克思的历史唯物主义从不承认脱离具体规定而存在的作为本原和世界根据的物质，在马克思看来，人与自然都是在历史中生成的，因此，这类问题不是一个形而上学问题，而是一个社会历史问题。"物质的存在作为其外延与内涵上的无限性，是先于历史实践的一切形式的，但当物质存在成为对人是有意义的东西时，这种物质的存在并不是在它优先产生的地位上被唯物主义理论必须假定的那种抽象的物质存

---

[①] ［德］施密特：《马克思的自然概念》，欧力同、吴仲昉译，商务印书馆1988年版，第15页。

[②] 同上书，第17页。

在，而是第二性的东西，是通过历史的劳动所占有的。马克思通过物质的全部发展，牢牢抓住常被称做自然的东西的那种社会所中介的性质，他关心的与其说是自然对象的变化，不如说是它变化的社会条件。"① 他进一步指出，马克思的唯物主义不仅不是物质本体论，也不是实践本体论，不能因为马克思把人类实践活动作为其哲学理论的对象和出发点，就称其为实践本体论。从根本上来说，马克思的唯物主义不是本体论而是辩证法。

施密特也承认，马克思的唯物主义确实存在着本体论的残余，这种"本体论的残余"体现在马克思把劳动过程作为人与自然的物质交换的理论，这种理论很容易使人将他的哲学理解为实践本体论。但是，从马克思的自然与历史辩证关系上看，马克思的理论仍然是非本体论的，它是一种自然——历史理论，他的自然观具有社会历史特征。

在施密特看来，马克思自然观的"社会历史的特征"主要表现在：首先，马克思是在与人类活动相关的意义上来理解自然的，自然是人类所有劳动对象的材料，也是一切劳动工具的来源，"在马克思看来，正如不存在那种必须从'精神史'来探究的、采取观念衍生形态的纯粹内在一样，也不存在作为自然科学认识对象的完全不受历史影响的纯粹自然。作为合规律的、一般领域的自然，无论从其范围还是性质来看，总是同被社会组织起来的人的产生于一定历史结构的目标相联系。"② 这里，马克思强调自然必须放置于人类社会去理解才具有现实意义。当然，马克思并不否认自然界对于人类的"优先地位"，或者说，他并不否定自然界有独立于人的意识和人的活动的一面，但马克思的关注点并不在于探讨自然界的优先性，而是要探讨社会历史的生成。施密特所理解的马克思的自然观既具有社会历史特征，同时又是非唯心主义的。其次，他虽然强调马克思非常重视人类实践活动中应遵循自然规律，非常重视自然独立于意识的客观实在

---

① [德]施密特：《马克思的自然概念》，欧力同、吴仲昉译，商务印书馆1988年版，第209—210页。
② 同上书，第43页。

性,例如他论述道,"如同还未被人所渗透的自然物质,在其原始的直接性上和人对立一样,劳动产品、劳动加上自然物质而构成的使用价值的世界——人化的自然———旦作为客观的东西,作为不依赖于人而存在的东西,就和人相对立。人类生产力作为知识的以及实践的东西,由于给自然物质打上自己的烙印,因而与其说否定了不依赖于意识的自然物质的存在,不如说完全确证了它的存在。"① 但是,在他看来,作为马克思自然观的本质特征的并不是对自然界客观实在性的强调,而是将自然纳入社会历史范围内所实现的思维方式的变革,即自然为社会所中介的思想。

(二) 恩格斯自然辩证法的错误

施密特从认定马克思的唯物主义是"非本体论的",马克思的自然观是"社会历史性的"出发,对恩格斯的自然辩证法强烈不满。他认为,直到《关于费尔巴哈的提纲》为止,要讲清楚马克思和恩格斯理论观点的不同,几乎是不可能的。只是到了19世纪50年代末以后,两人才产生了分歧。他通过把恩格斯的自然辩证法与马克思的有关理论加以比较来展开。

1. 马克思的辩证法是与资本主义社会的经济学结合在一起的,是具体的辩证法,而恩格斯将辩证法用于自然中,运用近代自然科学材料将辩证法与各门具体科学相结合。马克思的辩证法是在历史领域中,而恩格斯的辩证法是自然哲学。通过对资本主义政治经济学批判,马克思将作为具体科学的经济学上升到辩证法的层面,并将其作为历史唯物主义的重要内容。在《资本论》中,马克思和恩格斯通过对历史与经济的分析,使历史唯物主义获得了现实的、科学的表达。因此,马克思对以往的自然科学研究是持一种辩证的批判态度。而恩格斯对近代自然科学的态度是整理和解释,他借助于辩证法的范畴,将近代以来的科学成果重新整理,重建一种新的自然哲学体系,因此,恩格斯的自然辩证法只是一种必然的、外在于事实的考察

---

① [德] 施密特:《马克思的自然概念》,欧力同、吴仲昉译,商务印书馆1988年版,第63页。

方法。

2. 马克思讲到的自然或物质从来不是脱离实践或人的活动的，他虽然也承认自然界有独立于人的一面，但他总是在人的实践活动范围内去解释自然，并把历史的、实践的自然作为首要的意义进行阐述。而恩格斯却脱离了人的实践活动对自然问答做出解释。无论在马克思的早期著作还是中晚期著作中，马克思从不脱离劳动谈及自然，自然是被实践中介了的自然。但是，"在恩格斯那里，自然和人不是被具有首要意义的历史的实践结合起来的。人作为自然过程的进化产物，不过是自然过程的受动的反射镜，而不是作为生产力出现的。如果唯物主义的自然观只是像他在关于费尔巴哈的论文中所说的那样，无非是'对自然界本来面目的朴素的了解，不附加任何外来的成分'，那和马克思的立场相比，意味着倒退成素朴的实在论。"[①]

3. 马克思的历史唯物主义将自然和历史紧密联系在一起，在人类历史的过程中，自然与历史相互交织推动人类社会的发展。但是恩格斯把自然和历史看作辩证法在不同领域的应用，他把辩证法的各个要素从具体的历史内容中分离出来，变成了抽象的规律和范畴，并通过这些规律范畴演绎出世界观和自然的发展规律，即自然辩证法。这样，恩格斯使辩证法超出了马克思对自然和社会历史关系的解释范围，就倒退成独断的形而上学或自然哲学。

## 二 历史与结构的辩证法

施密特指出，20世纪下半叶西方思想理论界的一个重要特征是排斥历史的思考，使社会科学数学化。他强调，这种历史意识的畏缩，不只是衰落的表现，它必然与资产阶级社会的发展原则相联结。

他认为，西方思想理论界出现的这一新倾向，也强烈地影响了对马克思主义的理解。这主要表现在，以阿尔都塞为代表的"结构主义的马克思主义"学派，对马克思主义作结构主义的理解，强调马克思

---

[①] [德]施密特：《马克思的自然概念》，欧力同、吴仲昉译，商务印书馆1988年版，第50—51页。

主义是一种"反历史主义"。

（一）对结构主义的分析

施密特对"结构主义的马克思主义"并不全盘否认。他认为，结构主义的马克思主义对马克思主义的解释包含真理的因素，因为马克思的"历史科学"不同于"后黑格尔主义阶段"的历史主义，马克思确实强调"结构"的特征。具体来说，这种新的"历史科学"在以下三个方面不同于"后黑格尔主义阶段"的历史主义：

1. 反对黑格尔把自然与历史绝对对立起来

施密特指出，按照马克思和恩格斯的观点，自然和历史属于同一世界，自从人类产生之后，自然史和人类史是互相依赖的。正如马克思所说，感性世界是社会和历史的产物，是人类活动的结果。施密特认为这证实了马克思和恩格斯不沉迷于历史方法的实在论，并反对用客观的历史编纂学来考察历史。

2. 否定了存在某种纯粹固有的理想事变过程的观点

施密特认为："从黑格尔哲学的总体性思想出发，马克思和恩格斯把他们的历史过程理论发展为构成社会经济形态有规律的顺序。按照他们的观点，'生产关系'与其说是被构想为一种决定性'因素'，倒不如说是被构想为一种结构概念。他们在不同时期所采用的结构使一个新纪元变成一个具体的，可确定的总体性。"① 也就是说，马克思和恩格斯的思想中具有结构的观点。结构与历史是共同作用于文化，从而使历史具有统一的意义，因此不存在纯粹的持续的历史事件进程。

3. 马克思恩格斯的"世界史"与资产阶级的历史编纂学完全不同，"世界史"并不总是存在

施密特指出，"传统的教科书把'世界历史'理解成对自人类文化开始以来的全部历史过程的总体观"②，但对马克思来说，这个概念具有另外的理论涵义。在 1857 年的《〈政治经济学批判〉导言》

---

① ［德］施密特：《历史和结构》，张伟译，重庆出版社 1993 年版，第 15 页。
② 同上书，第 19 页。

中，马克思就指出，"世界史不是过去一直存在的，作为世界史的历史是结果。"① 在马克思看来，不能用通常的抽象性意义把握"进步"这一概念。马克思注意到对前后相继的历史阶段用刻板的直线图示推论是无用的。马克思强调的是从对现状的唯物主义分析中推导未来样子的必要性，而不是企图以种种纯粹思维构想，推导未来的必要性。

在肯定了结构主义马克思主义对马克思主义阐释的基础上，施密特着重揭露其错误。他认为，结构主义的马克思主义对马克思主义的解释是一种科学主义和反历史主义的解释。事实上，在马克思的理论中对历史和结构都给予了肯定，历史和结构是构建马克思主义的双重路径，而结构主义马克思主义只肯定了马克思主义的结构特征，而否定了他的历史特征，使马克思主义成为无历史的结构主义。

在结构主义马克思主义者看来，马克思的成熟著作《资本论》就具有科学的和结构的特征。但是施密特认为，尽管《资本论》研究是用一些科学方法描述的，但是，马克思对资本主义性质的探究，是建立在对事件历史过程的分析基础之上的。因此，在《资本论》的科学、结构的表面背后，我们不仅可以找到历史，而且也可以发现哲学。他说："对马克思来说，在方法论上研究完成的结构对研究它们的具体发展过程的既定的优先性，并不意味着历史过程的连续性对理论的建构是不相关的。"②

施密特认为，《资本论》采取的从抽象上升到具体的方法看起来不是一种历史方法，而是一种科学方法，但是这种方法包含有历史的逻辑，"马克思主义的方法是一个逻辑过程。这个过程以'一个浑沌的关于整体的表象'为出发点，并借助一些更为抽象的步骤，达到了'一个具有许多规定和关系的总体了'。方法的辩证结构呈现出它'虚假的'和'真实的'各个要素，即对早期经济学在历史上走过的历程……"③。

---

① ［德］施密特：《历史和结构》，张伟译，重庆出版社1993年版，第20页。
② 同上书，第120页。
③ 同上书，第41页。

(二)《资本论》中的历史与结构的辩证法

施密特认为,黑格尔的《逻辑学》是理解马克思的《资本论》的正确途径。"在马克思主义的政治经济学批判严谨地论及资产阶级生产关系的范围内,它吸收了黑格尔主义的下列见解:即科学的'开端进程必定不同于它的'本身的进程',正像'哲学的历史进程不同于哲学本身的进程一样'。"① 马克思追随黑格尔的理论,把资本主义作为一个封闭的体系,人们之间像物一样凝固僵化的关系,成为日常生活的常态,人被贬低为实现商品关系的载体和工具。"马克思首先不是作为一位经济史学家和社会史学家来研究资本主义世界,而确切地说他是从它的已生成的结构的观点,即从已达到的'纯粹的和一般的价值存在'的观点出发来研究的"。②

施密特指出:"在《资本论》之前,马克思在任何著作中都没有抛弃过历史。因此,初看《资本论》,似乎马克思违反了历史与逻辑统一的唯物主义辩证法原则。不过,实际上并不是这种情况……同马克思满足于在直接的并因此是虚假的正确性中描述历史过程时相比,倘若他行进在逻辑建构的道路上,则更接近于实际的历史过程。在《资本论》所证实的方法(类似于黑格尔主义方法),不是外在于主体的一种工具。而确切地说是复制它必然的'自在进程。'它的目标在于把资本主义的进程当作一个整体,以使得它的客观逻辑,由于摆脱了偶然和意识形态的附加物,而将变得昭然若揭,马克思本人用以下方式描述了他为自己所提出的任务的特点:'应该首先出版的著作是对经济学范畴的批判,要不然,如果你愿意的话,就是对资产阶级经济学体系的批判的说明。这同时是对上述体系的说明,并通过说明对它进行批判。'马克思主义方法的这个双倍重要方面,引导我们从逻辑问题返回到历史理论问题。"③ 这样,马克思在《资本论》中是以一种中介的方式,达到历史与逻辑相一致。

施密特主要针对以阿尔都塞为代表的结构主义马克思主义的基本

---

① [德]施密特:《历史和结构》,张伟译,重庆出版社1993年版,第45页。
② 同上书,第46页。
③ 同上书,第47—48页。

观点，阿尔都塞主要以《资本论》为依据指出马克思主义的无历史的结构特征。但是施密特认为，《资本论》并不是无历史的结构，而是历史与结构的辩证统一，他的这一观点坚持了马克思主义的总体性原则，对我们理解马克思主义具有十分重要的意义。

# 第三章　人本主义马克思主义的辩证法思想

人本主义马克思主义是自马克思《1844年经济学哲学手稿》被发现和出版之后西方出现的马克思主义思潮。这一思潮涉及流派众多，从广义上说，早期西方马克思主义者、法兰克福学派、弗洛伊德主义的马克思主义、存在主义的马克思主义都可以纳入这一思潮中。但在这里，我们只讨论存在主义的马克思主义的辩证法思想，因为存在主义马克思主义是纯粹地从《手稿》中找到马克思主义可以被理解为人本主义的依据，并因而把马克思主义称之为人学。在他们看来，现实的、社会的、个体的人的生存才是马克思主义辩证法的出发点。

## 第一节　列斐伏尔的总体的人辩证法

列斐伏尔[①]是法国著名的马克思主义理论家，"存在主义的马克思主义"的重要代表人物，他很早就接受了青年马克思的哲学思想，

---

[①] 亨利·列斐伏尔（Henri Lefebvre，1901—1991），法国现代著名哲学家，出生于加斯科尼的一个官僚家庭。早期毕业于巴黎大学，获得哲学博士学位。1928年创办首家法国马克思主义哲学刊物《马克思主义哲学杂志》，1929年加入法国共产党；1930年起任大学教授，第二次世界大战法国被德国占领期间被解除教授职务。1944年以后，列斐伏尔历任杜卢斯法国广播电台主任、国立科学研究院研究员、巴黎大学农泰尔学院社会学教授，1973年退休。其主要著作有：《辩证唯物主义》（1938年）、《日常生活批判》（1946年）、《马克思主义中的现实问题》（1958年）、《现代性导论》（1962年）、《语言与社会》（1966年）、《现代世界的日常生活》（1968年）、《马克思主义与都市》（1972年）、《空间的生产》（1973年）、《资本主义的幸存》（1973年）、《论国家》（1976年）等。

同时，吸收和借鉴了现代西方哲学的人本主义观点来思考和重建马克思主义。

## 一　对唯物辩证法的思考

（一）人与自然的关系

1. 自然界本身是"无动于衷"的，只有人类的活动才使自然界的存在具有意义

列斐伏尔从存在主义的人类的"存在本体化"出发，认为："对'自为'的自然界，独立于人类之外的自然界，最好的理解毫无疑问应当是其反面：即自然界是'无动于衷'的。"① 这里说明了自然界是无主客之分的自在。但是，当人类产生之后，人类的活动使获得了新的存在方式，自然界获得了属人的性质。在列斐伏尔看来，人类既是自然界的产物，同时又独立于自然界，"人是自然界有限的生物，是一个整体，是积极的主体，人的生命是自生的，他致力于自身的巩固和提高——生存是有限的但可能性却是无限的——因此，人类能够达到更高级的生存程度并超越原来的起点。"② 在对自然和人分析的基础上，他说："目前存在的大地景物和整个自然界就是一种产物，具有产物本身所包含的主观和客观的双重性质。""人类的诞生是一种改造，是一种越来越自觉的改造。精力充沛的人类以自己为中心改造着自然并使自然也变成人类。人类以自然界为对象创造着自然，把自己变成自然界而又把自然界变成人类。"③ 也就是说，人通过自己的活动促使自然界与人发生种种联系，使自然界成为人类社会的一部分。这样的自然就是"人化自然"，它具有主观和客观的双重性质。

2. "人化自然"使自然由对人无意义而变得对人有意义，但是即使是"人化自然"，仍然具有自身的规律性，对人的活动具有制约作用

列斐伏尔通过"人化自然"的概念强调不仅要把自然看作是客观

---

① ［法］列斐伏尔：《辩证唯物主义》，选自《西方学者论〈1844年经济学—哲学手稿〉》，复旦大学出版社1983年版，第174、167页。
② 同上书，第176页。
③ 同上书，第165页。

的，而且要把它看作是主观的，即人的活动是对自然界的改造和建构作用。但即使这样，他也并没有否定"人化自然"的客观性。"无论一个什么样的存在物，即使是普通的存在物（如桌子、锤子、花园中的树），主观和客观、活动和物都是紧密地联系着的。这些东西都是从自然界中分离出来的、孤立的东西。它们都具有确定的外形并且在不同的方面都是可以测量的。它们都有自己的名称，人类在讲话时提到它们。词和概念把这些东西确定下来，固定下来，并把它们从自然界中分离出来。然而，这些存在物仍然还是自然界的物体。自然界没有提供反对这种形式的材料，材料本身就已表现这一物体可以得到的形式。"[①] 也就是说，人类的劳动和生产活动虽然使自然打上了人的烙印。但实际上，人类的劳动和生产也同时对象化为外部自然界，"人化自然"同样是外部自然界的一个组成部分，并有其自身的客观规律性，对于人们后来的感性活动来说，它有着"优先地位"，有着制约作用。

　　社会也如同"人化自然"一样，即有其客观的一面，也有其主观的一面。列斐伏尔论述道："一个社会现实就好像是一个感性物体一样。社会物体是生产活动的产物。它既有抽象的一面，又有实在的、具体的一面。人们可以作用于它，是因为它是客观存在的，不是一朝一夕突然冒出来的。""市场是一种典型的社会物体。它完全像一个尚未被人们掌握的自然界的一部分现实那样，目前还对人类有一种威力。它既有已被人类认识的东西，又包含尚未被人认识的成分；既有表面现象，又有内在的实质。它能够使某种形成市场的力量和特定的行动方法发生作用。""物质的东西更能在人类社会中发生作用。这种物质的东西就是'财富'。它刺激着社会活动、人类的需要和人与人之间的关系。但是，另一方面，它还给社会活动作出了某些规定。特别是，从远古到今日消费品稀少（相反，我们已进入了物资丰富的时代）造成了斗争和竞争，延长了人类为生存而作的斗争。人类活动

--------
[①] ［法］列斐伏尔：《辩证唯物主义》，选自《西方学者论〈1844年经济学—哲学手稿〉》，复旦大学出版社1983年版，第168页。

的对象和产品即使成了社会关系的支柱,并导致产生诸如市场等这种特定的东西后,仍然没有失去它原来的性质,在人类活动中继续决定着矛盾和斗争。"① 通过人类活动产生的东西和已经被人类认识的东西依然有其规律性,并因而支配着人类的生活。在这方面,无论是自然还是社会就是一样的。因此,"社会决定论就是人类社会中的自然界决定论,它确实为特定的人类活动提供了条件。它既决定了人类的活动,又限制了这个活动。它提供了人的自由,又反对这种自由。"②

(二)异化的产生

列斐伏尔认为,人类社会产生和发展的过程,就是人不断摆脱自然状态,不断统治自然的过程,同时也是日益被自然制约的过程。人类的开始只是有生命的存在,是"自然界中微不足道的一分子","人的本质首先是抽象的潜在物",他自身的需求使他与自然发生矛盾,而他解决矛盾的方式是自己的行动或活动。人的活动不仅创造了工具和人造物,使它们从自然界中分离出来,同时也使自身从自然界中分离出来,创造了人类社会和文化。因此,人类的产生是与自然分离的过程,而人类的发展是分离出来的人类不断与自然作斗争,力图控制自然的过程。他说:"人不仅仅是自然界的生物,他是有人性的,自然界是在人类中间并被人类分裂的,它与自己抗衡,与自身作着比以往任何斗争、比任何个人之间或生物之间的斗争更为深刻的斗争。人这个自然界的生物,转而与自然作斗争。对人来说,自然界是源泉和母亲,然而,自然界只不过是人的行动的对象。""人类历史就是人类的诞生史,就是独立于自然之外与自然作斗争,又是从自然界中脱胎而出的历史。在这个历史过程中,人凌驾于自然界之上并逐步统治着自然。马克思说,'历史就是人类的自然历史',但人类的诞生是一种改造,是一种越来越自觉的改造。精力充沛的人类以自己为中心改造着自然并使自然也当成人类。人类以自然界为对象创造着自然,把自己逐步变成自然界,而又把自然界变成人类。人类按照自己的需要

---

① [法]列斐伏尔:《辩证唯物主义》,选自《西方学者论〈1844年经济学—哲学手稿〉》,复旦大学出版社1983年版,第186页。
② 同上书,第187页。

塑造自己，也在自己的活动中改变着自己并提出新的要求。"①

但是，列斐伏尔认为，把人类产生发展的过程看作是人类脱离自然和控制自然的过程仅仅是问题的一个方面，另一方面可能是更重要的方面，即人类产生的过程还是日益被自然制约和奴役的过程。列斐伏尔认为，即使是人的活动改造的自然界也有其自身的规律性，它会对人的活动产生深刻影响。"人的活动是创造性的，人通过自己的活动创造了自身。人创造自身，但并不是自己的产物。人的活动逐渐地统治着自然界，但是，当这种活动转而反对人的自身时，就有了外部的性质，并把人类引入社会决定论之中，使人类蒙受了极大的不幸。人类本身并不是这种决定论，然而，没有这种决定论也就没有人类了。人类首先存在于非人类之中，并通过非人类加以体现。"②

1. 异化的根源存在于人与自然的关系之中

通过对人与自然关系的辩证分析，列斐伏尔阐述了异化的根源。在他看来，异化存在于人与自然的关系之中。这是因为由人的劳动所创造的人化自然虽然打下了人的印迹，但仍然受自然规律的支配，因此，人所创造的东西仍然是独立于自身的客观对象，这些客观对象不仅相对于人而存在，而且有其自身的规律性。这样，人就必然要被自己本质力量对象化的世界所支配，也就必然出现异化。各种各样的异化现象，寻根追源，无不出于人所具有的创造性活动这一特征。

在列斐伏尔看来，在自然之中，人的需求使人与自然之间必然发生各种关系，正是人与自然的关系使异化现象必然产生，或者说主客体紧密不可分的必然性，造成了人异化的必然性。"人们只有和一个他物同时存在，并且自己也是一种他物时才不会孤独，即主体要有一个与自己不同的另外一种现实，客体要有一个与客体不同的另外一种现实同时存在。纯主体的（单子的）集聚无法使主体摆脱孤独。不为他物的愿望的客体，这种物体是无法确定其存在的。"③ 更进一步

---

① ［法］列斐伏尔：《辩证唯物主义》，选自《西方学者论〈1844年经济学—哲学手稿〉》，复旦大学出版社1983年版，第166、167页。
② 同上书，第188页。
③ 同上书，第166页。

说，人作为一个具有能动性、创造性的主体，在进行对象化的活动时，总是把与他发生关系的自然分为两大部分：尚未被掌握的领域和已被掌握的领域。在他看来，这两个领域对人来说都意味着不幸。为什么呢？列斐伏尔认为，尚未被人们掌握的领域对人来说充满了各种未知和不安，"在自然界中，这个尚未掌握的领域对人类来说，充满着必然性和未被认识的偶然性。就人类本身而言，这个领域就叫作：纯粹的自发性、非自觉性、心理和社会的注定性。它包括人类活动至今还不能支配和巩固的全部东西，至今还不能由人类活动'生产'并为人类服务的全部东西。这里指的是尚未以人类为中心，人类尚未认识的许多实际的东西，这些东西还没有成为实践的客体。生产活动包括这种矛盾，所有矛盾中最深刻的矛盾：人的力量与人无能为力之间的痛苦的对立——一个由人类掌握和巩固的现实部门的存在与一个原始状态的部门存在之间的对立——给人以生命的东西与使人死亡的东西之间的对立。人类每时每刻都处在与使自己得以生存但又无法主宰的东西分离的境地，人的基本东西在根本上受到威胁，人最后在精神上、物质上死亡"[①]。而已被人们掌握到的领域也不是一成不变的，它是具体的，会随着人类具体的实践活动发生变化，"在已被掌握的领域，即在人类范围内，全部生产活动——实践的目的在于建立一个巩固的宇宙，一个由许多确定了的因素组成的世界"。但是，"存在物从来不是一成不变的，无论从自然界方面（它总是想把人类从它那里夺去的东西重新要回来）还是从人的活动方面来说都是如此，人类的活动总是企求获得新的东西"[②]。因此，人与自然的矛盾并不因为"已知"或"已掌握"而得到解决，反而会越演越烈，"人类的活动，即实践把对立导入了世界，这样就使世界上已经出现的对立越演越烈"。"人的活动一方面利用对立，加强对立并导入对立，但另一方面又不断谋求缩小和克服内在的矛盾。在人类活动的结果中，矛盾通常只是在互相对立的各种力量之间平衡的形式下才被接受的。平衡导

---

① [法]列斐伏尔：《辩证唯物主义》，选自《西方学者论〈1844年经济学—哲学手稿〉》，复旦大学出版社1983年版，第180页。
② 同上书，第179、178页。

致暂时的平静，不久就会有一种新的更加精确的力量在适当的时候和特定的方面打破这种平衡。"① 这样，人们逐渐会发现，原来被人们认为的十分强大的人的力量原来如此渺小和脆弱，甚至经常被自身的创造物所威胁。

2. 异化是广泛存在的

列斐伏尔认为，因为异化产生的根源在于人与自然的关系，所以人类社会不可避免地存在异化现象，并且这种异化已经扩及生活的各个领域中："异化就这样扩展到全部生活，任何个人都无法摆脱这种异化。当他力图摆脱这种异化的时候，他就自我孤立起来，这正是异化的尖锐形式。人的本质源自全体社会进程。个人只有在同集体的牢固和明确的关系中才能获得这种性质。个人不应当与集体分离，也不应混同集体，但是在我们的社会里，关系被颠倒了，个人可以认为在孤立中也能够认识自己。这样个体就更彻底地'丧失'和脱离了自己的基础，脱离自己的社会根基，他把自己看作理论抽象（心灵、内在生活、理想），或一种生物存在（躯体、性欲）。他自行维持，并再造成集体的更加严重的分裂。个人身上的矛盾是多种多样的：无意识与意识之间的矛盾，自然界与人之间的矛盾，社会与个人之间的矛盾，本能与理智之间的矛盾，内容与形式之间的矛盾——实践与理论之间的矛盾。"②

在当前的资本主义社会条件下，列斐伏尔认为存在着三种主要的异化形式：

第一，人思想意识的异化。列斐伏尔认为，人的思想和意识作为人创造性活动的精神产品，本来是由某个特定的社会范围或某个特定历史时期的活动决定的。但是，思想意识的异化却使社会和意识改变了它们实际的关系，思想意识从个体中摆脱出来，并超越了个体。"思想意识的出现使人颠倒了事物、外部实体的秩序，即上帝、命运、绝对的形而上学真理。这些精神的东西超越了物质的东西——这两者

---

① ［法］列斐伏尔：《辩证唯物主义》，选自《西方学者论〈1844年经济学—哲学手稿〉》，复旦大学出版社1983年版，第179—180页。

② 同上书，第196页。

之间是没有自觉的联系的——直至使人认识不到自己的创造性活动。"① 这种异化使人们服从于自己意识所幻想或创造的外部实体，并成为一种习惯，"人们按照被政治家们所利用的信仰组织起来，理论的异化就这样成了实践，并作用于习惯。荒唐无稽的事情和崇拜偶像似乎具有一种实在的力量。这种力量是由人赋予并转而反对人的，自己反对自己的力量。"最终，"人的生命就消失在盲目崇拜这种生存和意识方式之中。"②

第二，人需求的异化。列斐伏尔认为，人的需求本应当是多样的、丰富的，但随着工业社会的发展，人的需求变得单一化了，这个单一化的需求就是金钱，"金钱的需要成为'政治经济学造成的'唯一的真正需要，以致'金钱的数量日益成为人唯一主要的品质'。这种异化使得人变得更为贪婪，简直成了禽兽般简单的需要了，而这种行为甚至在人的同类中也有发生。"③ 也就是说当人的全部生活意义在于追逐金钱时，社会的本质是没有人性的，甚至人都不如动物，他不想与同类交往，成为孤独的存在。资产阶级学者把社会的"纯经济性"，即人的本质就是追逐物、追逐金钱的理论归咎于马克思，但列斐伏尔认为，马克思恰恰批判了这种恋物现象，马克思的思想本质是想超越经济意义上的人。

第三，个人与集体关系的异化。资本主义社会是一个全面异化的社会，异化不仅体现在需求和意识领域，而且存在于人与人之间的关系中。列斐伏尔特别强调了个人与集体关系的异化。"当一个集体被内部的、明的或暗的斗争弄得四分五裂，那么它就称不上真正的集体了，人就不成其为人，而重新变为动物了。这样，人类集体变了，人也变了。"④ 在他看来，个人与集体的关系是人的本质的组成部分，人的本质只有在与集体的明确关系中才能获得，因此个人与集体不能

---

① ［法］列斐伏尔：《辩证唯物主义》，选自《西方学者论〈1844年经济学—哲学手稿〉》，复旦大学出版社1983年版，第191页。
② 同上书，第182、193页。
③ 同上书，第194页。
④ 同上。

分离；但是，个人与集体也不能相互混同，"人的本质源自全体社会进程。个人只有在同集体的牢固和明确的关系中才能获得这种性质。个人不应当与集体分离，也不应混同集体，但是在我们的社会里，关系被颠倒了，个人可以认为在孤立中也能够认识自己。这样个体就更彻底地'丧失'和脱离了自己的基础，脱离自己的社会根基，他把自己看作理论抽象（心灵、内在生活、理想），或一种生物存在（躯体、性欲）。他自行维持，并再造成集体的更加严重的分裂。个人身上的矛盾是多种多样的：无意识与意识之间的矛盾，自然界与人之间的矛盾，社会与个人之间的矛盾，本能与理智之间的矛盾，内容与形式之间的矛盾——实践与理论之间的矛盾。"[1] 列斐伏尔强调，在资本主义社会各种集体中，无产阶级是异化最严重的。"这个集团要么被排斥在集体之外，要么被人在政治上加以利用，因而得到口头上、表面上的承认，它既不能分享社会的物质财富，也不能分享社会的精神财富。他刚要参加集体的活动，他的反对者就说他破坏集体。"[2] 因此，无产阶级在资本主义社会只是许多工具中的一种，它的身体是"机器的附庸"，它的劳动则成为商品。

（三）总体性的辩证法

1."总体的人"的概念

列斐伏尔认为，消除异化的途径是要克服人存在的片面性，实现"总体的人"。

那么，如何克服异化呢？列斐伏尔认为，克服异化就是要克服人的单一性和片面性，使人的需求、思想及交往成为一种总体性的存在。因而，他提出了一个重要的概念——"总体的人"："总体的人是变化的主体与客体，它是与客体对立并克服这种对立的有生命的主体，是被分成许多局部活动和分散的规定并克服这种分散性的主体，它既是行为主体，又是行为的最后客体，甚至是行为在生产外界客体时的产物。总体的人是有生命的主体——客体，是起初被弄得支离破

---

[1] ［法］列斐伏尔：《辩证唯物主义》，选自《西方学者论〈1844年经济学—哲学手稿〉》，复旦大学出版社1983年版，第196页。

[2] 同上书，第194—195页。

碎，后来又被禁锢在必然和抽象之中的主体——客体。总体的人经历了这样支离破碎走向自由，他是必然的，但又是自由的。他像自然界一样成了一个总体，但又驾驶着自然界，总体的人是'消除了异化'的人。"① 在列斐伏尔看来，在异化的社会中，人已经极度分散和矛盾了，克服异化就需要高度的统一，这种统一是个体与社会、主体与客体、自然与人类的统一，并且这种统一不是一劳永逸的，而是不断生成的，是在实践中不断实现的历史过程。"人的本性既已变得这样复杂，就应当达到更高度的统一，矛盾越深就越迫切需要统一。这样，自我与为我、起源和终结、变化及超越、客体与主体、本质和存在等唯心主义概念就在唯物主义的人道议中变得清晰起来了。人们可以以分析实践为基础，说明活动时期、思想和行动的种类、认识领域等起源。辩证法的异化概念支配和概括了对变化中的人的描述，对人类目前和历史的悲剧进行详述，提出了实践的最新意义。"② 也就是说，"总体的人"是一个目标、一个理想，而关键在于我们趋向这个理想的实践过程。

2．"总体的行动"

那么，这个实践过程具体需要我们怎样行动呢？列斐伏尔认为，要想不断趋向总体的人这个目标，就要展开"总体的行动"。所谓"总体的行动"是指"总体的行动将既是高度个体化的，同时在基本能量上又具有共同广延性。它既是高度清晰的又是高度自发的，它虽然融合在自然界的节律之中，但又是唯一的存在。"③ 艺术活动为总体的行动提供了重要的思路："艺术始终包含一种趋向，一种走向总体行动的努力。在音乐中，一个局部的感官音素（声音）趋于成为意识内容的共同广延，即节奏、运动、情感、色情、灵性。在绘画中则有视觉因素。消失了的时代的社会结构对于我们已经没有实际的意义了，但它的艺术仍然有一种无法替代的价值。人们能够在最神秘的

---

① ［法］列斐伏尔：《辩证唯物主义》，选自《西方学者论〈1844年经济学—哲学手稿〉》，复旦大学出版社1983年版，第197页。
② 同上。
③ 同上书，第200页。

诗篇中，找到被称之为神圣的、超人的总体行为。人们总是怀着炽热的、模糊不清的、漫无边际的感情设想着这种全面行动。"① 实际上，异化的人总是要实现某种统一性，而艺术为这种统一性提供了重要的价值，"艺术是摆脱异化特性的生产劳动，是生产者和产品、个人和社会、自然生物和人类的统一体。"②

3. 总体性的辩证法

这种总体的行动体现了总体性的辩证法。列斐伏尔认为，真正的唯物辩证法是总体性的辩证法，它的实质是整体性的思维活动，"研究孤立的物体只是思维的初级阶段。哲学的基本活动始终是再现整体。有思维能力的人总是认为孤立的客体是无法认识的，抽象的活动应当是可以理解的，也就是说，可以把抽象的活动与决定这种活动的全部条件和所谋求的目的联系起来。因而，有思维能力的人始终认为应该重新找到原来的材料，即整体，同时'认识'它，支配它。"③列斐伏尔把抽象作为一种实践能力，"抽象一词意味着分离、离析。抽象并不源自思想，而源自实践活动。感觉认识的基本特点不能正确地从分析思想中推导出来，而只能从生产活动和存在物分析中推导出来。抽象作用是一种实践能力。"④ 因此，总体性的辩证法是由抽象上升到具体的总体性的思维和行动。

那么，为什么辩证法必须再现整体，体现整体的运动呢？列斐伏尔说："所有的存在物是一个整体，客观的人类世界就是一个存在物的世界：我们在传统上把它称之为感觉认识的世界。这是一个超越瞬间、超越孤立的人和物，使人浮想联翩的社会世界。"⑤ 正因为哲学所面对的世界是一个整体的世界，因此哲学的方法必须是整体的思维方法，"应该从孤立的存在物中看到全部存在物，同时从研究局部的

---

① ［法］列斐伏尔：《辩证唯物主义》，选自《西方学者论〈1844 年经济学—哲学手稿〉》，复旦大学出版社 1983 年版，第 199 页。
② 同上书，第 200 页。
③ 同上书，第 172 页。
④ 同上书，第 169 页。
⑤ 同上书，第 174 页。

活动进而研究全部创造性的活动。这种整体化是普通哲学和其它专门科学的基本方法。"① 在列斐伏尔看来，无论是自然还是社会必须运用总体性的辩证法才能得到正确的理解，因此，马克思的唯物主义也必须用总体性的唯物辩证法才能得到正确的理解，"不应当用劳动者非专业化的劳动（虽然这种劳动总的来说也是有作用的）来理解生产活动和社会劳动，而应该从人类的范围来理解它。生产活动并不是低下的，不应该光看到劳动的最简单形式，相反应当从高级形式来设想劳动：这样全部劳动就会具有创造性的意义和'诗情画意'了。人类的个人存在和实践中的全部活动以及历史的全部发展过程的结果创造了人类本身，所谓'世界历史就是人类劳动创造人的历史'。"②只有运用辩证的整体方法才能充分理解人、人的实践活动、人的生产劳动，因为总体性的辩证方法本身就是由整个人类活动的实践总体性决定的，"人类的活动是一种不断回复到原来起点以便把握它并不断地把它提高到更高级的水平的运动。人类是一种有着自己的未来并逐渐掌握全部未来的生物。"③

这样，列斐伏尔把唯物辩证法理解为总体性的辩证法，这种方法与实证性思维是根本对立的，只有这种方法才能对日常生活的异化现象进行彻底的批判。

### 二 日常生活批判

在总体性辩证法思想的基础上，列斐伏尔对日常生活展开了批判。日常生活批判是西方马克思主义思想家早已涉猎的领域。但是，列斐伏尔对日常生活的批判是其中最为系统的研究，尤其是他将日常生活批判和异化理论结合起来，使他的研究更具有明确性和深刻性。

（一）对马克思异化思想的阐释

列斐伏尔的日常生活批判是对资本主义社会和文化的批判，里面

---

① ［法］列斐伏尔：《辩证唯物主义》，选自《西方学者论〈1844年经济学—哲学手稿〉》，复旦大学出版社1983年版，第173页。
② 同上书，第174—175页。
③ 同上书，第176页。

贯穿着对马克思的异化理论的阐释。在他看来，异化概念是马克思早期著作中的重要概念，但是列宁等马克思主义者却忽视了这一概念的重要性，他的目的就是以马克思的异化概念为基础，对资本主义日常生活的人性异化和文化异化进行彻底批判。这对马克思异化概念的阐释有以下几个要点：

第一，资本主义的异化是全面的、多样的。列斐伏尔认为，在马克思那里，资本主义的异化现象具有多样性和具体性，它包括：(1) 劳动产品的异化；(2) 劳动本身的异化；(3) 作为特殊存在物的人（劳动者）的异化；(4) 作为总体的人的异化。在这些异化现象中，不仅包含着生产力的异化，还包含生产关系的异化，并最终上升到人自身的异化和人与人之间关系的异化，这说明资本主义的异化现象是全面的，已经覆盖了全部生活。

第二，异化的基础在于劳动者的生产资料被资产阶级所剥夺。列斐伏尔认为，马克思把异化与无产阶级的贫困化联系起来，但是，这并不等于异化与贫困化是相同的。在马克思那里，异化的外延要大于贫困化的外延，因此，与这两个概念相对应的事实应当分别加以研究。也就是说，在资本主义社会，不仅无产阶级是异化的，资产阶级的生活和意识也是异化的。

第三，异化的原因在于劳动分工。列斐伏尔认为，在马克思的思想中，分工导致了异化，因而马克思从不认为异化是可以消亡的。异化会延续在人类历史过程中，社会主义和无产阶级革命都无法消除异化现象。更进一步说，马克思是从人的本质中寻找异化的根源，所以他认为费尔马哈所说的那种人可以很快消除异化的观点是错误的。

第四，异化不仅存在于经济层面，而且存在于政治层面；异化概念不仅是一个哲学概念，而且是一个社会学概念。在马克思那里，对政治异化的重视远远超过经济异化，并且经济异化只不过是全部异化的组成部分。当马克思对经济领域和政治领域的异化现象进行具体分析时，异化就不仅是一个哲学概念，而且是一个社会学概念，它是社会的具体现象和事实。

第五，异化理论是历史唯物主义和辩证唯物主义的组成部分。列斐伏尔认为，马克思继续进行黑格尔的把矛盾理性化的努力，解决了他的矛盾，粉碎了他的体系，却保留了其中的合理成分。在黑格尔那里，异化是矛盾的基础，是矛盾辩证法的起点，但在马克思那里，异化是人自身矛盾和发展过程的一个方面。因此，黑格尔与马克思思考的路径是相反的，黑格尔是用异化来解释矛盾；而马克思是用辩证的矛盾方法来解释异化。

通过这些阐释，列斐伏尔认为，马克思不是把异化作为资本主义独有现象，而是把异化作为人类的实践活动和历史发展的不可避免的组成部分，"马克思指出辩证的理性如何恰恰就是由自然，由实践和社会活动，由处于日常生活中那样的人所构成的所谓非理性的东西所产生的。"① 这里，列斐伏尔将他的异化理论强加于马克思的思想中，过度诠释了马克思的异化理论。

## （二）日常生活批判理论

列斐伏尔认为资本主义的异化是全体的异化，它渗透于日常生活的各个方面，因此，必须对资本主义的日常生活展开批判，才能在细节上揭示异化现象。"异化理论和'总体的人'的理论是对日常生活批判的指针。这些理论能够使人揭示社会发展的总体，并确定发展的方向。它们也使人能够通过对这种发展深度的许多断面的分析，而深入细节，并把细节同总体联结起来。"②

### 1. 日常生活的概念

列斐伏尔明确指出，日常生活不应该被哲学所遗忘，日常生活应该成为哲学思考的对象。那么，什么是日常生活呢？在《日常生活批判》中，列斐伏尔并没有对这个概念做严格的限定，但在《现代世界的日常生活》中，他对日常生活的界定是：日常生活是零散的、初级形态的，是无限重复、循环往复的每个人的个体生活。③ 也就是说，

---

① Henri Lefebvre. Critique of Everyday Life, Translated by John Moore, Preface by Michel Trebitsh, Verso, London, 1991, p. 80.

② Ibid., p. 88.

③ Henri Lefebvre. Everyday Life in the Modern World. First translation published in 1971, by Allen Lane. The Penguin Press, p. 10.

日常生活是每个人的日常而琐碎的日常活动，因此，它与每个个体都是息息相关的，是个体的生存实践活动。它是平凡的、直接的、具体的和现实的，但又是个体生产和生活的最重要领域，个体的所有生活方式和生活关系，如劳动、交往、消费、家庭等都发生在这一领域之中。

列斐伏尔反对把日常生活看作是一个位于经济基础和上层建筑之间的领域。在他看来，日常生活是一个更为基础性的生存"平面"，在这个"平面"中，经济的、社会的、政治的等等内容被再生产出来。这里，他并不是说日常生活决定经济方式和上层建筑，而是说日常生活是不同于经济基础和上层建筑的独立领域，并且，它作为人实践活动的平面更具有直接性。

2. 对资本主义社会异化现象的批判

列斐伏尔认为，异化并不仅仅是一个哲学概念，它就是资本主义世界的现实，资本主义社会的日常生活已经成为全面异化的领域，列斐伏尔形象地称资本主义社会为"消费受控制的官僚社会"，这个概念说明了资本主义的异化是通过控制消费而实现其统治的，它主要表现为以下几个方面：

第一，日常生活的碎片化。列斐伏尔认为，现代资本主义社会是一个由消费而不是由生产控制的社会，因此，传统社会和早期资本主义以生产为基础的经济、政治和文化相互整合的日常生活已不复存在，日常生活被瓦解为各种无形的又令人眩晕和不安的碎片："日常生活作为人和物立足的场所，被重重漩涡和循环所包围。人、物甚至是生活的场所本身渐渐地被连根拔起，它会被安全的人的商业漩涡所吞没吗？这可能过度戏剧化了。但是，由于它过于飘忽不定和变幻莫测，因而忽视了我们对坚固性、耐用性和成就的偏好，也忽略了这种偏好所要求的禁欲主义意义。更真实一点说，也许日常生活就是一层覆盖在无意识的洞穴与管道上的土壤，与之相衬的是那闪烁不定、虚无缥缈的地平线，我们称其为'现代性'，而在头顶上伸展着的是'永恒的天堂'。在这辽阔无边的天穹上巨大的行星，其中有'科学主义'，它清晰、冰冷并多少有些阴影；还有两颗孪生的行星，'男性化'与'女性化';这里还有许多星星、星丛与星云。地位高于两极上空的是'技术'与'青春';也有'可靠'这种新星,还有'美丽'这种已经暗淡无光或燃烧殆尽的星星,以及像'色情'这样奇异的符号;在第一等巨大的恒星行列中,我们可放进'都市主义''城市化'(只是我们不要省略掉天然性、合理性,还有其他一些事物),而在次一等的星系中我们可以放入时尚(或时尚化的),在其附近的则是'女性主义'以及'娱乐狂欢'等。"① 在这种碎片化的世界中,统一的社会结构、一致的价值目标、历史进步的理想全部被抛弃,有的只是无意识的盲目消费和从众。

第二,个体的心理躁动。列斐伏尔认为,现代资本主义社会通过不断制造人的消费欲望而实现对人的统治,"在这个社会里,每种已知的和想象到的需要都会——或将会——得到满足。""对消费的控制已经达到如此程度,不仅以消费设计为对象,而且也设计出如何通过这些对象而获得满足的方式;利用动机来否定破坏着动机的游戏已经精确到这样的地步,以至于达到了在没有游戏规则的前提下也能够支配动机的地步。"② 但是,消费和对消费得到满足并没有使人们的欲望真正满足,反而被刺激产生了新的欲望,因而消费社会是一个被人的欲望所充斥的世界。欲望导致了心理世界的躁动不安,人们不关心自己真实生活处境和真实的生活需要,而是关注流行和过时,物品不是满足真实的生活需要,而是为了满足流行的消费观念。这就是消费控制日常生活的最厉害的手段。

第三,大众文化的符号化。列斐伏尔认为,现代资本主义广泛地利用大众传播媒介对无产阶级进行文化价值的灌输,使他们不仅在物质上依赖于异化社会,而且在思想上也处于无意识的服从状态,随着大众文化的广泛深入传播,文字的深刻性被消解,只具有表层意义的符号和图像充斥着日常生活,甚至于物的存在都被肤浅的符号所代替,符号成为一个独立于现实的"假装的世界","每种物体和产品

---

① Henri Lefebvre. Everyday Life in the Modern World. First translation published in 1971, by Allen Lane. The Penguin Press, p. 109.
② Ibid., p. 79.

都获得了双重性的存在，即可见的和假装的存在；凡是能够被消费的都变成了消费的符号，消费者靠符号，靠灵巧和财富的符号、幸福和爱的符号为生；符号和意谓取代了现实，这就有了大师的替代物，大批的变形物，除了被放置的令人发晕的旋涡所创造的幻觉外，什么也没有"①。图像与符号以最小的成本进行无休止的自我复制，从而每一个满足于符号所带来的幻觉中，人的现实性和主体性都被消解。

列斐伏尔认为，消费社会表现上满足了人们的各种需求，实际上是一种虚假的满足，"消费什么也没有创造；甚至连消费者之间的关系也没有创造出来，有的只是消费；尽管消费行为在这个所谓的消费社会中有足够的意义，但只是一种孤零零的行为而已，只作为一种镜像效果而被传播着，即一种通过其他消费者为镜子的游戏。连同生产的现实性一起，活动的想象与概念，富有创造性与生产性的'人'趋于消失，随之而来的便是作为有机体的社会的想象和概念的消失"②。因此，它最终导致的是人主体性的消失以及价值理想的虚无。

3. 日常生活批判理论

列斐伏尔认为，现代资本主义社会的异化现象在社会发展过程中更加深入，出现了许多新的形式，但人们对异化的意识反而越来越趋于无意识，"新的异化形式已经同旧的异化联为一体，丰富了异化的类型学：政治的、意识形态的、技术的、官僚的、都市化的等等"，"异化正在扩展并日益强大，以至于它消除了异化的所有痕迹或对异化的意识"③。因此，首先要使人们在日常生活中确立起批判意识。"正如日常生活中所表现的那样，经济和意识形态只有在发生革命危机的时刻才能提高到政治意识的水平。……那时候，社会实践中，自发意识中，群众生活和阶级生活中的一切因素都凝结而集中在政治生活上。除了这些时刻以外，社会实践的各个方面便互相分离，甚至分道扬镳。……这时候，在日常生活中，直接的东西，也就是意识形态

---

① Henri Lefebvre. Everyday Life in the Modern World. First translation published in 1971, by Allen Lane. The Penguin Press, p. 108.
② Ibid., p. 115.
③ Ibid., p. 94.

的东西，便把经济现实，现存的政治上层建筑的作用和革命的政治意识等等，一方面包罗起来，同时又把它们掩盖而隐蔽起来。所以一定要撕破面纱才能接触真相。这种面纱总是从日常生活上产生着，不断地再产生着，而且作为日常生活的更深刻、更高级的涵义而把日常生活隐蔽起来。"① 也就是说，只有对日常生活展开研究，才能发现其他社会领域存在复杂的异化现象，从而突破异化意识。

列斐伏尔认为，这种批判意识的建立需要人们用总体性的辩证法思考日常生活问题，"用一种普遍而具体的方式，辩证地来思考异化概念，这就是说，在它普遍性的广度上加以规定，并在日常生活的细节中来理解它。""辩证法的思想能够并且应该在生活中，变成生活的辩证意识，即变成间接和直接的统一，抽象和具体的统一，文化和天然的自发性的统一。所以辩证思想将从意识形态和专门知识过渡到文化、语言当中，也许还会过渡到对世界的直接感觉当中。"② 这种"日常生活批判并不把生活的问题简单化。它要求并且规定一种比在偶然的机会中作简单的选择的意识更高的批评和自我批评的意识。……只有这样，人们才能够在整个社会生活的迷宫中和在资产阶级社会的丛林中找到方向；他们也能做到辨别出什么是'对生活有帮助的东西'和什么是蒙蔽或阻止他生活的东西。这样，每个人也许就会坚强地参加他的生活和热爱他的生活，而不逃避任何任务，既不逃避富有收获的斗争，也不逃避有利的冒险"③。因此，用总体性的辩证思维才能对日常生活展开批判，使日常生活成为人之为人的重要领域。

那么如何利用辩证法思想对日常生活展开批判呢？列斐伏尔认为，"日常生活批判要按照'生活'的本质去分析它，不能把它改变成一种暧昧的实体；日常生活批判要研究相互对峙的消极因素和积极因素；日常生活批判要研究新的冲突和矛盾。"这里仍然强调了一种整体的运动，不能孤立地看待生活。更进一步的，他说："无论如何，

---

① Henri Lefebvre. Critique of Everyday Life. Translated by John Moore. Preface by Michel Trebtish, Verso, London, 1991, pp. 66–67.
② Ibid., pp. 87–88.
③ Ibid., p. 94.

对日常生活批判来说，非常重要的一点是，要知道克服人性的内部分裂和矛盾（脑力劳动与体力劳动的分裂、城市与乡村的分裂、私人与社会的分裂），并不是一朝一夕，在一个决定性的和'全面'的时刻，通过一个简单的行动就能实现的事情。总体的人，在我们面前，只不过是一个远景外的远景，是一个极限，一个观念；而不是一个历史事实。不过我们应当把这一概念'历史化'，对它作历史的和社会的思考。"① 也就是说，以实现总体的人为目标，批判日常生活中将人客体化、孤立化、消极化的各种形式，这是一个历史的过程，更是人实践活动的重要内容。

为此，列斐伏尔还提出了"日常生活批判"的口号，其中包括："改造生活"，"技术为日常生活服务"，"让生活变成一件艺术品"，"不要改变雇主，而要改变生活的被雇佣"，"把注意力放在生活的喜悦上"，等等，这些口号也是他日常生活批判理论的重要表达方式。

列斐伏尔认为，"马克思主义应当是日常生活的批判的认识。"② 也就是说，马克思主义以异化理论为基础的批判思想，而这种异化理论只有与日常生活批判结合起来才能展示其具体性和深刻性，才能体现马克思主义的精髓。因此，在他看来，日常生活批判理论是对马克思主义的重大贡献。

## 第二节　梅洛－庞蒂的辩证法思想

梅洛－庞蒂③也是法国著名存在主义马克思主义的代表人物，同

---

① Henri Lefebvre. Critique of Everyday Life. Translated by John Moore. Preface by Michel Trebtish, Verso, London, 1991, p. 77.

② Ibid., p. 151.

③ 莫里斯·梅洛－庞蒂（Maurice Merleau-Ponty，1908—1961），法国著名的现象学、存在主义哲学家。出生于法国一个笃信天主教的资产阶级家庭，1926年进入巴黎高等师范学校，攻读哲学。1931年获得哲学教师资格。1941年，参加萨特等人组织的"社会主义和自由"反法西斯组织。1945年与萨特等人创办《现代》杂志，后因政治立场变化而退出。1961年逝世。其主要著作有：《行为结构》（1942年）、《知觉现象学》（1945年）、《人道主义与恐怖》（1947年）、《意义与无意义》（1948年）、《辩证法的历险》（1955年）、《符号》（1960年）、《哲学的赞词》（1953年）、《可见的和不可见的》（1964年）等。

列斐伏尔一样，他致力于将存在主义与马克思主义结合起来，与列斐伏尔不同的是，他的关注领域不是异化和日常生活领域，他关注的是个人自由与社会制约之间的辩证联系。

### 一　对马克思主义历史理论的界定

匈牙利小说家凯斯特勒在 1940 年时写了一部小说《正午的黑暗》，通过对小说中主人公鲁巴肖夫与提审员三次辩论的分析，凯斯特勒实际上描写了斯大林对布哈林在审判过程中进行的政治清洗，抨击了斯大林主义的黑暗，并进而否定了马克思主义。针对凯斯特勒的观点，梅洛-庞蒂对马克思主义的历史观进行了分析，表达了他对马克思主义辩证法的理解。

（一）斯大林主义的历史观

梅洛-庞蒂认为，凯斯特勒对斯大林主义历史观的判断是完全正确的，斯大林主义的历史观确实是一种宿命论和历史决定论。斯大林主义作为苏联模式的马克思主义对马克思主义历史观进行机械论的理解，将历史的主观因素与客观因素完全对立起来，并认为主观因素完全是受客观因素决定并要服从于客观因素的。它僵化地认为，历史的发展完全是客观的物质或自然的运动推动的结果，因而社会经济条件起到了决定性的作用。他论述道："目前的阶段打破了主观因素和客观因素之间的平衡。与经典的提法相比较，就可看出，现阶段过高估计了经济基础这一客观因素，而低估了无产阶级意识的主观因素。时至今日，革命看重的是中央的英明、计划的有效和劳动者的纪律性，而不是国际和国内无产阶级力量的增长。"[1] 在斯大林主义看来，历史有其客观发展规律，它自发地向共产主义的最高阶段迈进，人的主观能动性、无产阶级的革命，只不过是这一客观的历史进程注定的、微不足道的因素，于是，"中央已不再去发掘世界的和苏联的无产阶级革命潜力，不再随着历史的发展阐述历史的方向，不再去引导历史的自发进程"[2]。

---

[1] Merleau-Ponty, *Humanism and Terror*, Translated by John O'Neill, Connecticut Press, 1980, pp. 135–136.

[2] Ibid..

由于忽视了无产阶级的革命性和阶级意识，苏联推行的一系列政策和措施，如"强制推行工业化和农业集体化的政策，必要时可以以利相诱"，"遏制各族无产阶级的力量，接受阶级合作"，"建立特权阶级"，等等，这些措施背后的理论基础就是客观主义和经济决定论。因此，他认为，"苏联目前政策的革命意义，已经埋在'经济基础'里了"，"在重客观关系的基本点上，人们没有强调要取得意识"，"现阶段的理论，是一种'客观性'的理论，而历史的主观性和无产阶级意识置于一旁"。[①] 斯大林主义的这种历史决定论实际上是一种宿命论，它完全忽视了主观因素对历史进程的影响，历史的发展进程是命定的。

（二）马克思的历史观

凯斯特勒认为，斯大林主义的这种历史决定论是继承了马克思的历史理论，所谓历史唯物主义就是一种历史决定论。梅洛－庞蒂对凯斯特勒这一观点提出了批评，他认为，凯斯特勒把斯大林主义的"历史决定论"强加给马克思，事实上，斯大林主义的历史决定论并没有继承马克思，恰恰相反，它危及了马克思主义理论。他认为，马克思主义的历史理论并不是一种历史决定论，而是一种人道主义，马克思主义与存在主义一样强调了主体在人类发展进程中的作用，具体说来，二者的相同点主要体现在以下几个方面：

第一，马克思主义和存在主义一样认为存在决定意识，但是这种存在并不是客观物质存在，而是人的存在，人的活动和选择决定了人的本质和意识。

第二，马克思主义和存在主义的历史观都不是宿命论或决定论，它们认为历史活动的要素与个人现实的、具体的情境密切相关，历史是一种偶然性和可能性，里面包含着不确定的因素，而人的活动是历史走向的关键因素。

第三，马克思主义和存在主义都强调历史是人的历史，人的活动

---

① Merleau-Ponty, *Humanism and Terror*, Translated by John O'Neill, Connecticut Press, 1980, pp. 136 – 137.

赋予历史以内容和意义。正因为历史是由人构成的，因此历史的性质是不确定的，也是自由的、具体的。

从梅洛-庞蒂所指出的这些马克思主义的哲学与存在主义哲学的相同点来看，他强调马克思主义的历史观是一种注重历史的自发性的历史观。他说："群众的感情，对马克思主义者说来，永远是真实的，不仅因为群众对世界革命有一种明确的概念，还因为他们对世界革命有一种'本能的感觉'。他们就是世界革命的动力。他们最清楚自己举手要推翻的是什么，而这正是历史状况的一个基本构成部分。"[1]因为马克思主义与存在主义都突出人的意识的作用，在他看来，马克思主义实际上是一种"人学"，"马克思主义政治学的基础，应当从对经济作用所作的归纳分析中去寻找。同时也应当从个人和人类关系的某种直觉中去寻找。马克思在一篇著名的文章中说：'所谓彻底，就是抓住事物的根本。但人的根本，就是人本身。'马克思在学术上的新贡献，不是在于把哲学问题和人类问题归结为经济问题，而是在于从经济问题里找出哲学问题和人类问题真实的相等物"[2]。

梅洛-庞蒂进一步强调，马克思主义的历史观是同斯大林主义截然不同而与存在主义相近的理论，但在具体问题上，他与萨特的理解也不尽相同。萨特强调个人自由对历史的决定作用，而马克思既注重个人实践，同时也强调社会历史的客观条件对人思想和行动的制约作用。

在《知觉现象学》一书中，他对萨特的理论进行了批判，在萨特看来，人是存在先于本质的，人唯一的本质就是自由，人能够自由选择自己的本质和活动。而梅洛-庞蒂认为，如果个人具有绝对的自由，那社会历史就成为孤立的个人自由活动的总和，只承认个人的孤立的活动必然否定社会共同的活动，这同时也意味着否定历史。因而，在梅洛-庞蒂看来，人虽然是有自由的，但人的自由并不是绝对的和无限的，人是处于历史中的人，人的活动必然要受到历史条件和

---

[1] Merleau-Ponty, *Humanism and Terror*, Translated by John O'Neill, Connecticut Press, 1980, p. 111.

[2] Ibid., p. 101.

社会条件的制约,因而人的自由要受到这些条件的制约。他指出,自由并不只是个人的选择,同时它也是集体或社会的选择,当人们为了一个共同的目标结成一个集体或集团时,集体与个人之间通过种种相互作用而达到某种联合,从这种意义说,无产阶级要求或选择革命正是由于无产阶级这个集体或集团所面临着共同的客观形势。

这样,通过对马克思主义历史观的解释,他认为,马克思主义的历史观处于"斯大林主义的历史决定论"和"萨特的绝对自由论"的"中间地带"。马克思主义的历史观既强调个人的实践活动对历史发展的决定作用,又承认个人的实践活动要受到客观环境、具体情境、社会条件的制约。在马克思主义那里,这两方面没有哪一方面为主、哪一方面为次的问题。他强调,"马克思主义认为革命是主观因素和客观因素汇合的结果"[1]。按照马克思主义的观点,"进行革命的客观前提是:全面的依存关系,主观前提是:意识到这种依存关系是一种异化……这两个前提并不相互补充"[2]。这样,梅洛-庞蒂将马克思主义理解为在个人自由(主观因素)和社会历史制约(客观因素)之间采取含混态度的观点,从而背离了马克思主义的根本观点。

## 二 马克思主义辩证法的历程

在《辩证法的历险》中,梅洛-庞蒂梳理了马克思主义辩证法的发展历史,尤其是系统地总结了西方马克思主义的辩证法观,并由此确立了自己的辩证法观。

(一)西方马克思主义的辩证法

梅洛-庞蒂认为卢卡奇使马克思主义辩证法成为真正革命的辩证法,他的《历史与阶级意识》是"西方共产主义的圣经","我们可以在乔治·卢卡奇 1923 年出版的那本深刻的著作[3]中找到其证明,它在一个时期内是人们所谓的西方共产主义的'圣经'。革命的政治

---

[1] Merleau-Ponty, *Humanism and Terror*, Translated by John O'Neill, Connecticut Press, 1980, p. 135.
[2] Ibid., p. 115.
[3] 指《历史与阶级意识》。

把综合作为近期目标，人们将会在事实上看到辩证法的出现。革命就是实现和价值、主体与客体、评判和纪律、个体与整体、现在和将来。不是陷入冲突，而是应该逐渐进入契合的那一崇高时刻。无产阶级政权就是对一个社会的绝对创新，这个社会批判它自己，通过一种无止境的历史工作来消灭自身中的种种对立，无产阶级先锋队在其党内的生活乃是这一社会的预示"[①]。这段话指明了卢卡奇思想的深刻内容有哪些，具体来说，主要体现在以下方面：

1. 强调主体能动作用的主客体统一的辩证法

梅洛－庞蒂指出，主客体关系是卢卡奇在辩证法中关注的主要问题，并且认为主客体概念本身具有相对主义的特征。主体和客体关系这一老问题，一经卢卡奇加入历史因素之后，就有了转变，"主体与客体的关系这一老问题，一旦基于历史被提出，就发生了转变，而相对主义也被超越了，因为这里的客体，就是其他主体留下的痕迹，而主体，即在历史织体中被把握的历史的知性，也因此能够进行自我批评。"[②] 他还指出，卢卡奇把主体和客体的概念相对化，进而找到了一种总体，"卢卡奇所说的总体，用他自己的话说，就是'支配权的总体'，不是所有的可能存在和现实存在，而是指我们已知的全部事实的融贯汇集。当主体在历史中认识到自己，又在自身中认识到历史时，他并没有像黑格尔式的哲学家那样主宰一切，但至少他已经参与到一个总体化的任务中去了。"这样，在卢卡奇那里，所谓辩证法就是主体与客体的统一，"辩证法就是这种连续的直觉，就是对实际历史的连续的读解，就是主体与客体之间的让人痛苦的关系和无休无止的交换所作的恢复。"[③] 所谓历史唯物主义就是关于主体与客体、人与环境关系的阐释，"历史唯物主义不是把历史还原到它的某个区域：它是对个人与外界、主体与客体之间的同源关系的陈述，这种关系确立了主体在客体中的异化，而且，如果我们把运动倒转过来，它也将

---

① ［法］梅洛－庞蒂：《辩证法的历险》，杨大春、张尧均译，上海译文出版社2009年版，序第6页。
② 同上书，第29页。
③ 同上书，第30页。

确立把世界重新整合到人之中。"① 所谓马克思主义就是一种革命哲学，"这样理解的马克思主义，正因为它拒绝成为一种教条主义的历史哲学，就必然是一种革命哲学。在它那里，两个环节——一是对历史的解读，它使历史呈现出哲学意义；一是回到现在，它使哲学作为历史而显现——不断地彼此交替，但每一次都到了一个更高的水平，构成了历史的螺旋运动。"②

梅洛-庞蒂认为，马克思的辩证法与黑格尔不同，马克思突出了历史和克服异化过程中人的力量。"在黑格尔那里，异化还是精神针对自身的一种行动，因此，当异化显露出来的时候，它就已经被克服了。当马克思说他使辩证法重新用脚立地，或他的辩证法是黑格尔辩证法的'对立面'时，涉及的不可能是历史的精神和'物质'之间一种简单的角色对调，就好像这种对调获得了黑格尔指派给精神的那些功能似的；在变成物质的同时，辩证法也就必然变得呆板僵滞了。在马克思那里，精神变成了物质，而物质则充满了精神，历史的脉络是构成为力量或制度的某些意义的某种生成。由此可以看出，在马克思那里有一种历史的惰性，而为了完成辩证法，也需要求助于人的创造。"而卢卡奇正确地理解了马克思，"不管恩格斯如何看待，卢卡奇拒绝承认自然辩证法的首要地位：自然忽视了主体。而从主体到客体和从客体到主体的过渡则是辩证法的动力。只有在第二位的和派生的意义上才有自然的辩证法。我们所观察到的自然提供了相互作用的现象和质的飞跃，但是，如同在芝诺那里的运动一样，这种辩证法流产了：它是对对立面的瓦解。这些对立面只有在历史中，只有在人那里才会被超越。"③ 因此，梅洛-庞蒂强调，卢卡奇的主客体辩证法与恩格斯的自然辩证法是对立的。

2. 意识形态理论重新恢复了意识形态的重要地位

梅洛-庞蒂指出，除了确立了马克思主义的主客体的辩证法，卢

---

① ［法］梅洛-庞蒂：《辩证法的历险》，杨大春、张尧均译，上海译文出版社2009年版，第32页。
② 同上书，第34页。
③ 同上书，第30页注。

卡奇的另一个理论贡献是"为意识，从而也为意识形态恢复了地位"。卢卡奇认为，意识是历史产物，同时，历史是意识的产物，历史的意义需要意识的阐释。由此，意识形态对于历史的意义尤其重要，"在事物中显现出来的生成，是如此地不完善，有待于意识去使它完善。通过历史再重新发现它的诞生行为，它的起源，意识认为自己或许可以充当它的引导；正是它现在应该来引导这一引导的。这两种关系——根据一种关系，意识是历史的产物，根据另一种关系，历史则是意识的产物——应当被维系在一起。通过把意识不是视作为社会存在的焦点，不是作为外部社会存在的反映，而是作为一个独特的中介——在这里一切皆假，一切皆真；在这里，假之为假，是真，真之为真，是假，马克思把这两种关系统一起来了。"①

梅洛-庞蒂认为，卢卡奇的意识形态理论具有重要意义，"为了超越科学主义而不重新落入到低于科学的水平，为了反对客观主义而仍旧保持客观思想的相对权利，为了使科学的世界和辩证法的世界彼此衔接，一种困难的批判已经势在必行。"② 也就是说，卢卡奇的意识形态理论所做的工作实际上对资本主义社会的历史理论和科学主义的批判，许多资本主义学者割裂了主体与客体、意识和真实的关系，把意识神秘化了，进而否定了文学的意义，但是，卢卡奇肯定了文学的真实性和文学存在的意义："卢卡奇今天还在说，因为文学就是真实世界的表达，所以它从来不表现某个单一阶级的假设，而是表现这一阶级与其他阶级的遭遇乃至冲突。所以它始终是整体的反映，即使阶级的视角使这种反映变了形。""只要作家还有作家的诚实，就是说，只要他提供了他所生活的世界的一个形象，作品便始终能借助于解释而触及真理。因为艺术家把客体化生活作为自己奇特的任务，文学及其周围的一切分支部门，就不再会是假的。"③ 卢卡奇认为，文学本身并不是不真实的，相反，当文学不成其为文学时，文学才是神

---

① [法] 梅洛-庞蒂：《辩证法的历险》，杨大春、张尧均译，上海译文出版社 2009 年版，第 40—41 页。
② 同上书，第 34 页。
③ 同上书，第 42—43 页。

秘的，当文学放弃了对社会整体的思考，它就只能掩饰这种整体，这时，意识就成为意识形态、控制手段还有假面具。当代资本主义文学的功能就是掩盖资本主义社会的实质，因此它成为虚假的。而在资本主义飞速发展时期，文学是保持着对人类整体的充分表达的。

通过这样的论述，梅洛-庞蒂认为，卢卡奇维护了马克思主义的哲学精髓、文化价值以及革命意义。

3. 把无产阶级的阶级意识确立为实践哲学

梅洛-庞蒂指出，卢卡奇与大部分马克思主义者不同，他把哲学不仅是作为一种意识，更是作为一种实践，"卢卡奇难能可贵的功绩——这使他的书在今天还是一本哲学书——恰恰在于，哲学在那里不是被不言明地当作教条，而是得到实践，就在于，它不是被用来为历史作'准备'，而是成了历史在人的经验中的链接本身。"①

他认为，卢卡奇赋予实践崭新的含义。恩格斯曾经说过："实践，即实验与工业"。梅洛-庞蒂对此批判道，恩格斯"这是用以可感觉之物的接触或技术来为实践下定义，并且把理论和实践的对立引回到关于抽象和具体那种庸俗的区分上去了。假如实践不过如此，那就看不出马克思怎么会让实践与作为我们与世界之关系的基本方式的沉思相竞争：用实验和工业来代替理论思想，那将是一种实用主义或一种感觉主义，换句话说，理论的整体就会还原为它的各部分，因为试验是认识的一种样式，而工业也依靠于对自然的理论认识。"② 卢卡奇正是看到了试验与工业包括不了"批判—实践的革命活动"的全部内容，于是致力于使实践"达到辩证的、哲学的"，所谓达到"辩证的、哲学的"，就是把实践与无产阶级的阶级意识联系在一起。

在梅洛-庞蒂看来，卢卡奇在论述无产阶级的阶级意识时，明确地把无产阶级的阶级意识等同于实践："在无产阶级那里，阶级意识不是心灵状态或认识，然而它也不是理论家的一种观念，因为它是一

---

① ［法］梅洛-庞蒂：《辩证法的历险》，杨大春、张尧均译，上海译文出版社2009年版，第45页。

② 同上书，第50页。

种实践，就是说，它还够不上是一个主体，却不止于一个客体，它是一种极化的存在，一种在无产者处境中、在事物与无产阶级生活的会合处呈现出来的可能性。"① 正是这样的理解，卢卡奇使马克思主义成为一种不同于以往的新的哲学，确立了无产阶级的哲学存在和历史地位。梅洛－庞蒂强调，卢卡奇把阶级意识等同于实践，解决了马克思主义的一大难题，即无产阶级究竟应该是主体，还是客体？在他看来，卢卡奇正是为了避开这种二者必居其一的选择，才引用了一种历史存在和意义的新方式——实践。卢卡奇把实践理解为阶级意识，实际上已把实践作为"交往的中间地带"，"作为这些交往的中间地带，实践刚好处在无产者的思想、感情之外，然而，卢卡奇说，它不是一种'纯粹的虚构'，不是理论家为了他自己关于历史的观念而发明的伪装，它是无产者共同的境况，是他们在一切行动层次中构造的系统，一种灵活的、可以变形的系统，它容许有各种各样的个别偏差，甚至集体错误，但它最终会使人感到它的分量，所以它是一种矢量，一种祈求，一种状态的可能性，一种历史选择的原则，一种生存的图式。"② 他说，经卢卡奇对实践这么一解释，无产者就既不单纯是主体，也不单纯是客体，而是主、客体的统一。在卢卡奇的"实践"概念里，"在实践中却存在着对这种二难选择的超越，因为实践并不服从于理论意识的设定，不服从于意识的对抗。对于一种实践哲学来说，认识本身并不是对一种意义、对一个心理对象的理智占有，而且无产者能够拥有历史的意义，而无须以一种我思的形式。"③

第四，确立了偶然性的"历史相对主义"。梅洛－庞蒂认为，卢卡奇的历史理论是一种偶然性的"历史相对主义"。卢卡奇把历史与自然作了严格的区别。在卢卡奇看来，历史与自然的差别，不仅仅是关于量的规律的知识，那样的差别是完全主观的；然而它却是客观的、性质的差别。社会发展与自然发展完全不同，社会发展只能用趋

---

① ［法］梅洛－庞蒂：《辩证法的历险》，杨大春、张尧均译，上海译文出版社2009年版，第49—50页。
② 同上书，第51页。
③ 同上书，第52页。

势去概括，无法找到精确的规律，这并不是因为我们的知识水平不够，而是社会、历史的这种存在方式本身是以"变"为根本的。卢卡奇在《历史与阶级意识》中明确说，历史不是精密的科学，科学有其固定的科学因素，而历史是人们的实践活动。

他认为，卢卡奇在把社会历史与自然加以严格区别的基础上，就否定在社会历史中存在着绝对的真理，存在着不以人们意志转移的"客观规律"。在卢卡奇看来，革命事业的整个意义并不是由任何特殊目标所完全确定的，甚至不是由革命政策一天一天提出来的目标所确定的，甚至也不是由这种政策而传播的意识形态所确定的；革命的意义，是成为革命，即是说，是普遍的批判，尤其是对革命自身的批判。卢卡奇强调，历史唯物论的特色，就是把它应用于自身，即是说，认为在一发展阶段，它的每一表述都是暂时的、相对的，并且由于反复的清洗而走向一个永远是将要到来的真理。

在梅洛-庞蒂看来，由于卢卡奇强调了社会历史中真理的可变性、相对性，从而使马克思主义获得了新的生命力。他说："作为历史的核心，真理的生成给予马克思主义一种严格哲学的价值，并使马克思主义区别于任何类别的心理主义和历史主义。"[①] 按照卢卡奇的解释，"说马克思主义向我们揭露了历史的意义，这是很肤浅的：马克思主义使我们与我们的时代及其各种偏见息息相关，它没有向我们描述将来，它没有让我们停止考问，相反，它融化了这种拷问"。马克思主义"这种'历史的哲学'，与其说是把历史的钥匙交给了我们，不如说是把历史还原为了永恒的拷问，它既没有把某种隐藏在经验历史背后的真理提供给我们，也没有把经验的历史作为真理的谱系表呈现出来"[②]。

（二）对列宁主义的批判

梅洛-庞蒂对苏联理论界批判卢卡奇的哲学思想表示强烈不满。他直言说，卢卡奇的《历史与阶级意识》仅仅想发展马克思主义辩

---

[①] ［法］梅洛-庞蒂：《辩证法的历险》，杨大春、张尧均译，上海译文出版社2009年版，第59页。

[②] 同上书，第61页。

证法，可苏联的理论家却把它当作是对马克思主义的一种修正和批判。梅洛-庞蒂认为，苏联理论界对卢卡奇的批判绝不是偶然的，卢卡奇所表达的对马克思主义的理解与苏联官方的马克思主义——列宁主义在思想路线上确实是对立的。为此，他花了大量篇幅论述了以《唯物主义与经验批判主义》为重要代表的列宁主义的主要内容，以说明它与卢卡奇开创的西方马克思主义的冲突和对立。对于列宁的哲学思想，他说："列宁写那部书，是为了再一次肯定辩证唯物主义是一种唯物主义，它预设了一个唯物主义的认识论框架（不管辩证法能给这些前提增加什么东西）。通过重申思维是大脑的产物，并透过大脑是外部实在的产生，通过重新采纳观念—映象这种古老的比喻，列宁想牢固地把辩证法确立在事物中，却忘记了：结果并不与原因相似。事物的结果，即认识，原则上说未及认识的对象，它达到的只是一个内在的复本。这样就取消了伊壁鸠鲁以来一切可以称为认识的东西，而列宁的问题本身——他所谓的存在与思维之间的关系的'认识论问题'——恢复了前黑格尔主义的认识论。"[①] 在他看来，列宁主义是一种独断论和机械形而上学，因为列宁主义没有在各种意识形态中间为知识来寻求内在的标准，也没有弄清楚知识与对象之间的关系，列宁主义将主体置于历史之外，消解了主体的自我反思和自我批判，用实证主义代替了辩证法精神。"通过把辩证法与唯物主义的形而上学嫁接起来，列宁的'认识论'保留了辩证法，但它是经过了防腐处理的，它在我们之外，在某种外部实在之中。这是用一种不透明的、被规定为第一性的'第二自然'，来代替体现在'物'中的、作为人与人之间关系的历史。在理论层面，则是以一种技术性的活动来代替全部实践，以职业革命家来代替无产阶级，——这乃是把历史运动作为知识运动浓缩在某种机制之中。"[②] 正是因为以这样的理论为指导思想，因此苏联的社会主义革命致力于建立一系列的权力机构和社会特权，而不是建立一种反思和批判意识，这些权力机构使社会

---

① [法]梅洛-庞蒂：《辩证法的历险》，杨大春、张尧均译，上海译文出版社 2009 年版，第 63—64 页。

② 同上书，第 70—71 页。

主义革命的真正意义被吞噬了，社会也出现了倒退。列宁主义并没有真正理解马克思主义辩证法的精髓。

而卢卡奇恢复了马克思的辩证法，他的文学理论由于具有辩证法的实质而与正统理论产生了分歧，但是他的文学理论所捍卫的是这样一种看法："主体性被带入到了历史中，而不是被历史所产生的；历史，作为普遍化的主体性，作为沉睡和凝结在'物'中的人与人之间的关系，并不是一种如自然世界一样受因果规律支配的自在，而是一种需要去理解的总体性。简言之，《历史与阶级意识》就是以这种主体与客体的相对化开始的。如果说现在他在著作中提出社会是一种第二自然，那么这是自然一词加上了引号，是一种比喻的说法，为的是表明我们的意识远不是与历史的辩证法共外延的，而不是让意识出自于历史，就像某一结果出自于它的原因一样。"正是在这个意义上，梅洛－庞蒂说卢卡奇恢复了辩证法的双重关系或含混性，即，"我们不仅仅只是在客观历史的全体之中，在另一种意义上，历史也完全在我们之中。"[①]

梅洛－庞蒂进一步认为，列宁虽然晚年放弃了《唯物主义和经验批判主义》一书中的基本观点，提出了一种与卢卡奇的《历史与阶级意识》相通的辩证法理论。但是他指出，列宁本人哲学思想的这一转变不能消除列宁主义与以卢卡奇代表的西方马克思主义之间的对立，因为列宁早期的思想影响巨大，特别是《唯物主义和经验批判主义》一书的基本理论，对后来的共产国际的主要理论影响巨大，尤其是第三世界的共产主义运动受到了列宁早期理论的深远影响。梅洛－庞蒂强调，列宁主义主要指列宁早期理论，即《唯物主义和经验批判主义》的内容，这些内容与西方马克思主义的基本理论是完全对立的。

梅洛－庞蒂指出：如果追溯西方马克思主义和列宁主义之间对立的哲学基础的话，可以追溯到马克思本人思想中的辩证思想与朴素实

---

[①] ［法］梅洛－庞蒂：《辩证法的历险》，杨大春、张尧均译，上海译文出版社2009年版，第75页。

在论之间的对立。"实际上，我们在马克思那里也看到在素朴实在论与辩证法灵感之间的矛盾，因为马克思是从辩证思维开始的，这种思维完整地体现在这条著名的原则中：只有实现哲学，才能摧毁哲学。实现哲学，就是要继承哲学激进主义——因此包括笛卡儿的或康德的激进主义——的一切遗产，以便把它整合到马克思主义的实践中去，并在其中重新发现这种摆脱了形式主义和抽象化的激进主义，这因此也就是要求从主观过渡到客观，要求'客体'能够抓住或体现主观，要求这两者共同构成一个单一的整体。"但是这种想要整合哲学的马克思主义是1850年以前的马克思主义，1850年以后，随着"科学社会主义"理论的创立，在马克思世界观中占统治地位的已不是辩证法，而是形而上学、素朴实在论，"在《资本论》第二版的前言里，马克思把辩证法称为'关于实存事物的积极智慧'。因此当他晚年重申自己忠于黑格尔的时候，我们不应该误解他的意思：他在黑格尔那里寻求的已经不再是辩证法的灵感，而是理性主义，为的是让这种理性主义服务于'物质'，服务于被视为一种自在的秩序、一种完全积极的外在力量的'生产关系'。问题不再是把黑格尔从抽象中挽救出来，不再是通过把辩证法托付给内容的运动本身、没有任何唯心主义前提地重新创造辩证法，而是把黑格尔的逻辑合并到经济学中去。"① 梅洛-庞蒂认为，卢卡奇所开创的西方马克思主义继承了马克思早期的辩证法，而列宁主义则把马克思后期的素朴实在论、自然主义发展到极端。正因为列宁主义者把马克思思想从辩证法到自然主义的转变看作是马克思思想的进步，所以他们往往以马克思本人已清洗了他早期的哲学理论为借口，对卢卡奇的理论也加以清洗。

从以上论述我们可以清晰地看到，在西方马克思主义与列宁主义这对互相对立的理论中，梅洛-庞蒂毫不含糊地支持西方马克思主义，认为西方马克思主义更接近真理。正因为如此，他对卢卡奇后来放弃自己的观点，转向列宁主义深表惋惜。但是，尽管如此，他在

---

① ［法］梅洛-庞蒂：《辩证法的历险》，杨大春、张尧均译，上海译文出版社2009年版，第66—67页。

《历史与阶级意识》一书中所表达的历史思想依然具有强大的力量。"从意识和存在被设定为两种面对面的外在实在开始，从作为简单反映的意识受到彻底的怀疑，作为第二自然的历史被指定一种永远不能完全消除的不透明开始，意识就再也没有任何标准用以区分自己身上什么是认识，什么是意识形态，而素朴的实在论就如同它通常所做的那样，最后以怀疑论结束。如果它想要避免这种结果，就只能通过一种强力，通过盲目地依附于某种外在机制——自在的社会过程。党，一切思想产物从此以后就只能用这个标准来衡量，依据它们与这个标准的符合与否来判别真假。没有人可以这样认为，卢卡奇尤其不能这样想，因为他是一个哲学家，是一个学者。"①

这样，我们看到，梅洛-庞蒂表达的辩证法思想与卢卡奇所代表的西方马克思主义是完全一致的，而与列宁主义是根本对立的。从根本上说，梅洛-庞蒂的辩证法是一种强调主体的人学辩证法，这与存在主义马克思主义的另一位思想家萨特的观点基本一致。

## 第三节　萨特的人学辩证法

作为存在主义哲学家，萨特②"存在先于本质"的思想为我们所熟知，在他思想后期，尤其是第二次世界大战结束后，萨特接受了马克思主义，并将存在主义与马克思主义结合起来形成他的"历史人学"思想，在"历史人学"也就是他的人学辩证法，这一思想集中体现在他的《辩证理性批判》著作中，这部著作也使他成了"存在

---

① ［法］梅洛-庞蒂：《辩证法的历险》，杨大春、张尧均译，上海译文出版社2009年版，第72页。
② 让-保罗·萨特（Jean-Paul Sartre，1905—1980），法国当代著名存在主义哲学家、文学家，也是存在主义马克思主义的主要代表。萨特出生于法国巴黎。1929年毕业于法国巴黎高等师范学校。1933年赴德国柏林，在法兰西学院研究胡塞尔和海德格尔。"二战"期间，萨特曾参加地下抵抗组织。战后与梅洛-庞蒂创办《现代》杂志。1963年，萨特成为法国"五月风暴"的精神领袖。萨特生前有大量文学作品和论著，其主要学术著作有：《自我的超越性》（1934年）、《存在与虚无》（1943年）、《存在主义是一种人道主义》（1946年），以及《辩证理性批判》（1960年）等。

主义的马克思主义"的集大成者。

## 一 人学辩证法思想

在《辩证理性批判》序言中，萨特就表明这本著作的写作目的，"我的研究目的就是要确定自然科学中的实证主义理性是否正是我们在人类学的发展中重新找到的理性，或者确定人对人的认识和理解是否不仅包含着一些特定的方法，而且包含着一种新的理性，即思想和它的客体之间的一种新的关系。换句话说，是否有一种辩证理性？"[①] 萨特认为，辩证理性之所以是辩证的，是因为只有通过辩证法才能解决这一问题，而对它所作的批判的实质是要确定辩证理性的有效性和界限，即确定辩证理性与分析理性的对立和联系。

（一）存在主义与马克思主义的相互补充

萨特认为，从早期的著作《存在与虚无》到后来的《辩证理性批判》，他的理论有了重大发展，是在存在主义基础上引入了马克思主义。这里的引入没有谁主谁次的问题，存在主义和马克思主义的结合是二者的相互改造和相互补充，既是马克思主义改造和补充了存在主义，也是存在主义改造和补充了马克思主义。主要体现在以下几个方面：第一，在早期的存在主义哲学时期，他用"自在"和"自为"的辩证法对人学进行本体论的考察，而在后期存在主义与马克思主义结合时期，他用实践的分析方法对其人学思想进行考察。第二，在早期存在主义时期，他把人的存在规定为绝对的自由，因而，自由是人的基本特征。而在存在主义与马克思主义结合时期，人的基本特征是由于存在于环境之中产生了匮乏，具有需要，克服匮乏和满足需要则要通过人的实践活动。而实践是人类克服匮乏，满足需要的总体化努力。第三，在早期存在主义时期，他认为存在的悖论在于人是自为的存在，但是却总是处于偶然性之中，而在后期思想中，他认为存在的悖论在于匮乏与需要的悖论，即由于人的各种需要使匮乏在人的生活

---

① ［法］萨特：《辩证理性批判》（上、下），林骧华等译，安徽文艺出版社1998年版，第3页。

中时时存在。第四，在早期思想中，人的总体特征就是无条件地自由，自由的人是世界的中心，人能自由地选择并超越自身，不断向未来迈进。而在后期思想中，人不是无条件自由的，人是受各种条件限制的，尤其是受既定的、从过去承继下来的条件的制约性。在萨特看来，马克思主义比存在主义高明的地方在于它总是用整体性或总体性来思考历史的进程，存在主义与马克思主义的结合就是使存在主义获得总体性，"存在主义像马克思主义那样研究经验，以便从中发现一些具体的综合；它只有在一种运动的和辩证的整体化内部才能想象出这些综合，而这种整体化正是历史，或者——从纯文化的角度来看——正是'哲学—的—变异—世界'。"①

(二) 对马克思主义的批评和改造

萨特不仅在后期接受了马克思主义从而对早期的存在主义进行了改造，更重要的是，他用存在主义思想对马克思主义进行了改造，从而形成了自己独特的存在主义的马克思主义理论。

1. 对当代马克思主义的批判

萨特对马克思哲学评价很高，在他看来，哲学史只有三个时代是可以用哲学家的名字来称呼的，一是笛卡儿、洛克的时代；一个是康德、黑格尔的时代；最后一个就是马克思的时代，也只有这几个思想家的理论可以称为哲学，除此之外的其他哲学家都是寄生在这些哲学之中的思想体系，存在主义也不例外。但是，当代的马克思主义者却没有继承马克思思想的精髓，他们使马克思的理论成为一种客观的结构，使历史唯物主义成为一个抽象的结论，萨特称之为"人学空场"，"当代马克思主义在偶然性方面抛弃了人类生活的一切规定性，并且不保留属于历史整体化的任何东西，只保留有其普遍性的抽象轮廓，结果它完全失去了人的含义"②。也就是说，在他那个时代的马克思主义者普遍缺乏人的观念，他们使马克思主义成为历史决定论和机械论，因而使马克思主义变得停滞、僵化，失去了生命力。具体来

---

① [法]萨特：《辩证理性批判》，林骧华等译，安徽文艺出版社1998年版，第28页。
② 同上书，第71页。

说，主要表现在：

第一，当代马克思主义者割裂了理论和实践的联系。萨特认为，"马克思主义已停止不前。正是因为这种哲学希望改变世界，因为它的目标是'哲学的变异——世界'，因为它的希望是实践的，所以在它之中发生了一种真正的分裂，把理论扔到一边，把实践扔到另一边。"① 马克思主义不再是关于资本主义社会无产阶级解放的理论，而是一种关于历史的抽象和僵化的绝对知识，它凸显的是历史的客观结构。当马克思主义只是一种知识体系时，世界和人被放置于辩证唯物主义的模子里，理论失去了生命力，甚至成为某种意识形态强迫人与物屈从，如果人们的经验生活没有证实理论，人们的经验就是错误的，"理论和实践分离的结果，是把实践变成一种无原则的经验论，把理论变成一种纯粹的、固定不变的知识。"②

第二，当代马克思主义者将个别性消融于普遍性中。理论和实践的分裂导致当代马克思主义者在研究人和历史的关系时总是将个别性消融于普遍性中。一方面，在历史必然性面前，个人的偶然性是微不足道的；另一方面，历史由于个人主体性的消失成为强制的知识，不被人所理解。"马克思主义有一些理论基础，它包括了人类的整个活动，但它不再知道任何东西：它的概念是一些强制；它的目的不再是获取知识，而是先验地构成为绝对知识。"③ 更为严重的是，当代的许多马克思主义者在解决现实生活的人或事物的具体问题时，所用的方法是用马克思主义现成的公式和理论解决具体问题，用理论的整体性消融了具体的实践，"这种方法不能使我们感到满意：它是先验的；它不是从经验中得出自己的概念——或者至少不是从它力图了解的新经验中得出的——它已经形成了这些概念，它已经确信它们的实在性，它将所构成性模式的角色分配给它们：它唯一的目的是把被研究的事件、人或行为放入预先制造好的

---

① [法]萨特：《辩证理性批判》，林骧华等译，安徽文艺出版社1998年版，第22页。
② 同上。
③ 同上书，第27页。

模子。"①

第三，当代马克思主义只强调经济基础对人的决定作用，抹杀人的主动性和创造性，萨特认为，经济关系并不能说明历史发展进程中人与人的关系，事实上，它只是决定人与人之间关系的一个环节，还有许多其他的环节，这需要从人们的具体实践活动中去探寻。当代马克思主义者只关注经济条件对历史与人的决定作用，却忽视历史是由人创造的这一事实。他们只关注生产关系，却忽视了人与人的其他关系。当然，经济和社会环境确实对人起着非常关键的作用，但是所有的环境和条件都是人创造的，人在条件的制约下不断地创造着历史。当代马克思主义者把现实的具体的人消融于历史和环境中。同时，当代马克思主义者只关注人的阶级属性，而忽视了人的其他属性，现实的人就这样地变成了被动者，失去了人的自为性和多样性。

2. 对马克思主义的改造

萨特认为，马克思主义由于"人学空场"导致了僵化和停滞，而存在主义会使马克思主义摆脱僵化，获得生命，"面对这种双重的无知，存在主义得以再生并保存下来，因为它重新肯定人的实在性，就像基尔凯郭尔在反对黑格尔对人权及对现实的观念。"② 在萨特看来，存在主义本质上是一种以具体的个人存在为考察对象的哲学。因此，要将存在主义与马克思主义结合起来，使马克思主义获得一种新的人学观念，从而改造马克思主义。

3. 对辩证法的改造

萨特认为，辩证理性就是要考察历史的可理解性，而这种可理解性必须通过历史自身的辩证法来确立，因此辩证法只能是一种历史辩证法，但是当代的马克思主义者却将它理解为辩证唯物主义或自然辩证法。萨特强调，必须把辩证唯物主义与自然辩证法从马克思主义中清除出去。他从辩证法的来源和内容两方面指出了辩证法的实质。

第一，关于辩证法的来源问题。萨特认为"辩证法就是整体化法

---

① ［法］萨特：《辩证理性批判》，林骧华等译，安徽文艺出版社1998年版，第35页。

② 同上书，第27页。

则，如果存在辩证法，它只能是由整体化的个体的一种多元复合性操纵的各种具体整体化之总体整体化。"① 这里的整体化指的是实现整体的过程，它与整体性不同，整体性是整体化的结果，"整体性被确定为一种存在，这种存在由于同它各个部分的总和截然不同，所以以这种或那种形式重新完全处于每一个部分之中，它或者通过它同它的一个部分或好几个部分的关系，或者通过它同它的所有部分或好几个部分之间保持联系的关系而同自身发生关系。"② 而整体化是"正在进行的行动"或实现整体的运动，整体性是"整体化的一种调节性因素"，是被总体化的，而整体化是总体化活动本身。既然辩证法就是整体化，而整体化又是以个人实践为基础的，因此，辩证法的源头是"个体实践"，"全部历史辩证法寓于个体实践，因为它早已是辩证的，也就是说，行动自身是矛盾的否定性超越，是以未来整体化的名义对现在整体化的规定，是物质的真正有效运作。"③ 这里的个体是指具体的、现实的个体，整体化就是在具体的个人的实践基础上形成的社会整体化。而实践，萨特认为："实践是通过内在化则客观向对象的过渡；计划他为对象向客观性的主观超越，在环境的客观条件和可能性场域的客观结构之间的展开，它在自身中代表了主观性和客观性这些活动的基本规定性的运动统一。"也就是说，实践是主体与客体的相互作用与统一。这样，以个人的实践为基础的辩证法只能被限制于社会历史领域，而不适用于自然界，辩证法只能是一种历史辩证法、人学辩证法，而当代马克思主义者的根本错误，就在于他们不是从个人的实践，而从作为人的对象的自然界中去获得辩证法，这样，他们就使辩证法变成了脱离人的，从而也失去了一切丰富内容的抽象的教条，自然辩证法"拒绝承认思想本身是一种辩证活动，而是将它带入一般辩证法，用散入宇宙的办法将人消除"④。这种辩证法

---

① [法]萨特：《辩证理性批判》，林骧华等译，安徽文艺出版社1998年版，第171页。
② 同上书，第179页。
③ 同上书，第216页。
④ 同上书，第158页。

不再是人类历史自身的辩证法,而是历史按照自然规律的一种演化,"人类历史只不过是自然历史的一种特殊形式",辩证法变成了形而上学的公式,变成了历史决定论和宿命论。因此,必须抛弃当代马克思主义者把辩证法作为自然辩证法的观点,从辩证法的源头来理解辩证法,即从个人的实践中去理解辩证法。这种辩证法就是人学辩证法,即把辩证法的存在以及对它的理解都归结为个人的实践,并且这种"人学辩证法"是作为存在的人和人和人类普遍适用的方法和规律。

第二,辩证法的内容。萨特认为,辩证法就是整体化,这样就排除了把辩证法的内容定义为客观世界范畴和规律的观点。在他看来,人类社会历史表现为一种整体性的形成,整体化以人类实践为基础,因此,整体化运动不可能存在于自然界,而只能存在于人类社会中。在萨特看来,整体化是双重运动,一方面,整体化是个体的多元复合性关系及其结构的实践活动;另一方面,它也是环境的客观条件和可能场域的动态变化,即人的对象化活动及其结果,"整体化具有同整体性相同的地位:通过多元复合性,整体化继续进行综合的工作,这种工作把每个部分变成整体的一种表现,并通过各个部分的中介把整体和自身联系起来,但是,这是一种正在进行的行动,这种行动在多元复合性未恢复自身原先地位之前不会停止。这种行动勾勒出一个实践场域,这种实践场域作为实践的未分化的关联,是那些需要聚合的整体的形式统一;在这个实践场域内部,这种行动企图对分化最大的多元复合性进行最严密的综合。因此,多元复合性通过一种双重运动而无限增加,每个部分同所有其他的部分以及正在形成的整体相对立,而整体化的活动加强了所有的联系,并把每个已分化的成分变成它对其他所有成分的直接表达和中介。从这点出发,辩证理性的可理解性就不难被确定;这种可理解性正是整体化的运动。"[1] 这样,在萨特那里,辩证法就是在个人实践基础上历史的整体化运动,这是辩

---

[1] [法] 萨特:《辩证理性批判》,林骧华等译,安徽文艺出版社1998年版,第180页。

证法的根本内容。这也就解释了为什么自然界没有辩证法：因为自然界既没有人类的实践活动，也没有整体化运动。萨特认为，人是外在于自然界而内在于社会历史的，因此，人是与社会历史构成一个整体，而不是与自然界构成整体。同时，自然界对人来说具有一种黑格尔所说的恶无限性，恶无限不可能构成辩证法和整体性，也不可能通过人的实践来实现整体化。

### 4. 对历史唯物主义的改造

萨特虽然抛弃了辩证唯物主义和自然辩证法，接受了历史唯物主义，但他对历史唯物主义也是批判地接受。他认为，历史唯物主义具有合理性，但是缺乏现实性，要想让历史唯物主义具有现实的合理性，必须将存在主义与马克思主义结合起来。

在萨特看来，历史唯物主义的方法是总体化方法，也就是整体分析法，总体化方法是从具体的整体性出发来研究历史，即把人置于历史的框架之内，揭示历史的整体性。"他研究的中心是具体的人，这种人同时由他的需要、他生存的条件和他劳动的性质，即他反对事物和人的斗争的性质来确定。"① 这种方法是马克思主义的特色方法，马克思对历史事件的研究就是如此。萨特称之为"渐进的"的方法。但是这种方法在当代的马克思主义者那里却成为一种僵化的抽象的方法，"他们认为在历史过程中发现了客体，在客体中发现了历史过程。实际上却是用一整套直接引证原则的抽象论述来取代两者。"② 因此，仅仅使用"渐进的"方法不能够完全把握历史的整体性，还需要对活生生的个人及其活动进行分析，萨特称之为"逆退式"方法，这两种方法的结合，就是"渐进—逆退式"方法，萨特也将它称为"双向往复"的方法，它是指在对历史进行整体化考察时，充分重视个人的生活经历、情感、心理方面的考察，而在对具体的人进行考察时，也必须将他作为历史与时代中的人。"在深入了解时代的同时逐渐确定个人经历，在深入了解个人经历的同时逐

---

① ［法］萨特：《辩证理性批判》，林骧华等译，安徽文艺出版社1998年版，第15—16页。

② 同上书，第109页。

渐确定时代。"①

这样，以"渐进—逆退式"为方法，以个体实践为基础，萨特建构了他的人学辩证法，也称为历史人学。

人学辩证法的基础是个体的实践活动，而不再像历史唯物主义所说的那样是人类的实践活动，那么为什么个体的实践活动会发生呢？萨特认为，人对物的需要构成了主体和客体的内在关联，导致了个体实践的产生，因此，人学辩证法的真正开端是需要，"一切事物都可以通过需要来解释；需要是物质存在和人同他所从属的物质集合体之间最初的整体化关系。这种关系是意义单一的，是内在性的。"② 也就是说，人为了生存，产生了对物的需要，这种需要是单向的，是人的内在性需求。"正是通过需要，最初的否定之否定和最初的整体化才在物质中显现。需要就是一种否定之否定，因为它表现了自身在有机体中是一种缺乏；而且由于有机整体倾向于通过积极性保留它自身，因此需要就是一种积极性。"③ 也就是说，需要使有机体与外界产生了一种内在性关联，而需要的满足则是有机体通过对无机物的否定之否定来保留自身。除了这种内在的积极性之外，需要还表现为外在的消极性方面：由于有机体的生存需要环境为其提供物质，这就需要有机体在环境中将自己和自己的活动外化为物质性，服从于环境的整体性。"在实际的情形中，分子以吸收营养的内在性方式被控制和充实到同永恒的整体化紧密协调，然而从外在性的角度来观察，生命体服从于一切外在的法则。在这个意义上，人们可以说，在它以外的物质将生命体从属于一种无机规则，以至于它自身转变为一种整体性。"④ 这样，有机体与其他无机物一样服从宇宙的法则，这就使他自身陷入危险之中，"如果要在自然中发现它的存在，或保护自己免遭毁灭，那么有机整体应该将自己转变为惰性物质，因为它只是一种

---

① ［法］萨特：《辩证理性批判》，林骧华等译，安徽文艺出版社1998年版，第109—110页。
② 同上书，第216页。
③ 同上。
④ 同上书，第218页。

可能改变物质环境的机械系统。有着需要的人是一种有机整体,他永久不变地在外在性的环境中将需要变成他自身的工具。有机整体通过一个惰性的中介作用于众多的惰性体,惰性体是自在的和自为的。有机整体是惰性的,正如它早已服从于一切向它自身揭示为纯粹消极性的力一样;它使自身在它的存在中变成惰性,因为它只有是外在的,并通过惰性本身,才使一个物体在外在性环境中作用于另一个物体。生命体对惰性的作用可以直接地或通过另一个惰性体的中介来行使。在这痛苦和那顾客规划我们把中介因素称作工具。"① 这里,萨特描绘了实践的过程,也就是说,人的实践活动产生于需要,而需要的满足就是实践实现整体化的过程,一方面,实践将满足需要作为自己目的,并将这一目的作用于环境,这是对环境最初的否定;另一方面,而当生命体利用工具这个惰性体作用于其他无机物的惰性多元性并实现自身与环境的整体化时,就构成了对环境否定之否定,这是一种新型的整体化。劳动就是典型的实践整体化活动,"人的劳动,即人借以产生和再造他生活的原初实践,完全是辩证的:它的可能性和它的永恒必然性落在统一有机体的内在性同环境之间的关系、无机序列和有机序列之间的深刻矛盾上,两者都呈现于每一个人。它的最初运动和它的根本特点由双重矛盾的转化来界定:计划的统一性赋予实践场域以一种半综合的统一,而劳动的关键契机是有机体在劳动中使自身变成为惰性,目的是改变周围的惰性。"②

既然个体实践作用于环境是一种整体化活动,那么为什么个体的活动会异化呢?萨特认为,这是由于匮乏。"人类的总体发展,至少迄今为止,一向是在同匮乏作艰难的斗争。已定的和社会化的特质化的消极行动的基础就会转变成匮乏的原初结构,最初的统一性通过人会递到物,又通过物回到人。"③ 匮乏与需要是联系在一起的,有需要就有匮乏,但是,是不是人类的需要满足了之后,匮乏就解除了

---

① [法]萨特:《辩证理性批判》,林骧华等译,安徽文艺出版社1998年版,第218页。
② 同上书,第227页。
③ 同上书,第262页。

呢？萨特认为，"匮乏是我们历史的一种基本关系，是我们同物质性的单一关系的偶然性规定。"① 因此，匮乏是伴随着人类历史的永恒现象，随着人类社会的发展，人口的增长，人的需要的多元，匮乏不但不会得到克服，反而会加剧。在萨特看来，人的实践活动就是与匮乏作斗争，"匮乏是人同他的环境、人同人之间一种真实的、经常性的张力，永远可以用来解释一些根本的结构（技术和习俗制度）——这并不是说它是一种真实的力量，它产生了这些结构，而是因为它们是由人在匮乏的环境里产生出来的，即使在他们试图超越它的时候，它们的实践也使这种匮乏内在化。"② 因此，匮乏不仅使人的实践活动成为可能，同时也规定着以这种实践活动为内容的人类历史。"实践根据人的根本计划，为他自己或者为群体而超越匮乏，这不仅是死亡的威胁，同时也由于直接的受难，并且作为原始关系同时通过人构成自然和通过自然构成人。"③ 这样，实践作为人与自然物的相互作用是人通过主体的计划使自然按照人的需要向人生成，但是，自然有其内在的规律和固定的内容。这样，人在实施自己的计划时也必须考虑自然本身的要求和规律，因而人的实践活动必然受到自然或自然物的制约，从而沾染上物的惰性，"物在自身中使作用于它的行动异化，这并非因为它自身是一种力量，甚至也不因为它是惰性，而是因为它的惰性允许它吸收他人的劳动力，并且转而使它反对每一个人。在消极否定的契机中，它的内在化匮乏使每一个人对他们都显示为他人。在劳动契机中——这是人类契机，人在这种契机中在间生他的生活时也使自己客观化——客观化的惰性和物质外在化意味着无论人类关系是何种其他样式，它总是一种界定人为他人、将他们构成为其他种类、构成为反人类的产物；人正在这种产物中产生他自己的客观性，反过来又成为他们的敌人，将他们构成为他人。"④ 于是，人的实践

---

① ［法］萨特：《辩证理性批判》，林骧华等译，安徽文艺出版社 1998 年版，第 264 页。
② 同上书，第 266 页。
③ 同上书，第 277 页。
④ 同上书，第 263 页。

在实现自己目的性的同时，也使实践的结果具有物的特点，构成了自身的反合目的性，萨特称之为"实践—惰性"。这种"实践—惰性"作为实践的物或产品既具有积极的意义，也具有消极的意义：一方面，"实践—惰性"作为一种实践的定型物保留了实践活动的印迹，使人类历史实践以物的形式保存下来；另一方面，"实践—惰性"也使劳动外化为物，因而也使人的劳动本质成为可以和人相分离的物的形式，并与人相对。萨特认为，定型物产生之后，人的实践活动就以物的形式被保存下来，人的计划、行为失去了人的特性，以物的存在表现出来，同时，人所创造的价值和意义也通过物的形式表现出来，并替代人规定和制约着人的活动。"物质化的实践凝结在物的外在性之中，就把共同的命运强加给互不了解的人，同时通过它们的存在本身反映并加强了个体之间的分离。"① 这就是物对人的统治，也就是异化。

在萨特看来，匮乏不仅可以作为人与物之间的关系，而且是人与人之间的关系，"从抽象意义上可以将匮乏看作一种个体同环境的关系。从实践的角度和从历史的角度来看，由于我们存在于一些特殊情景之中，所以环境就是一种现成结构的实践场域，它将第一个人同集体结构联系起来。这些结构中最根本的是作为对人的多元复合性的（对这种具体的多元复合性的）否定性统一的匮乏。"② 匮乏是人与人关系异化的根源，"人的存在对于每个人来说都是非人的人，作为一种异化的种类，这并不必然意指那种冲突早已内在化，并成为一种为生存的奋斗。它只意味着第一个人的纯粹存在被匮乏界定为同时对另一个和对每个人经常性的非存在的危险，或者可以说，这种经常性的湮灭自我和湮灭每一个人的危险并非我仅从他人所见的事物。我自己就是那种危险，因为我就是他人，并且被环境的物质实在性指定为对他人来说的潜在剩余性。"③ 这里，萨特将存在主义"他人就是我的

---

① ［法］萨特：《辩证理性批判》，林骧华等译，安徽文艺出版社1998年版，第324页。
② 同上书，第266—267页。
③ 同上书，第269—270页。

地狱"的观点应用于异化理论中，赋予了异化以本体论内容，在他看来，由于需要和匮乏的存在，人与人的异化也就产生了。

这样，萨特对马克思的历史唯物主义进行了改造：辩证法的基础不是人类的实践在，而是个体的实践；异化不是产生于分工，而是产生于匮乏；实践活动的结果不是异化的消除而是实践—惰性。可以看出，这种历史理论与马克思的理论有很大的不同。

5. 个人与社会的关系

从以上论述我们知道，萨特使历史辩证法开始于个体的实践，而个体的实践不可避免地带来"实践—惰性"的结果。在萨特看来，这种"实践—惰性"表现为两种形式：一种形式是异化的定型物；另一种形式是异化的集合体。这第二种形式就涉及个人与社会的关系，这一重关系也是理解历史的重要因素，"人仅仅在特定的环境和社会条件下才为人而存在，所以每一种人类关系都是历史的。然而历史关系就是人的关系，因为他们总是被定为实践的直接辩证结果，也就是说，是在一个单一实践场域内部多元性活动的直接辩证结果。"[1] 也就是说，虽然辩证法是个体的实践，但是，人类社会的实践形式却更多地表现为人与人之间进行"多元性的"实践。

萨特将人与人之间的关系具体分为两种不同的形态：集合体和群体。"集合体"是日常生活中松散地集合起来的人群，它的组织化程度最低，人们的结合是由于某种外在的未能意识到的原因，而不是人们自觉、自愿的结合。在萨特看来，集合体表面上看来具有某种同一性，但实际上，每一个人都是分离的个体，他们之间存在着根本的差异，"每个人之间的同一是作为他们存在的他们规定性之外的同一，现在的出现则是他们共同的相异性。"[2] 例如：一群人等公共汽车，大家互不相识，除了都要乘车外，没有任何共同点。而争夺座位（匮乏）又使他们成为潜在的敌人。"集合体"的实践完全是"惰性"的、随意的，他们没有统一的目标，也没有什么共同的计划，这种

---

[1] ［法］萨特：《辩证理性批判》，林骧华等译，安徽文艺出版社 1998 年版，第 235 页。

[2] 同上书，第 412 页。

"集合体"的存在是一种偶然性，随着外在原因的消失，"集合体"也就不存在了。"这种关系是大城市居民的特点，因为他们聚集在一起，却没有被劳动、斗争或任何其他活动融入一个对他们来说是共同的、有组织的群体。事实上，首先必须指出，这里的是孤独的多元性：这些人彼此间漠不关心，互不说话。"① 萨特称之为"实践—惰性结构"。

"集合体"由孤独的个体构成，人与人之间是一种实践—惰性结构，因而他们无法组织起来。但是，"集合体"有被组织起来的可能，如果他们因为某种共同的实践组织起来，就形成了"群体"。"群体"是人们按照规定的共同目标组织起来的共同实践关系，"群体的形成从一种共同的需要或危险开始，并同决定其共同实践的共同目标来确定。"② 萨特将群体分为不同的形态等级，最初的形态是"并合中的群体"，"并合中的群体"是在一个敌对的实践压力下形成的、有共同的目标和需求的群体。萨特举了1789年巴黎人民起义的例子，群众在君主专制制度的威胁面前，具有共同的利益和目的，形成了一股共同的力量。这种群体还没有形成有序的组织，只是由于一个外部事件引发的从众行为，在形式上类似于集合体，但是，并合中的群体中的人与人之间的关系不是孤独的、离散的相异关系，而是一种相互作用关系，这种相互作用是通过第三者的中介而达到的，"这是一种我们称之为是中介相互性的人类关系（这种关系对群体的分化特别重要）。我们将会看到，这种中介是双重的，因为它既是第三者之间的群体中介，又是群体和其他第三者之间的每个第三者的中介。"③ 也就是说，并合中的群体的每一个个体都是通过第三者发生关系的，他们原本是分散的，相互之间一无所知，但在第三者的眼中，他们有共同的目标，因而能够形成一个整体。并合中的群体的每一个人都可以起到第三者的作用，"在这种与第三者的关系中，每一

---

① ［法］萨特：《辩证理性批判》，林骧华等译，安徽文艺出版社1998年版，第407页。
② 同上书，第511页。
③ 同上书，第529页。

主体对他自己和对别人来说，既是主体又是客体。"① 因此，在这种群体中，不存在人与人之间的对立，每一个个体要想实现自己的自由就必须捍卫他人的自由。群体的共同实践是由每一个个体的实践构成的，萨特因此将并合中的群体的实践称为被构成的辩证法，它以每个个体的实践为基础。但是，并合中的群体是不稳定的，他们由共同的目标或敌对的压力形成，一旦这个共同的目标或压力消失，这种群体就会重新回到集合体状态。

由于并合中的群体的不稳定性，人们希望形成稳定的群体来进行新的实践。那么，怎样才能使群体稳定下来呢？萨特认为，集体宣誓是防止群体解体的方式，每一个个体通过誓言隶属于群体，这个群体是一种新的形态，即有组织的群体。在萨特看来，誓言不是强制的，而是每个个体的自愿宣誓，宣誓之后就意味着个体的自由被群体的共同的自由所代替，每一个个体都要自觉服从于群体，"我对第三者发的誓言在开始时具有一种共同体的向度，它直接并且通过众人而触及每个人。"② 在这个群体中，人与人之间是平等的，他们是一种"兄弟关系"，他们相互尊重、相互帮助，通过誓言维系群体的共同实践。在誓言的基础上，有组织的群体还要将群体中的个体组织起来，让他们在组织中承担一定的工作或任务，使个体成员通过在组织内的不同分工使群体成为有机的整体，确定每个个体的功能，"功能被同时确定为一个需要完成的任务（一个根据超验性客体确定的行动）以及每个共性个体同所有他人之间的一种关系。这不是一种纯粹的逻辑上的和形式上的关系，相反地，我们知道，它总是对权利——义务张力的一种规定性，即提供了正在组织的一个团体的客观的和内部的联系。"③ 但是，誓言只是一种口头承诺，分工的规定也不存在法律意义，一旦有个体违背誓言或打破分工，有组织的群体就面临解体的危险。因此，有组织的群体内部一般都存在一定的暴力来强制维系群体

---

① [法] 萨特：《辩证理性批判》，林骧华等译，安徽文艺出版社1998年版，第537页。
② 同上书，第583页。
③ 同上书，第633页。

的稳定性。这样，有组织的群体显示了与并合中的群体的不同之处，并合中的群体的个体是自由的，而有组织的群体的个体是不自由的，强制和暴力剥夺了他的自由。在萨特看来，有组织的群体由誓言到分工是群体的组织化程度日益加深，但组织化程度的提高却使人越来越不自由，人们为了克服外在的惰性而组织起来群体又形成新的惰性力量压抑着个人，这就是人的异化。

随着组织化程度进一步提高，组织的群体会通过各种制度把群体的组织结构和个体的分工固定下来，这种制度化的群体就是"机构"。"机构"通过各种制度和规范固定个人的功能和人与人之间的关系，制度成为凌驾于机构所有成员之上的超越性力量支配着个体的活动，个体的活动必须服从于制度的规定，从而又沦为一种新的实践—惰性。萨特认为，机构的最高状态就是国家，而权威的统治构成了机构这种制度群体的一般形态，"权威只有在机构的层次上方能在自身的完全发展中表现出来。必须有机构，即无能和群性的复兴，目的是为了承认能力，并从法律上保证它的永久性；换一种说法就是，权威务必以惰性和系列性为根基，因为它是被构成的能力。"[①] 于是，机构的领导者出现了，他或者通过暴力产生，或者通过选举产生，总之是要固定为最高的权威。也就是说，机构或国家的出现是为了否定惰性或无能状态，它并不是个体自愿结合的产物，而是在实践—惰性的基础上以权威的方式对个体的统治。这样，个体在国家中失去了自由，实践由原来的个体实践变成了惰性实践，国家成为外在于人的异化力量。苏联的国家模式就是这样的权威机构。萨特认为，当国家成为外在于人的力量时，一旦它对个体产生威胁或使个体陷入危险时，个体就会重新结成并合中群体来反抗国家，甚至推翻国家，从而重新成为集合体状态。因此，在萨特那里，辩证的历史实际上体现为"集合体——并合中的群体——有组织的群体——机构"这样一个序列的循环，历史的各个环节和结构正是

---

① [法]萨特：《辩证理性批判》，林骧华等译，安徽文艺出版社1998年版，第787页。

在这种历史的整体化中体现出来的。

### 二 对自然辩证法的批判

在《辩证理性批判》中，萨特将辩证法确定为历史辩证法，并将自然辩证法从辩证法中驱逐出去，而后，萨特在巴黎举行的一次哲学讨论会上的发言中，进一步表明，自然辩证法是不可能存在的，并阐述了自己的辩证法思想。我们可以通过这一发言，进一步把握他的辩证法理论的实质。

萨特认为，自然界本身并没有什么辩证法，辩证法只存在于人类社会历史中。具体来说，他从以下三个方面进行了阐述：

（一）恩格斯的自然辩证法是他把马克思历史辩证法照搬到自然领域中

在萨特看来，恩格斯简单地把历史辩证法应用于自然领域，这是一种知识类比的方式。现在的一些学者也从知识统一性出发，来理解人与自然及历史的关系，"他们是以什么名义提出这种见解的呢？是以我们全都承认的一个原理的名义提出来的，那就是关于知识统一性的认识论原理。必须有一种统一的知识，而且在同理解历史切实有关的地方，已在要求还其知识的统一，因为历史是历时的（即通过时间的）又是共时的（即在同一时刻之内）总体化，而且这两者又不能彼此分离。照现代某些马克思主义者看来，知识的统一性表现在存在的一元论。这种统一要求本质自身利用辩证的方法，要求各门科学的对象（物理的、化学的或有机的）本身即是辩证的对象。"① 对于这一观点，萨特认为，"这种观点是一种真正的发现呢，还是把一种在个别知识领域中极易理解的原理类比地扩大（不科学地外推）到其他一切领域去了呢？首先，这意味着无论什么自然的过程原则上都是辩证的；其次，这意味着人被投入自然之中，人类历史的辩证法本身受自然事实总体的制约。"② 这一理由的实质是，抹杀社会现象与自

---

① ［法］萨特：《科学与辩证法》，载《外国哲学资料》（第四辑），北京大学外国哲学研究所编译，商务印书馆1982年版，第157页。

② 同上。

然现象的区别，打着"知识统一性"的旗号，只因社会现象是辩证的，就武断地得出结论，自然现象也是辩证的。

萨特认为，人是生活在自然之中的，人类生活现象与自然现象有着密切的联系，但是，两者毕竟有着根本的区别。在这种情况下，就不能寻求适合于人类生活现象与自然现象的普遍规律，不能认为适合于人类生活现象的规律对自然现象也是适合的。在萨特那里，人处于历史的核心，因此历史辩证法是内在于人的，而自然是外在于人的，自然如果有辩证法，它也是不可能为人所理解的。他举例说，"寒冷对于人来说并不是一种由自身有辩证性的现象；它本身是什么并不怎么重要。它是此地人群生存的一个常定的条件，把他们的社会观察一下，我们就会发现这个社会是为了与寒冷搏斗，有时则甚至是为了从寒冷获益而组织起来的。"① 基于这样的分析，他得出结论："我们可以说，在人的水平上是有一个辩证真理的，它是完全可以理解的，而且一旦被理解了，它就在已知的自然环境的作用下确定着自己，但是谁也不必要肯定它自身即是自然辩证法。"②

（二）自然界不存在总体化运动

萨特认为，"自然辩证法"是否存在，关键在于对辩证法的性质要有一个明确的认识。他在《辩证理性批判》一书中已作了详细论述，在此，他则加以进一步的分析。他说："辩证的规律就是社会被我们自己所总体化和我们自己被社会运动所总体化。简言之，辩证法不是别的，只不过是实践。同时，实践就是产生和保持自己的整体，也可以把它叫作行动的逻辑。"③ 萨特详尽地考察了自然界的性质，强调自然界不存在总体化过程。他说，"因为物理学家置身于离人更为遥远的水平上"，所以可以通过分析物理现象来加以说明。物理学家根据他的经典物理学知识认为原子核的质量并不构成元素的质量总和这就表明，原子是一个整体，一个总体，并且内部被一种规律，一

---

① ［法］萨特：《科学与辩证法》，载《外国哲学资料》（第四辑），北京大学外国哲学研究所编译，商务印书馆1982年版，第158页。
② 同上。
③ 同上书，第163页。

种频率制约。萨特认为，这只是物理学家的回答，而不是哲学家的回答。全部的关键在于，上述的这些物理的形式与历史所昭示于我们活动的总体并不是同类的现象，在他看来，只能承受系统形式，本身并不能产生系统形式的称不上是一种总体，"这不是一个被创造的总体，它是一个综合，是我们通过经验程序来核实的一种综合，是我们发现其为某些实在的经验特性的那种综合"。①

萨特进一步分析说，辩证规律的可理解性只是这样一些事实，即规律是一种总体化运动的特殊化，这种总体化运动是永远在继续并构成作为总体的社会。从整体的角度来看，社会永远在组织自己，改革自己，重新塑造自己。就某种水平的现实是辩证法的这一条件而言，它的一切特征都是与整体联系着的。因此，马克思的辩证法是以总体性为内涵的，"对于马克思来说，具体的总体是从直观发现的。这个直观起初无疑是被客观现象引入歧途了，但是当它通过研究而扩大并深入底蕴时，它就又再一次发现自己是对整体的直观，而且是对整体甚至在其现象中总体化贡献的直观。在这种情形中我们自己（就我们形成社会而言）是具体的整体。而且就我们产生这个整体而言，我们是这个整体。这样，辩证法就被发现为在产生社会的这个运动之内对社会内在性的理解。"② 在萨特那里，辩证法既是历史的存在又可以作为历史的方法，存在与方法的统一也是总体化的一个表现，"辩证法，作为存在又作为方法，从总体的观念来看，是可以具有一种意义深远的可理解性而且是半透明性的：被视为心身相关的总体化过程的个人是被整个历史总体化过程所总体化了的，因此，认识对存在有一种经常的适应。"③

从上述萨特对辩证法的性质的分析中可以看出，他把辩证法等同于总体化。他认为，决定自然界是否具有辩证法的关键在于，按照自然界的性质，它是否具有总体化运动，因而可以把自然界是否具有辩

---

① ［法］萨特：《科学与辩证法》，载《外国哲学资料》（第四辑），北京大学外国哲学研究所编译，商务印书馆1982年版，第162页。
② 同上。
③ 同上书，第155页。

证法的问题归结为自然界是否具有总体化运动的问题。

（三）承认自然辩证法的存在势必带来灾难性的后果

萨特认为，承认"自然辩证法"的存在，会在理论上带来灾难性的后果，会葬送整个马克思主义。他所列举的不良后果有：

第一，使辩证法的可理解性消失了。他说：自然界"这样的一些系统不是真正辩证的，因为这些总体不是发生的总体，而是一些没有历史的结构，而且外在性是它们的规律。因此，当人们自诩要把辩证法输入自然界时，辩证法的可理解性也就消失了。"①

可理解性概念是萨特辩证法中的核心概念之一。什么是可理解性？按照萨特的解释，它指的是易懂性、明晰性和自明性，即对意识的可知性，对于理性解释的可能性。在他看来，把辩证法局限于社会历史领域，辩证法就具有可理解性的特点，可一旦超出了这一领域，这一特点就消失了。"对于马克思，正如对于黑格尔一样——尽管他把辩证法头足倒置了——正是人类现实的总体这个观念使得人类现实发展的每一辩证的环节成为可理解的。"② 他认为，自然辩证法是不可理解的，它既不能说明自然如何从最复杂的形式过渡到最简单的形式，也无法说明自然物构成的内在性与外在性的关系，更无法指出范畴之间的相互作用，因而不可能真正指出其间存在的辩证关系。

第二，妨碍人的主观性、人的自由的发扬。萨特认为，一些马克思主义者之所以要肯定自然辩证法的客观实在性，根本目的是为了用它来论证"人类在本质上是由客观实在所决定，而人的主观性是客观实在的反映"这一观点。在他看来，肯定自然辩证法的客观实在性，就会妨碍人的主观性和人的自由的发扬。坚持自然辩证法的客观实在性则必然导致"关于自然总体的外在的亦即所谓辩证的理论的独断论，这种自然总体被想象为制约着人类历史的细节。"③ 也就是说，如果自然界存在着辩证法，那么历史辩证法就必然成为受自然辩证法范

---

① ［法］萨特：《科学与辩证法》，载《外国哲学资料》（第四辑），北京大学外国哲学研究所编译，商务印书馆1982年版，第166页。
② 同上书，第155页。
③ 同上书，第166页。

制约的形式,而历史辩证法的核心是个人的、自由的实践活动,在这种情况下,个人的自由必然会被自然的规律所消解。

第三,会"陷入十足的神学"。萨特认为,承认物质自然界存在普遍的辩证规律,还会"陷入十足的神学",而且是一种"新的神学",即认为自然中具有一种控制力量支配着自然和人。

这样,萨特通过否定自然辩证法进一步确立了他的人学辩证法。应该说,萨特的思想在一些方面契合了马克思辩证法的某些理论,尤其是抓住了青年马克思的人道主义观念。但是,他忽视了马克思后期由人道主义转向科学社会主义的原因,即在具体的历史和现实条件下对人与现实关系的分析比思考抽象的人道主义更为重要。因此,萨特没有抓住马克思主义辩证法的全貌,更别说理解马克思辩证法的实质了。

# 第四章　科学主义马克思主义的辩证法思想

在前面所述的西方马克思主义流派中，无论是早期西方马克思主义、法兰克福学派还是人本主义马克思主义，他们都倾向于从人道主义立场出发对马克思主义进行阐释。但是，还有一些马克思主义者，他们以现代科学主义思潮为基础，对马克思主义进行了唯科学主义的阐释，这些流派我们统称其为科学主义马克思主义。科学主义马克思主义的主要流派有新实证主义马克思主义和结构主义马克思主义，他们对马克思主义辩证法都做出了研究，提出了自己的理论。

## 第一节　德拉－沃尔佩的科学辩证法

德拉－沃尔佩[①]是新实证主义马克思主义的代表人物，他早年致力于对马克思的早期著作《1844年经济学哲学手稿》和《黑格尔法哲学批判》的翻译和研究工作，后来逐渐形成马克思主义思想。他与许多其他的西方马克思主义者一样，认为马克思的辩证法与黑格尔的

---

①　德拉－沃尔佩（Galvano DellaVolpe，1895—1968），生于意大利伊莫拉城，意大利著名哲学家，战后新实证主义马克思主义的创始人。1939年以后，他一直在墨西纳大学教授哲学史。1943年参加抵抗运动，1944年加入意大利共产党。主要著作有：《大卫·休谟的经验哲学》（1933—1935年）、《逻辑原理批判》（1940年）、《浪漫主义美学的批判危机》（1941年）、《马克思主义关于人类解放的理论》（1945年）、《作为实证科学的逻辑学》（1950年）、《卢梭和马克思》（1957年）、《趣味批判》（1960年）、《论辩证法》（1962年）和《历史辩证法的钥匙》（1964年）等。

辩证法是截然不同的，但他的结论又与人本主义的马克思主义者不同，在他看来，黑格尔的辩证法是"形而上学的辩证法"，而马克思的辩证法是"科学的辩证法"。

### 一　伽利略的科学实验方法对马克思的启示

德拉－沃尔佩将马克思主义的科学基础追溯到伽利略，他认为，马克思直接继承了伽利略的科学精神。在他看来，伽利略的科学实验方法与当时经院自然科学家的不同之处在于：他反对任何先验的知识，认为一切知识必须通过严格的科学实验而获得，"亚里士多德对柏拉图先验地划分经验物种的分类法进行了批判，而伽利略亦批判了他那个时代学院物理学家们的'先验论观点'。"① 伽利略对他那个时代的经院科学家们的种种先验的论据的批判正是继承了亚里士多德的经验主义的传统。反对先验知识，意味着他重视感性经验知识，特别是通过科学实验而获得的知识，"任何真正的知识都是科学，因而并不是纯粹的知识或沉思。它意味着只存在一门科学，因为只存在一种方法，一种逻辑。人们懂得了理化实验科学的唯物主义逻辑使科学摆脱了在某种程度上数学化了的柏拉图主义。"②

德拉－沃尔佩强调，从伽利略一直到当代的科学巨匠爱因斯坦，都或多或少地拒斥了柏拉图的先验主义。他们将科学建立在经验事实的基础之上，通过提出假说，进行实验来验证科学的有效性，"假设——演绎"的科学实验方法是现代科学的根本逻辑和方法。

德拉－沃尔佩认为，马克思正是在他的哲学中运用和发展了伽利略的"假设——演绎"的逻辑与方法，"马克思首先在《政治经济学批判》中尝试使用了这种辩证的实验的（伽利略式的）方法之后，又运用于《资本论》中（历史—辩证的）研究。《政治经济学批判》之具有严格的方法论意义的'导言'对于《资本论》本身的结构具有决定性的重要性，假若没有这部所谓未成熟著作所提供的认识论的

---

① [意]德拉－沃尔佩：《卢梭和马克思》，赵培杰译，重庆出版社1993年版，第160—161页。
② 同上书，第197页。

钥匙，那么这个'导言'也将是晦涩不明的。"① 也就是说，马克思在对资本主义经济和社会进行分析时，一方面继承了伽利略的科学实验方法；另一方面又将其与自己的辩证历史观相结合，从而形成了自己独特的科学辩证思想："正是在历史—科学或关于历史的唯物主义科学这个特定的意义上，我们在1857年《政治经济学批判导言》中发现了马克思第一次概括阐述的作为科学的经济学的认识论—科学的基础。这完全可以说是马克思主义特有的道德的伽利略主义；也就是说，传统的'道德科学'实际上而且无一例外地是最严格意义上的科学。"②

## 二 对黑格尔先验辩证法的批判

辩证唯物主义认为马克思的辩证法是对黑格尔辩证法的继承和颠倒，但德拉－沃尔佩认为，马克思对黑格尔的辩证法从来都持批判态度。因为从根本上说，马克思的辩证法和黑格尔的辩证法是两种根本不同的辩证法，黑格尔的辩证法是"先验的辩证法"，他也称之为"思辨的辩证法""形而上学的辩证法"或"神秘主义的辩证法"，而马克思的辩证法是"科学的辩证法"，他也称为"分析的辩证法"。德拉－沃尔佩认为，在《黑格尔法哲学批判》一书中，马克思就已经批判黑格尔的辩证法，并建立了自己的科学辩证法，在后来的著作中他进一步加强了这种科学辩证法观，并在理论上加以应用。"这是马克思最重要的著作，③ 之所以这样说，是因为，它包含着以批判黑格尔的逻辑学（通过批判伦理——法的黑格尔哲学）的形式体现出来的一种新的哲学方法的最一般的前提。通过对黑格尔的批判，马克思揭露了先验论的、唯心主义的而且一般来说思辨的辩证法的'神秘方面'。这些神秘方面是黑格尔的基本的逻辑矛盾或实际上的（而不仅仅是形式上的）毫无意义的同语反复，它们来自这种辩证法的概念结构的类

---

① ［意］德拉－沃尔佩：《卢梭和马克思》，赵培杰译，重庆出版社1993年版，第160页。
② 同上书，第199页。
③ 指《黑格尔法哲学批判》。

的（先验的）特征。与此同时，马克思创立了与黑格尔辩证法相对立的革命的'科学的辩证法'。马克思在《哲学的贫困》（1847 年）一书中特别地诉诸于这种辩证法。马克思在《政治经济学批判导言》（1857 年）和《政治经济学批判》（1859 年）中特别考察了与此相关的经济问题之后，将这种辩证法运用于《资本论》之中。"①

在德拉-沃尔佩看来，马克思在许多论述中都批判了黑格尔辩证法的思辨性和形而上学性，如"【马克思说】黑格尔把家庭和市民社会看做是国家的概念领域，即把它们看做国家的有限性的领域……这种现实的关系被思辨的思维归结为现象，这种情势，这种任性，这种本身使命的亲自选择，即这种现实的中介似乎只是由现实的理念私自制造出来并在幕后行动【'思辨'的'神秘性'】的那种中介的现象，现实性不是被看作这种现实性本身，而是被看作某种其他的现实性，由此可以得出这样的结论：普通经验【家庭的结构，真正的、历史的市民社会】的规律不是普通经验本身的精神，而是别的精神；另一方面，现实的理念定在不是人自身中发展起来的现实，而是普通的经验。"② 也就是说，黑格尔把国家看作是家庭和市民社会的基础，实际上是否定了经验的直接性和现实性，而把本来精神性理念作为现实性的基础。接着马克思指出了黑格尔这种思想的逻辑矛盾："理念【谓词】变成了独立的【名词化了的或实体化了的】主体，而家庭和市民社会对国家【理念】的现实关系变成了理念所具有的想象的内部活动，实际上，家庭和市民社会是国家的前提，它们才是真正的活动者。"③ 德拉-沃尔佩认为，马克思的这一段论述非常清楚地揭示了黑格尔的先验的辩证法的要害。黑格尔辩证法的逻辑是颠倒的，他把理念设定为一种先验的存在，并把这种存在作为客观的实体和能动的主体的统一，一切现实、经验都不过是理念的外化和理念自身发展的环节而已。这样，现实自身的现实性消亡了，现实成为逻辑范畴的

---

① [意] 德拉-沃尔佩：《卢梭和马克思》，赵培杰译，重庆出版社 1993 年版，第 154 页。
② 同上书，第 155 页。
③ 同上书，第 155—156 页。

从属。通过阐述马克思对黑格尔的批判，德拉-沃尔佩指出了黑格尔辩证法的主要缺陷：

1. 认识的贫乏

黑格尔把理念实体化并作为宇宙发展的客观力量，而把人的经验和现实作为理念的派生物，这样，活生生的现实和经验就成为抽象的理念的一个环节，它的丰富内容被消解于理念的神秘活动中，德拉-沃尔佩说："这种普通经验仍然是它现实的样子，它们本身并没有被认为是合乎理性的、真实的和必然的，因而是没有经过分析的，而只是从外面先验地获得理念（或它的象征）的一种（类的）抽象属性的价值。理念无限地超越了普通经验，因而对于真正地阐明它或传达它毫无用处。简言之，正如马克思所说的，它仍然是'恶劣地经验的'，仍然是一个本质的同义反复，是事实本身——被考察经验事实的同义反复。由此便产生了认识的贫乏，这是对先验地和以讽喻的方式解释对普通经验的一个惩罚和报应。"① 也就是说，经验和现实成为理念的同义反复，使本来来自于普通经验的认识也只是对抽象的理念的认识，这必然导致认识的贫乏。

2. 认识的非批判性

德拉-沃尔佩指出，"正如马克思在评论第 301 节时所解释的：'黑格尔应该受到责难的地方，并不在于他如实地描写了【他所处的那个时代的】现代国家的本质，而在于他用现存的东西来冒充国家的本质。'换言之，马克思是要告诉人们，黑格尔这样做使他那个时代历史的国家变成了类的【一般的】国家，使之成为最普遍的本质，然而也因此使自己处在一个再也不可能在这种国家的结构和（历史的）起源中看到任何特定或具体的内容。"② 这里，德拉-沃尔佩指出了黑格尔辩证法非批判性，当黑格尔将现存的国家作为一般的国家的本质时，他就不可能发现国家的真正历史和意义，也就丧失了对现实国家的批判维度。

---

① ［意］德拉-沃尔佩：《卢梭和马克思》，赵培杰译，重庆出版社 1993 年版，第 158—159 页。

② 同上书，第 159 页。

紧接着，德拉-沃尔佩指出了马克思辩证法与黑格尔辩证法的区别："马克思在下面这一段话中将他自己的哲学—历史的方法同黑格尔的哲学—思辨的或者辩证—先验的、从根本上说有缺陷的方法作了积极的比较。他在评论第 305 节时说：'同样，对现代国家制度的真正哲学的批判，不仅要揭露这种制度中实际存在的矛盾，而且要解释这些矛盾；真正哲学的批判要理解这些矛盾的根源和【历史的】必然性，从它们的特殊【历史的】意义上来把握它们。但是，这种理解不在于像黑格尔所想象的那样到处去寻找逻辑概念的规定，而在于把握特殊对象的特殊逻辑。'"① 也是说，马克思的辩证法与黑格尔辩证法的先验性和思辨性不同，它是通过对现实生活中具体事件的分析而得出的科学结论。

德拉-沃尔佩认为，虽然黑格尔的辩证法是思辨的、颠倒的辩证法，但是它里面确实包含了现实中的普通经验内容，而马克思要做的，是把这些普通经验内容进行科学的改造，从而使现实获得其应有的地位。

### 三 科学辩证法的公式："具体——抽象——具体"

在确定了马克思辩证法的科学性和批判了黑格尔的先验辩证法之后，德拉-沃尔佩给出了科学辩证法的具体公式："具体——抽象——具体"。

德拉-沃尔佩指出，在《黑格尔法哲学批判》时，马克思已经表达了科学辩证法最初想法，即"对现代国家制度的真正哲学的批判，不仅要揭露这种制度中实际存在的矛盾，而且要解释这些矛盾；真正哲学的批判要理解这些矛盾的根源和【历史的】必然性，从它们特殊【历史的】意义上来把握它们。但是，这种理解不在于像黑格尔所想象的那样到处去寻找逻辑概念的规定，而在于把握特殊对象的特殊逻辑。"这段话中包含了对"具体"和"特殊"的关注。在《1844

---

① ［意］德拉-沃尔佩：《卢梭和马克思》，赵培杰译，重庆出版社 1993 年版，第 159 页。

年经济学哲学手稿》中又谈及了自然科学与人文科学统一的问题，"历史本身是自然史的即自然界成为人这一过程的一个现实部分。自然科学往后将包括关于人的科学，正像关于人的科学包括自然科学一样：这将是一门科学。"① 这一思想为用自然科学方法研究社会科学成为可能；而在《哲学的贫困》中，马克思尝试用科学的方式研究经济学，他具体研究资本主义社会的经济现象和经济学概念，要求把经济学概念与具体社会的生产关系结合起来加以探讨，从而改善了资产阶级学者把经济学概念作为永恒不变的范畴的观念。"他【蒲鲁东】'不是把经济范畴看作历史的、与物质生产的一定发展阶段相适应的生产关系的理论表现，而是荒谬地把它看作历来存在的、永恒的观念，这就表明他对科学辩证法的秘密了解得多么肤浅；另一方面又是多么赞同思辨哲学的细想，而且，他是多么拐弯抹角地又回到资产阶级经济学的立场上去。'"② 德拉-沃尔佩认为，这段话是理解马克思科学辩证法的钥匙。而后1857年的《政治经济学批判导言》则系统地提出了辩证法的革命转变，"这意味着在经济学中从'思辨的'或形而上学的辩证法、'神秘化的'或神秘的辩证法向'科学的'，亦即分析的辩证法的革命转变，也就是从实在到假设、从先验的主张到经验的预测的过渡。"③ 这种辩证法，马克思这样总结说："因此有必要遵循一种'科学上正确的方法'。这尤其意味着从'具体'开始，从'实在的主体'（在这种情况下就是一个历史的'一定的社会'）进到抽象（否则，就既不会有任何思想，也不会有任何知识）。"④ 遵循着这样的逻辑，德拉-沃尔佩把马克思的科学辩证法具体化为"具体——抽象——具体"这一公式。

他认为，以黑格尔为代表的先验辩证法或思辨辩证法是从思辨的观念出发，经过具体现实而折回到思辨的观念中，而思辨的观念又没

---

① 《马克思恩格斯全集》第42卷，人民出版社1978年版，第128页。
② ［意］德拉-沃尔佩：《卢梭和马克思》，赵培杰译，重庆出版社1993年版，第179页。
③ 同上书，第180页。
④ 同上书，第185页。

有对现实的特殊性作出合理的概括,这样一来,他进行抽象思维的起点和终点都消散在一片模糊的、不确定的观念中,而真正的现实仍然在其视野之外。"所以,形而上学的塞入或先验的代换,在规定具体的时候支持和偏爱一般或最抽象的东西,反对或轻视特殊的或最具体的东西,的确非常清楚地向我们展示了那些关于'政治经济学的形而上学'的论点错误的、被曲解的结构。这是一种神秘化的辩证法的结构和方法。我们知道,这种神秘化的辩证法把特殊或具体归结为理念或一般的一种纯粹'比喻的'或'符号的'(象征的)表现,从而以同义反复和逻辑循环而告结束。同义反复和逻辑循环是对一种欺骗性的、因而是未经消化的、没有中介的、特定的或具体的品质的确认。"① 而科学的辩证法"具体——抽象——具体"则从具体开始,经过抽象之后又复归于具体。这前一个"具体"是一种感性杂多,或者像马克思说的"一个浑沌的关于整体的表象",从这种具体开始,然后在逐步的分析中达到越来越简单的概念,这样就是"从具体到抽象",直至最简单的抽象,这种"抽象"是思维对具体的感性杂多的"蒸发"和概括,德拉-沃尔佩称之为"限定的抽象",它区别于先验辩证法的"非限定的抽象",非限定的抽象是用抽象代替了具体,将具体融化于抽象之中,因而它的起点和终点都不是具体的现实;而限定的抽象将具体作为抽象的起点,而它最终也将回到具体中去。这后一个"具体"是思维的具体,马克思称之为"许多规定的综合"或"多样性的统一","当我们达到最简单的抽象(规定)(如分工、交换价值等等)之后,'行程又得从那里回过头来,直到我最后又回到人口',而且'这回人口已不是一个浑沌的关于整体的表象,而是一个具有许多规定和关系的丰富的总体了。'"② 这样,思维的具体就不再表现为起点,而是表现为结果,它是许多规定的综合,多样性的统一,是丰富的总体。

这样,"正确的方法可以表达为由具体或实在到观念的抽象,然后

---

① [意]德拉-沃尔佩:《卢梭和马克思》,赵培杰译,重庆出版社1993年版,第185页。

② 同上书,第187页。

又回到前者去的一种圆周运动。"我们可以把这个公式进一步具体一下：辩证法的起点是作为感性杂多的具体，它是混沌的整体；中间是限定的抽象，由于它的两端都是具体，所以不可能是任意的；而辩证法的终点是思维的具体，它是多样性的统一，是抽象与具体的总体性。"马克思是要告诉我们，如果我们因此是根据其历史的特点来考察总体的，那么我们在这方面所遵循的是一种正确的方法，依靠这种方法，'抽象的规定【这里所说不再是带有贬义的，不是先验的，而现在是以不断地回到具体本身或统一多样性为基础的】在思维行程中导致具体的再现'。""'从抽象上升到具体的方法，只是思维用来掌握具体把它当作一个精神上的具体再现出来的方式'，作为实在或事实上的具体，'主体，即【一定的】社会'是我们出发的'前提'，而且'也必须作为前提浮现在表象面前。'"① 这里，德拉-沃尔佩指出了科学的辩证法与历史过程的统一，这实际上就是马克思所说的历史与逻辑的统一问题，同时也是马克思主义关于物质和意识、归纳和演绎的循环与统一。"现在，科学辩证法（主要表现在具体——抽象——具体的循环，或者物质和理性、归纳和演绎的循环）方法论几乎是革命性的。这也就是说，任何真正的知识都是科学，因而并不是纯粹的知识或沉思。它意味着只存在一门科学，因为只存在一种方法，一种逻辑。"② 这样，德拉-沃尔佩通过科学辩证法方法的统一实现了马克思在《1844年经济学哲学手稿》中所憧憬的科学统一性思想。

## 第二节　科莱蒂的异质性辩证法

科莱蒂③是德拉-沃尔佩的学生，是新实证主义的马克思主义的

---

① ［意］德拉-沃尔佩：《卢梭和马克思》，赵培杰译，重庆出版社1993年版，第187—188页。
② 同上书，第197页。
③ 卢西奥·科莱蒂（Lucio Colletti，1924— ），生于罗马，德拉-沃尔佩的学生，新实证主义马克思主义的主要倡导者和理论阐释者。1957—1962年任意大利共产党机关报《社会》的编辑，后脱离意共。主要著作有《从卢梭到列宁》（1972年）、《马克思主义和黑格尔》（1973年）、《访问》（1974年）、《意识形态的终结》（1980年）等。

另一名代表。他将德拉-沃尔佩提出的辩证法理论进一步系统化了,提出了思维与存在的异质性这种革命性的观点。

### 一 黑格尔的"物质辩证法"批判

科莱蒂认为,西方马克思主义的思想家卢卡奇、柯尔施等人虽然批评过恩格斯、列宁等人的某些哲学观点,但却从未对辩证唯物主义这一概念的实质及来源进行过深入的思考,而且在自己的论著中还经常借用这一概念,这就造成了不少理论上的混乱。要弄清楚辩证唯物主义的真实含义,就必须了解它与黑格尔的辩证法的关系。

那么,什么是黑格尔的辩证法呢?科莱蒂给了它一个新名词,即"物质辩证法"。"物质辩证法的要义是:有限的是无限的,实在的是合乎理性的。即规定者或实在的对象,这个唯一的'这个'不再存在;存在的是理性、观念、对立面的逻辑的包含者,是与那个不可分离的这个。另一方面,存在被归结为思想,思想成了存在物,即获得存在并在一个实在的对象中具体化的对立面的逻辑统一体。"①

从这段话中可以看出,物质辩证法可从以下三个方面理解:

第一,物质辩证法取消了个别实体的独立存在,把本来外在于观念的实体变成了内在于观念的从属性的东西。按照黑格尔的观点,万物都是有限的,有限物存在的真理就是它的终结,有限物不仅会变化,而且它不再存在,真正的存在物是无限,是理念,是逻各斯。有限物总是此时此地的,无限则是超越一切时空条件的,后者是前者的基础和本质。这样,黑格尔就消除了有限个体的存在,同时也取消了物质的存在,唯一存在的就是理念和思想了。

第二,理念、思想和观念是真正的实在。黑格尔通过对有限个体的清除,使整个物质世界从属于观念世界。这样,观念或理念成为了真正的实在,而具体事物反倒成了观念世界的衍生物。"为了把握存在,人们必须把握思想、观念;物是不存在的,存在的仅仅是理性。"②

---

① Lucio Colletti, *Marxism and Hegel*, London: Lowe & Brydone Press, 1973, p. 20.
② Ibid., p. 18.

第三，思维的辩证性被反映到物质和自然中，从而使自然和物质具有辩证性。"实在的对象被消解在它的逻辑矛盾中，这是第一个运动；而在第二个运动中，逻辑矛盾又反过来成了客观的和实在的。哲学家现在成了一个彻底的基督徒。"①

在科莱蒂看来，自然辩证法和辩证唯物主义实际上是黑格尔辩证法的延续。"正是通过物质辩证法这一工具，黑格尔使'哲学'变得连贯一致，从而完成了绝对唯心主义。后来，物质辩证法恰好被恩格斯、普列汉诺夫和列宁的辩证唯物主义所接受。"② 他把恩格斯阐述物质世界辩证法的重要著作《反杜林论》与黑格尔的《逻辑学》进行了比较。他引证了恩格斯下面这段论述："当我们把事物看做是静止而没有生命的，各自独立、相互并列或先后相继的时候，我们在事物中确实碰不到任何矛盾。……但是一旦当我们从事物的运动、变化、生命和相互作用方面去考察事物时，情形就完全不同了。我们会立即陷入矛盾。运动本身就是矛盾；甚至简单的机械位移之能够实现，也是因为物体在同一瞬间既在一个地方又在另一个地方，既在同一个地方又不在同一个地方。这种矛盾的连续产生和同时解决正好就是运动。"③

科莱蒂认为，恩格斯的自然辩证法与黑格尔《逻辑学》中所体现了辩证法精神是完全一致的。比如，黑格尔在《逻辑学》中认为存在或实体之所以是有生命的，是因为它自身包含着矛盾与否定之否定的辩证思维。而在《反杜林论》中，恩格斯说，"生命首先正是在于生物在每一瞬间是它自身，同时又是别的东西。所以，生命也是存在于物体和过程本身中的不断地自行产生并自行解决的矛盾；矛盾一停止，生命也就停止，死亡就到来。"④ 因此，科莱蒂这样比较了二者："人们等到的是，两个本来应该是彼此完全对立的作者——唯心主义者黑格尔和唯物主义者恩格斯，两种似乎应当彼此完全不同的观念，

---

① Lucio Colletti, *Marxism and Hegel*, London: Lowe & Brydone Press, 1973, p. 20.
② Ibid., p. 36.
③ 《马克思恩格斯全集》第 20 卷，人民出版社 1975 年版，第 132 页。
④ 同上书，第 133 页。

却以相同的方式去定义实在和在他们看来似乎是抽象的、缺乏实在的东西。"①

科莱蒂又分析了列宁的观点。列宁在阅读黑格尔的《逻辑学》时作了大量的摘录笔记。这些笔记表明，列宁充分肯定并吸收了黑格尔关于矛盾的观点，并认为矛盾是一切运动和存在的根源的，试图唯物主义地去阅读黑格尔。但科莱蒂认为，列宁对《逻辑学》的阅读，是建立在一个根本的误解之上的：即黑格尔对物质存在的无视。他不过是要恢复被黑格尔在辩证思维中否定掉了的物质，实际上仍坚持了黑格尔的逻辑。

通过上面的分析，科莱蒂认为，以恩格斯的自然辩证法和列宁的辩证唯物主义表现上看是反对黑格尔，实际上他们原封不动地搬用了黑格尔的物质辩证法，并把这种辩证法视为马克思主义的辩证法。这是"一个迄今已存在于几乎一个世纪的理论马克思主义的基础上的错误"。他进一步阐述说，黑格尔的物质辩证法的基本特征是取消物质和有限个体，这使他走向了怀疑主义。这种怀疑主义一方面表现在对外部世界的否定上，另一方面又表现在对常识和科学的否定上。在黑格尔那里，真正可靠的知识是关于绝对精神的知识。这样，黑格尔又重新回到康德所批判过的旧形而上学的独断论中。科莱蒂认为，恩格斯在《反杜林论》等著作中，一方面对常识和科学（尤其是17、18世纪的经验自然科学）持否定的态度；另一方面又认为，物质世界本身的辩证法使整个自然界都处在无休止的运动和变化之中。科莱蒂说："恩格斯执着地追求的东西，不能从科学中，而只能从黑格尔的旧的'自然哲学'中被找到。他非批判地恢复了黑格尔的思想。归根结底，他所要的并不是使科学这种我们唯一的知识形式从纠缠着它的残余的思辨桎梏中解放出来，相反，他把旧的形而上学嫁接到科学上。"②

科莱蒂接着指出，卢卡奇开创的西方马克思主义虽然在是否存在自然辩证法和辩证法的历史性等观点上与恩格斯、普列汉诺夫、列宁

---

① Lucio Colletti, *Marxism and Hegel*, London: Lowe & Brydone Press, 1973, p. 23.
② Ibid., p. 44.

有分歧，但是，在辩证唯物主义的阵营中，卢卡奇是强调黑格尔和马克思之间有直接联系的主张的主要维护者。在《历史与阶级意识》中，卢卡奇虽然提出了"物化"概念及现象，但他全盘接受了黑格尔的辩证法这使他否定了科学和唯物主义。科莱蒂认为，西方马克思主义者与恩格斯、普列汉诺夫、列宁的差异并不是实践哲学与唯物主义的差别，而是在黑格尔辩证法内部的两个对立的分支之间的差别，他们的思想都是黑格尔辩证法的延续，而不是批判。

## 二 思维与存在的异质性

科莱蒂认为，黑格尔哲学与许多近代哲学的不同之处在于，他把思维与存在的同一性作为哲学的真正基础。他的逻辑是这样的：首先，设定了一个存在，这个存在既是实体，又是主体，体现了思维与存在的同一性；其次，在思维与存在同一性的基础上，将事物的运动过程归结为单一的逻辑过程，使精神性的存在和逻辑过程成为现实和历史的基础。思维和存在的同一性成为黑格尔哲学的基础，因此，要想摆脱物质辩证法，就要在根本上否定思维与存在的同一性，构建思维与存在的异质性，这才是唯物主义真正基础。

科莱蒂认为，从哲学史上看，有两条对立的思想路线：一条路线是肯定思维和存在的同一性，这是由大陆唯理论，特别是斯宾诺莎和黑格尔所坚持的路线；另一条路线是肯定思维与存在的异质性，即由英国经验论以及休谟和康德所坚持的路线。在康德之后，黑格尔重新肯定思维和存在的同一性，科莱蒂认为，思维和存在的同一性是向旧形而上学和独断论的一种倒退，他充分肯定了思维和存在的异质性。那么，什么是思维与存在的异质性呢？在科莱蒂看来，思维和存在的异质性就是将思维与存在看作两种不同的、独立发展的过程，存在（实在）具有不同于思维的客观性，不能用逻辑的过程取代实在的过程，因为实在是在思维和逻辑之外的；反之亦然。

科莱蒂认为，在比较严格的意义上，批判的唯物主义的立场始于康德。康德在《纯粹理性批判》中对独断论的形而上学进行了猛烈的批判。马克思继承了康德的唯物主义立场，对黑格尔主义重新走入旧形而上学进行了深入的批判。在科莱蒂看来，马克思对黑格尔的批判是以强调思维与存在的异质性为特征的。

首先，马克思批判黑格尔的辩证法是一种颠倒的辩证法，主张去除他的唯心主义，以便发现其"合理内核"。科莱蒂认为，马克思说的"合理内核"就是黑格尔理性理论，即来源于古希腊的理性精神，其次，科莱蒂认为，马克思的一个重要创造是提出了从抽象到具体的研究方法。在马克思看来，具体是思想综合的产物，经济学研究的出发点不能是具体。与黑格尔相反，马克思坚持实在的过程和逻辑的过程是并列的。思想对实在的研究方法只能是从抽象到具体的方法，因为它必须以具体的实在物为起点，并以思想综合的具体为归宿，因此，它不同于具体的抽象设定。最后，正是从思维与存在的异质性出发，马克思批判了黑格尔哲学的非批判性，并对资本主义的社会现实进行批判性研究，提出了异化这一重大课题。从某种意义上说，异化的存在本身也说明了思维与存在的异质性，人们通过对象化劳动创造的东西本应该是合乎理性的，因为它们就是理性的外化，但这些由理性创造出来的对象反过来成为压抑和束缚人的异化力量，这说明实在超出了理性，即思维与存在是不同质的。

科莱蒂认为，唯物主义包含着无矛盾原理，而物质辩证法是对这一原理的一个否定。对于前者来说，特殊的对象是判断的根据，对于后者来说，只有当有限本身不存在，而仅仅作为观念上的有限或思想之内的有限存在时，它才是真实的。科莱蒂通过论述康德哲学中的二律背反来说明无矛盾原理。康德认为，语言描述观念或具体的实在时，应该保持逻辑上的一致，即形式逻辑的基本规律。概念的含混不清必然会使思想表达不清，甚至造成概念与思想的相互对立和冲突，也就是说，思维和观念的一致性要求遵从无矛盾原理。科莱蒂指出："对于康德来说，无矛盾原理纯粹是一个理性的原理；思想本身的一致性并不就是思想与实在的一致性。因此，从思维上不存在逻辑矛盾不应该推论出实在中不存在对立的结论。"[①] 他强调，康德的无矛盾

---

① Lucio Colletti, *Marxism and Hegel*, London: Lowe & Brydone Press, 1973, p. 100.

原理还包含着另一层含义，他虽然承认实在或具体事物、事件中有冲突，但这种冲突并不是"矛盾"，而是"真正的对立"。也就是说，逻辑上的矛盾，不同于实在中的对立，逻辑矛盾是思维中的对立，是观念违背了思维规则，而不是现象中的冲突。"在批判莱布尼茨和所有的旧形而上学造成的逻辑本体论的混淆时，康德的一个最基本的结论是：实在中的对立是某种不同于逻辑上的对立的东西。"① 科莱蒂认为，黑格尔他强调理性、逻辑、观念上都充满了辩证的矛盾，实在由于是观念的产物，因而实在中也存在着辩证的矛盾。这里，黑格尔与康德明显不同，他批判了康德的形式逻辑，认为观念本身不存在一致性，相反，观念充满了内在矛盾。这样，他就否定了康德的无矛盾原理。

但科莱蒂认为，无矛盾的原理是唯物主义、现代科学和常识所遵循的思维原理。马克思继承了康德无矛盾原理，对黑格尔物质辩证法批判的归宿是重新恢复无矛盾原理："如果我们的解释是正确的话，打破'神秘外壳'从而'倒转'辩证法（我们在这里不得不再次使用这些被滥用的隐喻）就只能是恢复同一性和无矛盾原理，换言之，就是恢复唯物主义的观点。"② 马克思在政治经济学批判中反复重申的见解也是：实在中的对立不能还原为逻辑上的对立。但是，在恩格斯那里，问题起了变化。对于黑格尔来说，科学代表了无矛盾原理，因而他设立了一种纯粹形而上学的辩证逻辑与之相对立，"可是，对于恩格斯来说，科学的无矛盾却是形而上学的一种形式，而唯心主义或形而上学的逻辑并不是新'科学'的逻辑。"③ 也就是说，恩格斯把科学的思维作为形而上学的东西加以排斥，这样一来，他就与黑格尔一样站到反对无矛盾原理的立场上去了。

科莱蒂关于无矛盾原理的思想，否定了黑格尔的矛盾学说，恢复了科学的、逻辑的和知性的思维。但他却把唯物主义与辩证法僵硬地对立起来。更重要的是，马克思并不像科莱蒂形容的那样，只承认实

---

① Lucio Colletti, *Marxism and Hegel*, London: Lowe & Brydone Press, 1973, p. 98.
② Ibid., p. 48.
③ Ibid., p. 40.

在中的对立,他深刻地揭示了资本主义社会内部的矛盾冲突。

从思维与存在的异质性出发,科莱蒂确立了马克思辩证法的逻辑起点和方法论原则,但是,在他看来,马克思主义不仅仅是方法论的变革,更重要的是他应用这种方法对现实的研究,他由此探讨了马克思的社会生产关系理论。

他指出:"在任何根本的意义上,马克思主义至少不是一种认识论,在马克思的著作中,反映论几乎完全是不重要的,重要的是把认识论作为一个出发点,以便富有独创性地并撇开整个思辨传统去理解像'社会生产关系'这样的概念是如何从古典哲学的发展和转变中产生出来的。"① 也就是说,马克思主义不是认识论,更不是反映论,而是社会生产关系理论。

科莱蒂认为,人是认识的主体,但是许多马克思主义者却认为认识论的发生是思维与物质的关系。如恩格斯在《费尔巴哈与德国古典哲学的终结》中曾说过:"对于已经从自然界和历史中被驱逐出去的哲学来说,要是还留下什么的话,那就只留下一个纯粹思想的领域:关于思维过程本身规律的学说,即逻辑和辩证法。"② 科莱蒂认为,恩格斯的这段话是辩证唯物主义的经典论述,但是这段话有很大的问题:他进行了概念偷换,用纯粹的思维取代纯粹的人,这样人的社会性和历史性就被抹杀了,思维和存在的关系取代人和世界的关系。这样,辩证法就被归结为外部世界和人类思维运动的一般规律的科学。科莱蒂说:"既然认识的主体不再是人本身,认识成为思维与存在的同一或'原初的同一',那么,卢卡奇在《历史与阶级意识》中所作的评论就是正确的:恩格斯'没有提到最重要的相互关系,即主体和客体在历史进程中的辩证关系,更没有给它以应有的显著地位。"③

科莱蒂认为,从康德到马克思是人的本质和地位被逐渐揭示的过程。在《纯粹理性批判》中康德认为,认识论的科学不能取代人类

---

① Lucio Colletti, *Marxism and Hegel*, London: Lowe & Brydone Press, 1973, p. 199.
② 《马克思恩格斯全集》第 21 卷,人民出版社 1978 年版,第 352 页。
③ Lucio Colletti, *Marxism and Hegel*, London: Lowe & Brydone Press, 1973, p. 218.

自身和科学,这种人类自身的科学就是"人类学"。而人类学的核心范畴就是因果性和目的性。但是,康德在阐述因果性和目的性时仅从审美和道德的角度探讨二者的统一问题,而没有将其诉诸实践,即在劳动过程中所实现的因果性和目的性的统一。黑格尔的《精神现象学》则紧紧抓住了劳动的本质,把对象性的、现实的人理解为他自己劳动的结果。但黑格尔所说的劳动是绝对精神在外深化的过程中对自然的对象化活动。这种劳动从根本上说只是抽象的精神活动。因此,他仍然不能揭示出人真正的本质。在黑格尔之后,费尔巴哈十分强调人的地位,但是,他的唯物主义具有直观的特点,因此不能从感性活动的角度去看待世界,他的感性直观理论从来没有成功地把因果性和目的性统一起来;费尔巴哈过于强调人的自然性,没有从社会关系的角度考察人。马克思曾经批判费尔巴哈说:"当费尔巴哈是一个唯物主义者的时候,历史在他的视野之外;当他去探讨历史的时候,他决不是一个唯物主义者。在他那里,唯物主义和历史是彼此完全脱离的。"[1] 在科莱蒂看来,费尔巴哈虽然恢复了人在哲学中的地位,但由于不理解实践活动作为人的本质的核心因素,他同样不能把握人的本质,只有马克思的社会生产关系理论才科学地阐明了人的本质。"历史唯物主义在'社会生产关系'概念中达到了顶点,而这个概念又在《1844年经济学哲学手稿》中,在作为人的'类的自然存在'概念中达到了第一次的和决定性的严肃表达。"[2] 也就是说,马克思的社会生产关系概念的提出分为两个阶段。第一阶段,把人作为一个"自然的存在",即人是自然的一部分,因此人作为自然中的一个存在依赖并受制于其他的客观自然存在,人在其自身之外有其存在的根据;第二阶段,人也是一个思维的存在,人不仅是客观自然存在,人同时也是思维的存在。这使人区别于其他的自然物,而决定人成其为人的,是思维,是类概念。人作为自然存在物似乎和其他自然存在没有什么区别,但是,人又是"类的自然存在","类"是人不同于其

---

[1] 《马克思恩格斯全集》第3卷,人民出版社1975年版,第51页。
[2] Lucio Colletti, *Marxism and Hegel*, London: Lowe & Brydone Press, 1973, pp. 233 – 234.

他万物的特殊要素，类意味着社会性和历史性以及观念和理性的总体性。在科莱蒂看来，"类"概念已经蕴含着人与其他自然存在关系以及人与人之间的关系，这种关系在人的生产劳动中必然实现为社会生产关系。

### 三 马克思的辩证方法

科莱蒂认为，马克思的《资本论》不光是一部经济学著作，同时也是政治、哲学和社会学的著作。马克思通过对资本主义社会的深入研究，形成了自己一整套独特的社会研究方法。但是，在马克思逝世后，由于资本主义社会本身的发展出现了许多新的情况，以及恩格斯对马克思的社会理论进行了某些不适当的理解和解释，使伯恩斯坦、考茨基这些第二国际的理论家在许多方面歪曲和误解了马克思的社会历史理论，尤其是社会研究方法。科莱蒂对各种错误和歪曲进行了批判，力图恢复马克思社会理论的本来面貌。他认为，马克思的社会研究方法主要包括以下几种：

（一）具体的方法

科莱蒂认为，马克思研究的是"这一个社会"，即资本主义社会。马克思之前或与马克思同时代的一些经济学家的社会理论是以一般社会或抽象的社会为研究对象的。如著名的社会学家孔德和斯宾塞所谈论的社会就是"一般社会"。他们力图探讨一般社会的目的和本质，并主张通过某种方式把社会组织起来，以社会的本质来说明人的某种需要。科莱蒂认为，这样的研究方法完全是形而上学的方法，不能向我们提供关于社会本身的科学知识。而马克思与这些社会学家不同，他关注的仅仅是一个社会，一个具体的社会形态，即现代资本主义社会。《资本论》不是对一般社会本身的研究，而是对资本主义社会这一特殊社会形态的研究。马克思不满足于从意识形态的层面上谈论一般社会，他深入地解剖了资本主义社会这一特殊的社会形态，并揭示了它运动的特殊规律。恩格斯的错误在于他把马克思和达尔文并列起来，认为达尔文发现了生物界进化的规律，马克思则发现了人类历史的演化规律，这实际上已把马克思的研究误解为对一般社会的研究。

(二) 总体的方法

科莱蒂认为，马克思的《资本论》是从总体上研究资本主义社会的。他把资本主义社会理解为一个有机的整体，"这个整体是一个总体，一个确定的总体；它是各种要素的综合，是各种异质的部分组成的统一体。"① 但是，恩格斯和第二国际的理论家将马克思的理论看作经济决定论，仿佛经济因素可以替代其他的因素，丢弃了马克思的总体方法。恩格斯晚年已经对于他看重经济方面作了自我批评。但是，经济决定性的影响仍然是深远的，马克思主义许多理论家，如拉法格、考茨基等人仍然以经济决定论作为理论出发点。为了反对经济决定论，社会学家马克斯·韦伯注重对不同社会形态的"精神类型"的研究，提出了"资本主义精神"这一著名的概念。科莱蒂认为，这两种倾向都有失偏颇。资本主义社会是一个有机的整体，应当使用总体方法，把生产和分配、生产关系和社会关系、经济基础和上层建筑结合起来研究。任何单一的方式必然导致结论的偏颇。

(三) 事实与价值的统一

科莱蒂认为，第二国际的马克思主义者由于受到自然科学研究方法和实证主义的影响，把"事实判断"和"价值判断"对立起来，如第二国际的马克思主义者，奥地利学者希法亭就认为政治学不能成为科学，要想让政治学成为科学，就要排除价值判断，仅用因果联系说明问题，"按照马克思主义的观点，一个科学的政治学的任务是发现各阶级意志的决定者；因而只有当政治学描述因果联系时，它才是科学的。按照这样的理解，马克思主义的政治学是排除'价值判断'的。"② 但在科莱蒂看来，把事实判断和价值判断分离开来是对马克思的社会政治学说及其研究方法的一种曲解。相反，马克思对资本主义社会的研究是尊重事实、尊重科学的，在事实的基础上，马克思对

---

① Lucio Colletti, *From Rousseau to Lenin*, London: Monthly Review Press, 1972, p. 75.
② Ibid., p. 74.

他研究的结论又包含着价值判断,即是否符合无产阶级革命实践的理论需要。只有是符合事实的,才是科学的,也只有是科学的,才能指导无产阶级的革命实践。

(四) 因果性和目的性的统一

科莱蒂认为,在马克思的社会研究中,处处体现出因果性和目的性的统一。在著名的《关于费尔巴哈的提纲》中马克思强调环境的改变和人的实践活动的统一性,正体现了因果性和目的性的统一。并且马克思将因果性和目的性统一在劳动过程中。在此基础上,科莱蒂批评恩格斯过分看重经济因素的作用,他认为,恩格斯关于自由是"对必然的认识"的观点忽视了主体的积极的建构作用。只有像马克思那样坚持目的性和因果性的统一,才能正确地认识整个资本主义社会,才能指出改造资本主义社会,推翻资本主义制度的正确形式——无产阶级革命。

(五) 逻辑与历史的统一

科莱蒂根据马克思在《政治经济学批判导言》中的论述,指出:"科学的方法不是历史编纂学的方法,而是逻辑——历史的方法"[①]。马克思在《资本论》中说:"把经济范畴按它们在历史上起决定作用的先后次序来安排是不行的,错误的。问题不在于各种经济关系在不同社会形式的相继更替的次序中在历史上占有什么地位,更不在于它们在'观念上'(蒲鲁东)(在历史运动的一个模糊表象中)的次序,而在于它们在现代资产阶级社会内部的结构。"[②] 马克思的这一观点表明,只有把历史和逻辑统一起来,即把经验方法和抽象思维紧密结合起来,才能把握资本主义社会的实质。

科莱蒂认为,马克思的社会研究方法充分体现了辩证方法的实质。但是,恩格斯却把这些社会研究方法僵化了,并由此使科学与哲学,辩证法与形而上学对立起来,辩证唯物主义成为对形而上学的否定。而卢卡奇则在另一角度片面理解了马克思。在《历史与阶级意

---

① Lucio Colletti, *From Rousseau to Lenin*, London: Monthly Review Press, 1972, p. 28.
② 《马克思恩格斯选集》第 2 卷,人民出版社 1995 年版,第 110 页。

识》中，卢卡奇实际上把科学技术看作是物化的根源。马尔库塞同样认为，科学就是压抑，异化就是科学技术对人心理的压抑。

科莱蒂认为，马尔库塞虽然承认了总体性，但是他区别了两种不同的、对立的思想。一是"实证思想"，即知性、科学和常识，它们遵循的是无矛盾原理；二是"否定思想"，即理性的、辩证的思想，其宗旨是否定有限物、否定现实、否定科学。马尔库塞强调否定，批判无矛盾，认为否定是全面否定、根本否定，并由此而提出了著名的"大拒绝"的口号。主张全面否定现存的资本主义社会，强调技术是物化的主要原因，伴随着文明的是恐怖等等。马尔库塞否定了马克思的观点，即异化来自于劳动的异化，是分工的产物，认为异化是科学技术发展的产物，对科莱蒂来说，认为异化是科学技术的结果就是对科学的否定。正是从这样的否定立场出发，马尔库塞否定了马克思，认为马克思已经过时了，资本主义的罪恶不在于劳动与人的分离，而在于科学技术对爱欲的压抑，并提出了新的革命观。

科莱蒂认为，马克思主义必须是一门科学，马克思主义不是宗教式的希冀和对未来的猜测，它是真正的科学社会主义，因此，对资本主义的批判不能反对其科学性，而必须以现实为据，但在资本家眼光中的现实是与马克思眼光中的现实是不同的。马克思是从工人阶级的观点出发来分析现实的，"正如马克思主义是科学一样，它也是革命的意识形态"。[①] 工人阶级不是自发的产物，而是历史活动的产物，其自觉的阶级意识只能从《资本论》中获得。由此，马克思主义既是科学的，又不是纯粹科学的，归根结底，它是以现实性为基础，科学引导工人阶级革命的总体地理论。

## 第三节　结构主义的马克思主义的辩证法思想

结构主义马克思主义是科学主义马克思主义的另一重要流派，法

---

① Lucio Colletti, *From Rousseau to Lenin*, London: Monthly Review Press, 1972, p. 236.

国哲学家阿尔都塞[1]是公认的结构主义的马克思主义的奠基人,其代表作《保卫马克思》和《阅读〈资本论〉》是结构主义马克思主义的代表著作。20 世纪 60 年代,在法国思想的舞台上,随着结构主义的风靡,结构主义的马克思主义也曾盛极一时,并流传至拉美一些国家。但到 70 年代中期以后,结构主义的马克思主义也就基本上解体了。

## 一 马克思主义与辩证法的关系

阿尔都塞在《孟德斯鸠、卢梭、黑格尔、马克思:政治和历史》中论述了他对马克思主义的总的看法及它与德国古典哲学,尤其是黑格尔的哲学理论联系。

第一,马克思奠定了历史学的新方法。阿尔都塞认为,从历史上看,在科学的基础上建立哲学思想体系有三个阶段,其一是古希腊人发现了数学,并在此基础上形成了柏拉图哲学;其二是伽利略发现了现代物理学,并在此基础上形成了笛卡儿哲学;其三是马克思发现了新历史学方法,在此基础上形成了马克思主义哲学——辩证唯物主义。"马克思所发现的历史科学的基础是当代历史中最重大的理论事件。"[2] 说马克思打开了历史的新大陆只是一个比喻,并不意味着前人从未涉足过历史的领域,而是表明在马克思的历史观与前人的历史观之间有"一个认识论上的断裂"。

第二,马克思辩证法的理论来源。阿尔都塞在阐述马克思主义的

---

[1] 路易·阿尔都塞(Louis Althusser,1918—1990),法国著名的马克思主义理论家。出生于阿尔及尔近郊的比曼德利小镇。其父是一个银行经理。阿尔都塞从小信奉天主教。1924—1930 年,他在阿尔及尔读小学。1930—1936 年在法国马塞读完中学。1937 年曾参加天主教青年运动。1939 年考入法国巴黎高等师范学校文学院。同年,因战争中断学业应征入伍。1940 年 6 月被俘,被囚禁于德国战俘集中营内直到战争结束。1945—1948 年重入高师读哲学,师从巴什拉教授。1848 年以《黑格尔哲学中的内容的概念》获博士学位后留校任教。1980 年 11 月 16 日,因精神病发作,误杀其妻。1990 年去世。主要著作有:《孟德斯鸠:政治与历史》(1959 年),《保卫马克思》(1956 年),《阅读〈资本论〉》(1965 年),《列宁与哲学》(1968 年),《自我批评材料》(1974 年),《立场》(1978 年)。

[2] Althusser: *Montesquieu, Rousseau, Hegel and Marx: Politics and History*, London: NLB, 1982, p. 159.

形成过程时，特别强调马克思所继承的辩证法并不是指黑格尔的神秘唯心主义辩证法，而是指经过马克思改造的合理的辩证法："其结果是，在《资本论》中起作用的辩证法不再是黑格尔的辩证法，而是一种完全不同的辩证法。"①

第三，马克思主义的非人本主义倾向。阿尔都塞认为，在马克思主义理论的形成史上，关键的环节是与费尔巴哈决裂。这一决裂十分清楚地表现在《关于费尔巴哈的提纲》中。在这里，马克思重新引入黑格尔的思想，尤其是《精神现象学》中的历史辩证法来扬弃费尔巴哈的理论人道主义。这一人道主义的基本公式是"人—自然—感性"。显然，依靠这个简单的公式是不可能克服德国古典唯心主义哲学的。只有充分地消化并改造黑格尔的辩证法思想，扬弃费尔巴哈的直观唯物主义立场，才能真正超出德国古典哲学的视界。

第四，马克思的历史理论。阿尔都塞说："对于黑格尔来说，历史确实是一个异化的过程，但这个过程没有人作为它的主体。"② 因为在黑格尔那里，历史并不是人的异化，而是精神的异化，所以历史被看作无主体的异化过程。如果一定要说有主体的话，那么唯一的主体就是内含目的性的过程本身。在他看来，马克思的过程概念正是通过批判的方式从黑格尔那里获取过来的，《资本论》就把资本主义社会理解为一个无主体的过程。马克思的创新之处在于，他强调了历史过程与生产关系及其他关系（政治关系、意识形态关系）的不可分离性。

## 二 马克思主义是科学

在阿尔都塞看来，马克思主义并不像西方马克思主义者所认为的那样是一种意识形态，马克思主义实际上是一门科学。要想恢复马克思主义的科学性，就必须重新捍卫马克思的本来面貌，恢复作为科学的马克思主义。他的名著《保卫马克思》就是为了这一目的。

---

① Althusser: *Montesquieu, Rousseau, Hegel and Marx: Politics and History*, London: NLB, 1982, p. 173.

② Ibid., p. 182.

（一）"意识形态"与"科学"

《保卫马克思》全书的基本概念是"意识形态"和"科学"。阿尔都塞认为，意识形态（宗教、伦理、哲学等等）是"社会总体的有机组成部分"，是"社会的历史生活的一种基本结构"，因此，"意识形态根本不是意识的一种形式，而是人类'世界'的一个客体，是人类世界本身。"① 他认为，意义形态是一种客观的无意识结构，"假如意识这个词在所有场合只有单一的含义，意识形态同它的关系确实很少。即使意识形态以一种深思熟虑的形式出现（如马克思以前的哲学），它也是十分无意识的。意识形态是个表象体系，但这些表象在大多数情况下和'意识'毫无关系：它们在多数情况下是形象，有时是概念。它们首先作为结构而强加于绝大多数人，因而不通过人们的'意识'。它们作为被感知、被接受和被忍受的文化客体，通过一个为人们所不知道的过程而作用于人。"② 这里，阿尔都塞强调意识形态表现上与意识有关，实际上它并不是意识，而说意识形态与意识有关首先是为了与人类社会的其他领域相区别，如经济领域、政治领域。更重要的是，人类的意识实质是受意识形态支配的，"人们正是在意识形态的这种无意识中，才能变更他们同世界的'体验'关系，并取得被人们称作'意识'的这种特殊无意识的新形式。"③

阿尔都塞认为，人类的意识形态主要具有这样几个特征：（1）普遍性。这里是说意识形态是人类社会存在和发展的必不可少的部分。阿尔都塞认为普遍性有两种内涵：第一，在这个世界上的任何个人，都不可避免地受到意识形态的左右；第二，意识形态永远不会消失，任何社会形式都不能没有意识形态，在不同的社会，意识形态的形式和功能会发生变化，但它始终会存在。（2）实践性。人们在社会中的任何实践活动都受到意识形态的影响，人的行为必须与他所处的时代的意识形态具有某种一致性，如果他完全不懂得时代的意识形态，他

---

① ［法］阿尔都塞：《保卫马克思》，顾良译，商务印书馆1984年版，第201—203页。

② 同上书，第202—203页。

③ 同上书，第203页。

将无法进行任何实践活动，也无法建立任何社会联系。意识形态的实践功能还表现在，虽然它不会像科学那样引导人们去思考，但是它却不露痕迹地引导着人们的思考方向。(3)幻想性。意识形态的幻想性是说意识形态像神话一样是通过幻想的、颠倒的方式反映现实世界。这是因为在阶级社会中，占统治地位的意识形态是统治阶级的意识形态。他举例说：资本主义社会宣扬平等、自由和理性，它打着人道主义的旗号，但实际上并不是真正为所有的人争取权利，它只是资本主义剥削方式的体现。如果人们天真地相信资本主义的意识形态，并用这种方式去看待整个资本主义社会，那么他看到的只能是一个神话的世界或者说是幻想的世界。(4)意识形态的强制性。一个个体的意识形态是被强加的，是人们必须接受的，人们无法自由选择。由于长期的潜在的影响，意识形态已经成为人的无意识对人施加影响，意识形态虽然在字面上与意识有关，但实际上它是无意识的形式，并且这种形式深深地影响着人对世界的看法和实践。

阿尔都塞也对科学下了定义："马克思的立场，他对意识形态的全部批判都意味着，科学（科学是对现实的认识）就其含义而言是同意识形态的决裂，科学建立在另一个基地之上，科学是以新问题为出发点而形成，科学就其现实提出的问题不同于意识形态的问题，或者也可以说，科学以不同于意识形态的方式确定自己的对象。"[①] 在他看来，科学与意识形态的根本不同在于它们确定自己对象的方式不同。具体来说，科学具有这样几个特征：

1. 科学的问题框架不同于意识形态的问题框架。"问题框架"是指使一个理论以特定方式提出某些问题而拒斥其他问题产生的整体结构。科学与意识形态建立在不同的基础上，意识形态的问题框架在幻想的现实中，而科学的问题框架在真正的现实中。"谁如果要得到科学，就要有一个条件，即要抛弃意识形态以为能接触到实在的那个领域，即要抛弃自己的意识形态总问题（它的基本概念的有机前提以及它的大部分基本概念），从而'改弦易辙'，在一个全新的科学总问

---

① [法]阿尔都塞：《保卫马克思》，顾良译，商务印书馆1984年版，第58页注释。

题中确立新理论的活动。"① 因此，在他看来，许多人认为的关于马克思的哲学是对黑格尔世界观颠倒的观点是错误的，因为马克思对黑格尔的批判不是将黑格尔的哲学框架颠倒过来，而是抛弃了黑格尔的世界观和问题框架，马克思是站在全新的视角上审视黑格尔哲学。科学如果仅仅是将意识形态的问题框架颠倒过来，那就不是真正的科学，因为这样会把科学仍然置于原有的问题框架基础之上。科学具有自己独特的问题框架和思考方式。

2. 科学是反经验主义的。阿尔都塞反对把科学与经验主义划归在一起。他认为培根以来的经验科学不是真正的科学，这种经验主义认为，科学概念的产生同关于水果的一般概念的产生完全一样，而水果的一般概念则是由对具体水果的抽象而产生的。但马克思否定了这种意识形态。他建立了真正的科学的方法论。马克思在《政治经济学批判导言》中确立了科学的原则，即一切科学的认识都是从抽象和一般开始，而不是从具体的实在的东西出发。"马克思在《政治经济学批判导言》中说，一切科学的认识过程都从抽象和从一般开始，而不是从实在具体开始，这句话证明了他确实已经与意识形态以及与仅仅批驳思辨抽象的意识形态前提相决裂。"② 因此，真正的科学是反经验主义的，它必须从一般到个别。

3. 科学是反意识形态的。科学不仅抛弃了意识形态的问题框架，而且科学必须与意识形态进行不懈的斗争。"科学只是在不断摆脱那些窥伺、袭击和缠绕它的意识形态的条件下，才能成为在历史的必然中的自由的科学。"③ 阿尔都塞认为，虽然科学已经抛弃了意识形态的问题框架，但意识形态无处不在，它就如同浓雾一样包裹着科学，错误地引导和解释科学，因此，科学必须时刻保持客观性，不断地与意识形态斗争，才能保持自己的独立地位。

在这种区分的基础上，阿尔都塞强调，马克思的理论是在与意识形态断裂的前提下形成起来的，它是与意识形态完全不同的质的飞

---

① ［法］阿尔都塞：《保卫马克思》，顾良译，商务印书馆1984年版，第164页。
② 同上书，第162页。
③ 同上书，第143页。

跃，马克思的理论是一种科学。

（二）"认识论断裂"和"问题框架"

"认识论断裂"是阿尔都塞对科学与意识形态关系的理解，"为了检验这个声明（即马克思所说的'把我们从前的哲学信仰清算一下'），就必须有一种理论和一个方法——必须把据以思考一般的现实理论形态（哲学意识形态、科学）的马克思主义理论概念运用于马克思本身。没有关于理论形态史的理论，就不能弄清和认识用以区分两种不同理论形态的特殊差异性。为此我以为可以借用雅克·马本关于总问题的概念，以指出理论形态的特殊统一性以及这种特殊差异性的位置。我以为还可以借用加斯东·巴歇拉尔关于认识论断裂的概念，以研究由于新科学的创立而引起的理论总问题的变化。"① 也就是说，科学与意识形态无论是在历史上还是在理论上都是非连续的，它们具有质的不同。那么，断裂的标志是什么呢？要讲清楚这个问题，就必须要牵涉到问题框架的概念。阿尔都塞认为，问题框架（即"总问题"）有两个特征：一是问题框架的整体性。也就是说，问题框架所指的不是某个思想家理论中的某个具体问题，而是这个思想家理论所依托的整个问题体系或问题领域，关注的是所有问题框架内的问题之间的内在关系。二是问题框架的具体性。也就是说，作为整体的问题框架中总是包含着许多具体问题，这些具体问题受整个问题框架的制约。问题框架虽然制约着这些具体问题，但是它的功能却不是回答这些具体问题，而是要回答整个问题框架所针对的时代问题。如果一个思想家著作中的问题框架不能回答或解决它所处的时代的真正问题或病症，那就表明，他的问题框架仍然落在意识形态之内，他的思想没有与意识形态决裂。他自以为自己的著作在陈述事实，实际上却是在歪曲事实。

阿尔都塞认为，问题框架是思想的方式而不是思想的素材，它决定了思想的特征和本质。它是思想的内在结构，决定着思想的素材，"总问题（问题框架）并不是作为总体思想的抽象，而是一个思想以

---

① ［法］阿尔都塞：《保卫马克思》，顾良译，商务印书馆1984年版，第13页。

及这一思想所可能包括的各种思想的特定的具体结构。"① 因此,要判定某一位思想家的某一部著作的特征和本质,最终起决定作用的是其著作的问题框架的性质,只有从它出发,组成成分才是真正可理解的。他举例说,例如费尔巴哈哲学思想的问题框架是人本主义,人本主义是他著作中的各种具体问题,如政治、经济、历史等等的前提,所以只要掌握了费尔巴哈的人本主义,我们就能判定其思想和著作的特征和本质。当然,一部著作中的问题框架不是一目了然的,作为思想的内在整体它总是处于思想的深处。"一般说来,总问题并不是一目了然的,它隐藏在思想的深处,在思想的深处起作用,往往需要不顾思想的否认和反抗,才能把总问题从思想深处挖掘出来。"② 对一个哲学家来说,问题框架居于他心理的无意识之中,他对任何问题的思考总是不自觉地带有其问题框架的特征。因此,思想家本人并不思考自身的问题框架,他只是在问题框架内思考罢了。

在阐述了"认识论断裂"和"问题框架"后,阿尔都塞认为,当我们分析和阐释一个思想家的理论时,关键的不是要阐述其思想的连续性,而是要分析他的思想中是否存在"认识论断裂",也就是否存在着问题框架的根本转变,并找到这种转变的关节点,这样才能真正把握这个思想家的主要理论。在他看来,认识论断裂标志着由前科学的问题框架转变到科学的问题框架,这样,阿尔都塞关于意识形态与科学相区别的理论就获得了具体的制定方式和标准。

(三) 马克思思想发展四阶段论

阿尔都塞把他的结构主义方法及上面提出的一整套术语运用到对马克思著作的研究中,他说:"在马克思的著作中,确确实实有一个'认识论断裂';据马克思自己说,这一断裂的位置就在他生前没有发表过的、用于批判他过去的哲学(意识形态)信仰的那部著作:《德意志意识形态》。总共只有几段话的《关于费尔巴哈的提纲》是这个断裂的前岸;在这里,新的理论信仰以必定是不平衡的和暧昧的

---

① [法]阿尔都塞:《保卫马克思》,顾良译,商务印书馆1984年版,第49页。
② 同上书,第50页。

概念与公式的形式，开始从旧信仰和旧术语中表露出来。"① 他认为，马克思的认识论断裂的关节点是《德意志意识形态》这部著作，这部著作是他思想的巨大飞跃，它标志着作为科学的辩证唯物主义和历史唯物主义的出现。他进一步认为，在《德意志意识形态》（大约 1845 年）之前，马克思的思想属于意识形态阶段，其理论还在意识形态问题框架内，表现为前科学的、不成熟的特征。在《德意志意识形态》之后，马克思的思想属于科学阶段。他抛弃了意识形态时期的问题框架，形成了自己独特的科学的问题框架。具体来说，马克思的思想发展可以分为四个阶段：

第一阶段：青年时期（1840—1844 年），这一时期的著作包括马克思的博士论文、《1844 年经济学哲学手稿》和《神圣家族》。这一时期马克思深受德国古典哲学影响，他先是借鉴了康德、席勒、费希特的问题框架，把理性和自由问题作为其思想的核心。后来，他又接受了费尔巴哈的问题框架，异化和人本主义成为他谈论的重点。阿尔都塞认为，青年马克思从来不是黑格尔派，他始终与黑格尔保持着一段距离。

第二阶段：断裂时期（1845 年），这一时期的著作是《关于费尔巴哈的提纲》和《德意志意识形态》。在这两部著作中，马克思的理论开始出现了认识论断裂，马克思开始形成新的问题框架，但这个新的问题框架是初期的，它不十分规范，它采取的方式是激烈地批判。阿尔都塞把《关于费尔巴哈的提纲》喻为思想的闪电，其中虽然有许多创造性观点，但是还很模糊，许多思想之谜还没有解开；《德意志意识形态》也有许多概念非常难以理解，但这两部著作在马克思的思想发展史上非常重要，是马克思思想由意识形态转向科学的里程碑。

第三阶段：成长时期（1845—1857 年），这一时期的主要著作是《哲学的贫困》《共产党宣言》《工资、价格和利润》等。这一阶段是马克思问题框架转变后的长期理论思考时期，正是这个长期的理论准

---

① ［法］阿尔都塞：《保卫马克思》，顾良译，商务印书馆 1984 年版，第 13—14 页。

备，马克思才确定了一整套适合于新的问题框架的概念和术语。

第四阶段：成熟时期（1857—1883年），这一时期的主要著作是《资本论》和《哥达纲领批判》。这一时期是马克思的思想在新的问题框架下的成熟时期，马克思的思想完全从德国古典哲学中分离出来，形成了自己独特的问题框架和理论体系，马克思的哲学进入到科学阶段。

阿尔都塞关于把马克思思想发展划分为四个阶段的提法所遭到的主要责难是，他以与存在主义的马克思主义和现象学马克思主义相反的方式把青年马克思对立起来了。

（四）马克思主义与人道主义

与许多西方马克思主义者不同，阿尔都塞把马克思的一部重要著作，即以异化和人道主义为主题的《1844年经济学哲学手稿》划入到马克思思想的意识形态的、前科学的阶段。在他看来，真正科学的马克思主义反人道主义的，人道主义本身是马克思理论不成熟的表现，"就理论的严格意义而言，人们可以和应该公开地提出关于马克思的理论反人道主义的问题；而且人们可以和应该在其中找到认识人类世界（积极的）及其实践变革的绝对可能性条件（消极的）。必须把人的哲学神话打得粉碎；在此绝对条件下，才能对人类世界有所认识。援引马克思的话来复辟人本学或人道主义的理论，任何这种企图在理论上始终是徒劳的。而在实践中，它只能建立起马克思以前的意识形态大厦，阻碍真实历史的发展，并可能把历史引向绝路。"[1] 这段话表明了阿尔都塞对马克思主义与人本主义关系的总的看法。如果深入进行分析的话，我们可以把他的看法归结为以下两个问题。

第一，人道主义的本质是意识形态。阿尔都塞强调，"归根结底是要认识到，人道主义的本质是意识形态。"[2] 在他看来，人本主义的前提是认为存在着普遍的人类共同本质，并且认为这种共同本质是每一个个体所具有，这一观点本身是就一种意识形态。以往的资产阶

---

[1] ［法］阿尔都塞：《保卫马克思》，顾良译，商务印书馆1984年版，第199页。
[2] 同上书，第201页。

级哲学认识论、历史观、政治经济学、伦理学和美学等都自觉地不自觉地建筑在这两条基本规定之上。

第二，马克思的思想中存在着与人本主义的决裂。阿尔都塞认为，从 1845 年起，马克思就与一切人本主义思潮决裂了。资产阶级思想家总是将一切政治和文化问题归结为人的本质，而马克思提出了新的理论，将经济、政治和文化问题用新的方式解决了，"马克思同一切哲学人本学或人道主义的决裂不是一项次要的细节，它和马克思的科学发现浑成一体。"① 也就是说，马克思思想中由意识形态到科学的转变是与他对人本主义的批判紧密联系在一起的。在马克思看来，真正决定历史的不是人性或人的本质，而是生产力、生产关系，并在此基础上提出了一系列新的概念：经济基础、上层建筑、社会形态、意识形态，等等。在阿尔都塞看来，马克思的科学的理论是建立在与人本主义彻底决裂的基础上的。

### 三 唯物辩证法与多元决定论

前面我们曾论述了马克思主义与黑格尔辩证法的关系，即马克思的辩证法与黑格尔的辩证法不是简单地"颠倒"关系，在阿尔都塞看来，二者的区别是本质性的。马克思并不是将黑格尔的辩证法应用于人的实践和人的活动中，"如果马克思的辩证法'在本质上'同黑格尔的辩证法相对立，如果马克思的辩证法是合乎理性的而不是神秘的，这种根本的不同应当在辩证法的实质中，即在它的规定性和特有结构中得到反映。明白地说，这就意味着，黑格尔辩证法的一些基本结构，如否定、否定之否定、对立面的同一、'扬弃'、质转化为量、矛盾等等，到了马克思那里（假定马克思接受了这些结构，事实上他并没有全部接受！）就具有一种不同于原来在黑格尔那里的结构。这也意味着，结构的这些不同是能够被揭示、描述、规定和思考的。既然是能够的，那也就是必需的；我甚至认为，这对马克思主义是生死攸关的。我们不能满足于无休止的重复体系和方法的不同啦，哲学的

---

① [法]阿尔都塞：《保卫马克思》，顾良译，商务印书馆 1984 年版，第 197 页。

颠倒或辩证法的颠倒啦,'合理内核'的发现啦,以及诸如此类的含糊术语,否则岂不是要让它们代替我们去思考;也就是说,我们自己不动脑筋,却一味相信那些早已用滥了的词句能够魔术般的完成马克思的事业。"① 这里可以看出,阿尔都塞反对那些只是将相同辩证法或者用于历史或者用于自然的观念,他要从辩证法本身去研究辩证法的性质,因此,他的辩证法"不是对辩证法含义的颠倒,而是对辩证法结构的改造"。② 而他确实用结构主义的方法改造了马克思理论,上述的问题框架理论和认识论的断裂可以说都是用结构主义方法对马克思思想的解读。

(一) 实践理论

进一步地,阿尔都塞用他的结构主义思想思考了实践哲学。在他看来,实践概念是马克思思想中的重要概念,实践是指通过一定形式的劳动,使用一定的生产资料,把一定的原料加工为一定产品的过程。因此,实践是广阔的社会实践活动,它既包括生产实践,同时还包括其他实践活动。具体来说,实践有这样几种类型:(1)生产实践,是指人在一定的生产关系内把一定的原料加工为日常生活用品的实践,它是基础性的实践;(2)政治实践,是指把一定社会关系作为原料,通过科学理论对其进行改造并形成新的社会政治关系的实践;(3)意识形态实践,是指把人的意识作为原料,并通过某种具体的文化形式表现出来,如政治、伦理、宗教、法律、艺术等等的实践;(4)理论实践,是指运用特殊的生产资料(概念或方法)将表象、概念、事实等特殊材料(他们都是由经验实践、技术实践、意识形态实践提供的)作为原料并对其进行加工和改造的实践,这种实践产生特殊的产品,即认识。

"理论实践"是阿尔都塞提出的新概念,在他看来,理论本身是实践的一种特殊形式,它是人的社会实践活动的重要环节,它不仅包括科学的理论实践,还包括意识形态的理论实践,但是科学的理论实

---

① [法]阿尔都塞:《保卫马克思》,顾良译,商务印书馆1984年版,第71—72页。
② 同上书,第71页。

践是严格意义的理论实践（阿尔都塞将它写为大写的"理论"），它与意识形态的理论实践存在着"认识论的断裂"，"断裂的每次出现都使科学同它过去的意识形态相脱离，揭露科学的过去是意识形态，从而创建科学。"① 阿尔都塞认为，马克思主义正是通过认识论断裂实现了意识形态向科学的转变，而在这一过程中，理论实践起到了关键性作用。"我们将把具有科学性质的一切理论实践叫作理论。我们将把真实科学的特定理论体系（它的基本概念在一定阶段既是矛盾的，又是统一的）叫作'理论'（带引号的），例如万有引力理论、波动力学理论……或者历史唯物主义'理论'。任何一门科学的'理论'都通过它的概念的复杂统一体（这种统一性多少带有盖然性）反映它的理论实践的结果，而这些结果又将成为这一理论实践的条件和手段。我们将把一般的理论，即一般实践的理论叫作理论（大写的），这种理论本身是以（各门科学的）现在的理论实践为出发点而制订的，而现有的理论实践则把现有的'经验'实践（人的具体活动）的产物加工为'知识'（科学真理）。这种理论就是与辩证唯物主义浑成一体的唯物辩证法。"②

阿尔都塞认为，"理论实践包括在实践的一般定义的范围之内，它加工的原料（表象、概念、事实）由其他实践（'经验'实践、'技术'实践或'意识形态'实践）所提供。"③ 而最后的产品则是认识。"理论实践是确实存在的。理论是一种特殊的实践，它作用于特殊的对象，并制造特殊的产品，即认识。"④ 这一过程，就是马克思所说的"从抽象到具体"的过程，这一过程体现了唯物辩证法的根本要点："马克思在《政治经济学批判导言》中论述了辩证唯物主义的这个根本要点，他指出，科学的理论实践虽然不能不使用一般的概念（例如：'生产''劳动''交换'等概念），但这最初的一般同科学工作的产物却不相吻合：它不是科学工作的成果，而是科学工作

---

① ［法］阿尔都塞：《保卫马克思》，顾良译，商务印书馆1984年版，第140页。
② 同上书，第140页。
③ 同上。
④ 同上书，第145页。

的前提。这种最初的一般（我们称之为'一般甲'）是科学的理论实践将用以加工成特殊'概念'的原料，而这些特殊'概念'则是另一种'具体的'一般（我们称之为'一般丙），即认识。""任何加工（任何实践）都意味着用一定的生产资料把某种原料加工成产品。在科学的理论实践中，哪个阶段，方面和领域相当于生产资料呢？如果我们暂且把人从这些生产资料中抽出，那么它就是我们称之为'一般乙'的概念群，这些概念的矛盾统一体构成科学在特定历史阶段中的'理论'。"① 通过一般甲、一般乙、一般丙的概念，阿尔都塞用以指代理论实践中的原料、生产资料和产品，将一般甲加工成一般丙的过程就是由意识形态向科学的转化，而这个转化的过程就是"由抽象到具体的"的辩证过程，"在实践的辩证法中，开始的抽象一般（'一般甲'），即被加工的一般，不同于进行加工的一般（'一般乙'），更不同于作为加工产物的具体一般（'一般丙'），即认识（'具体的理论'）。进行加工的'一般乙'完全不是被加工的'一般甲'从自在向自为的简单发展，不是前者向后者的过渡（不论这种过渡何等复杂）；因为'一般乙'是特定科学的'理论'，而作为一种'理论'，它是全过程的结果（从科学创立起的全部科学史），它是一个真正的演变过程，而不是一个普通的发展过程（例如像黑格尔所说的从自在到自为的发展过程），它在形式上表现为能够引起真正质的中断的突变和改组。因此，'一般乙'对'一般甲'进行的加工，无论在科学的创建时期，或在科学史随后的阶段中，都决不是'一般乙'对自己的加工。在'一般甲'被加工后，它总是产生了真正的变革。虽然'一般甲'还保留了一般的'形式'，但这种形式不能说明任何问题，因为它已经变成了另一种一般，这后一种一般不再是意识形态的一般，也不是属于科学的过去阶段的一般，而是在质的方面已经焕然一新的具体的科学一般。"②

因此，在阿尔都塞看来，马克思主义作为科学的理论是通过"由

---

① ［法］阿尔都塞：《保卫马克思》，顾良译，商务印书馆1984年版，第155—157页。

② 同上书，第160页。

抽象到具体"的唯物辩证法实现的,唯物辩证法将实践包含于其中使马克思突破了黑格尔和费尔巴哈的问题框架,进行了"认识论的断裂",实现了从意识形态向科学的转变,也实现了理论和实践的紧密结合,"在真正的马克思主义实践中所使用的和发挥作用的范畴,不是黑格尔的范畴,而是另一种范畴,是在马克思的实践中发挥了作用的马克思主义辩证法的范畴。"① 也就是说,在马克思的辩证法中,由实践产生的理论最终用于实践本身。

(二)"总体性"和"多元决定"的辩证法

阿尔都塞认为,要谈辩证法不可能不谈总体性,但是总体性的含义在不同思想家那里意思并不相同,甚至存在根本的差别,"'总体'这个概念今天应用得十分广泛,人们用这个词,几乎可毫无阻拦地从黑格尔谈到马克思,又从形态心理学谈到萨特。词还是同一个,但概念却因为同的作家而变了,有时甚至彻底地变了。"② 比如马克思和黑格尔都用过总体性的概念,但意思却毫无共同之处。阿尔都塞认为,黑格尔的总体是实体或理念的异化发展,这种异化又表现在理念发展的各个环节中。黑格尔的总体是理念自身或理念的自我表现,这种理念在其发展过程和异化过程始终存在。所有总体性中的具体差异,如自然、市民社会、国家、宗教、哲学等等在内,刚刚被肯定便立即遭到否定。"这些差异无非是总体的简单内在本原的异化'阶段',而异化则是在否定简单本质提出的异化差异的同时,才得以完成。甚至,作为简单内在本原的异化和现象,这些差异一概是'无差异的',也就是说,它们在本原的面前实际上是平等的,相同的。所以,在黑格尔那里,任何一个特定的矛盾都不是主导矛盾。"③ 也就是说,黑格尔的总体性是精神的统一性,总体中存在的差异是为了成为无差异。因而,黑格尔总体的统一性是形式上的,是简单的还原,而不具有复杂结构,更谈不上总体中的主导结构了。而马克思十分重视社会组织的复杂性,"马克思所说的统一性是复杂整体的统一性,

---

① [法]阿尔都塞:《保卫马克思》,顾良译,商务印书馆1984年版,第172页。
② 同上书,第174页。
③ 同上书,第175页。

复杂整个的组织方式和构成方式恰恰就在于它是一个统一体。这是断言，复杂整体具有一种多环节主导结构的统一性。归根到底，正是这种特殊结构确立了矛盾与矛盾之间、各矛盾方面之间存在的支配关系；毛泽东指出，这种支配关系是矛盾的基本关系。"① 也就是说，在马克思的辩证法中，矛盾是有机结构的复杂统一体，包含着一个矛盾支配其他矛盾，而每个矛盾、结构的每个环节或主导结构中各环节间的关系，都是复杂整体本身的存在条件。"整体的结构以及各基本矛盾的'差异'和主导结构，是整体的存在本身；矛盾的'差异'（在任何复杂过程中必有一个主要矛盾，在任何矛盾中必有一个主要矛盾方面）与复杂整体的存在条件结成一个不可分割的整体。"② 但是，这并不是说主要矛盾可以没有次要矛盾而存在，相反，次要矛盾构成了主要矛盾的存在条件。比如，马克思在阐述生产力与生产关系时，指出在生产力和生产关系的整体中，生产关系是以生产力决定的，这是这一整体的主导结构，但是，生产关系并不单纯是生产力的现象，而且也是生产力的存在条件，而生产本身又是以生产关系为存在条件的。同样，马克思虽然强调经济对社会的决定性作用，但马克思并不像黑格尔把精神作为一切现象的本原那样，把经济作为一切现象的本原，马克思看到了政治、经济、意识形态各种要素的并存，他相对地突出了经济要素的重要性，但并不主张把所有其他的要素都还原为经济要素。

　　正因为马克思突出了复杂结构和矛盾的多元性，而黑格尔只是单纯的简单还原和矛盾的单一性，阿尔都塞强调，黑格尔是线性因果观的一元决定论，而马克思是结构因果观的多元决定论。"矛盾在不再具有单一含义之后，它的定义、作用和本质就得到了严格的规定；根据有结构的复杂整体赋予矛盾的职能，矛盾从此就有了复杂的、有结构的和不平衡的规定性。请读者原谅我使用了这一长串修饰词，不过我承认，我更喜欢用一个较短的词：多元决定。"③ 阿尔都塞指出，

---

① ［法］阿尔都塞：《保卫马克思》，顾良译，商务印书馆1984年版，第174页。
② 同上书，第176页。
③ 同上书，第181页。

表现上看来，黑格尔所涉及的矛盾十分复杂，"在讲述意识'经验'及其辩证法（最终导致绝对知识）的《精神现象学》一书中，矛盾在表现上似乎不是简单的，而相反是极其复杂的。似乎只有第一个矛盾，即感性意识与其知识的矛盾，才勉强可算简单矛盾。但随着对意识生产的辩证法更加深入的研究，意识的内容就变得愈丰富，矛盾也就变得愈复杂。然而，我们可以指出，这种复杂性不是真正多元决定的复杂性，它只是徒具多元决定的外表，实际上却是内在外的累积。"① 因为决定着精神发展的不是精神之外的因素，而是精神的本原，也就是说决定矛盾发展的始终是精神，这就是线性发展观的一元决定论。而马克思改造了黑格尔辩证法的结构，他把事物的矛盾发展看作是复杂的、非还原的结构，"多元决定在矛盾中具有以下基本品质：它是矛盾的存在条件在矛盾中的反映，也就是说，是矛盾在复杂整体主导结构中的地位在矛盾中的反映。这不是单一意义上的'地位'。它既不单是'原则'地位（矛盾在因素梯级中和决定性因素相比所占的地位，例如某个矛盾在社会中和经济相比所占的地位），又不单是'事实'地位（矛盾在特定阶段中空间占主导地位还是占辅助地位），而是'事实'地位同'法律'地位的关系，也就是使'事实'地位具有主导结构的'可变性'和总体的'不变性'的那种关系。"② 正是这种多元决定的矛盾观使马克思主义与黑格尔哲学发生了"认识论的断裂"。

　　阿尔都塞将多元决定的矛盾观用于历史领域，形成了他"多元决定的历史辩证法"。在他看来，马克思的历史观与黑格尔根本不同，黑格尔的整个历史观是一元决定的历史观，即历史是由理念在不同阶段的辩证法所支配的，其中，市民社会（物质因素）和国家（精神因素）是其中的核心因素，并且国家决定市民社会。人们通常认为，马克思的历史观是对黑格尔的颠倒，因而不是国家决定市民社会，而是市民社会决定国家，这样，马克思的辩证法就被降低为由经济因素

---

① ［法］阿尔都塞：《保卫马克思》，顾良译，商务印书馆1984年版，第79页。
② 同上书，第180页。

作为基础，以生产力作为本原的经济主义。但实际上，马克思的历史观是多元决定的历史观，在经济基础与上层建筑的关系中，马克思既强调了经济因素的决定作用，同时又承认了上层建筑的独立性和反作用，"无论在开始或在结尾，归根到底起决定作用的经济因素从来都不是单独起作用的。"① 而关于历史发展的动力，马克思则强调是由革命引起的，但革命却是由多种矛盾引发的，生产力和生产关系的矛盾只是其中的一种矛盾或主导矛盾，"马克思主义的全部革命经验证明，一般矛盾（由于生产力和生产关系之间的矛盾主要是由两个对抗阶级之间的矛盾所体现，这里的一般矛盾已经是特殊的矛盾）足以确定革命被'提上议事日程'时的形势，但它本身却不能直接创造'革命的形势'，更谈不上促成革命爆发的形势和革命的胜利。为了使一般矛盾能够积极地活动起来并成为革命爆发的起因，必须有一系列'环境'和'潮流'（不论它们由何原因产生或有何意义，也不论其中有许多环境和潮流必定由于原因和意义的不同而与革命毫无关系，甚至'绝对地对立'）的积聚，并最终'汇合'成为促使革命爆发的一个统一体。"② 这里，阿尔都塞确立了生产力和生产关系矛盾的主导性，但其他多种矛盾的汇合才能促使革命真正的爆发。因此，马克思的历史观是多元决定的历史观，不同矛盾关系构成的历史的合力才是历史发展的动力。

由此我们看到，不同于人本主义马克思主义，科学主义马克思主义普遍看重马克思后期成熟时期的思想，认为其辩证法摆脱了无用的人道主义而以科学为其内涵，从而与所有的无意义的哲学分道扬镳。

---

① ［法］阿尔都塞：《保卫马克思》，顾良译，商务印书馆1984年版，第91页。
② 同上书，第76—77页。

# 结　　语

行文至此，我们已经基本上描述了西方马克思主义辩证法思想的主要内容，但是，我们的目的不仅是要了解他们辩证法思想的基本理论，还要对他们辩证法思想的理论特色和局限性做简单的评述。

## 一　西方马克思主义辩证法思想共同点

西方马克思主义虽然流派众多，思想各异，但是作为同时产生于20世纪并受马克思理论影响的思想家，他们的辩证法思想呈现出某些共同的特征：

（一）西方马克思主义普遍对正统马克思主义进行批判

早期西方马克思主义的代表人物卢卡奇、柯尔施、葛兰西他们针对的是以正统马克思主义自居的第二国际的马克思主义思想，他们认为第二国际的正统马克思主义错误地理解了马克思的辩证法，以至于形成了经济决定论以及恩格斯的自然辩证法。后来的人本主义马克思主义、科学主义马克思主义以及法兰克福学派，他们也普遍对恩格斯的自然辩证法不满，认为马克思从未认为自然领域存在辩证法，辩证法必须与人的实践活动结合起来，而纯粹的自然没有人的活动，自然也就不存在辩证法。西方马克思主义者认为，辩证法只能存在于社会历史领域，是人的活动赋予辩证法以活力和革命性。

（二）西方马克思主义都将马克思的辩证法与他们时代的前沿理论结合起来

早期西方马克思主义者将马克思与当时流行的新黑格尔主义结合

起来，用黑格尔的辩证法解读马克思的辩证法，如卢卡奇的《历史与阶级意识》明显受到黑格尔思想的影响。而法兰克福学派的思想受到当时刚刚出版发行的《1844年经济学哲学手稿》中的人道主义的影响，其中的一些思想家如马尔库塞、弗洛姆等人的思想还受到当时兴起的弗洛伊德思想的影响。人本主义马克思主义受到存在主义的影响，萨特、梅洛－庞蒂本身就是存在主义的代表人物。德拉－沃尔佩、科莱蒂的思想受到新实证主义思想的影响，挖掘马克思辩证法中的科学因素。而阿尔都塞的思想受当时结构主义的影响，因而形成了结构主义的马克思主义。

（三）西方马克思主义普遍肯定了马克思主义辩证法的革命性和批判性

在西方马克思主义者看来，马克思主义辩证法的最重要特征是辩证法的革命性和批判性，为此他们把马克思的辩证法与黑格尔、恩格斯和辩证唯物主义的辩证法进行对比，认为后者的辩证法缺乏批判性和革命性。马克思的辩证法强调了历史过程中革命主体（即人或无产阶级）的能动作用，历史和社会的发展不是一个自在的过程，尤其是法兰克福学派，他们直接称马克思的辩证法为"社会批判理论"。在此基础上，他们普遍对资本主义社会持批判态度，认为只有坚持和把握了马克思主义的辩证法才能在根本上变革资本主义社会的现实。

（四）西方马克思主义充分肯定了马克思主义辩证法的总体性原则

西方马克思主义者强调马克思辩证法的实质是总体性，从早期的卢卡奇、柯尔施直到人本主义和科学主义马克思主义都把总体性原则作为马克思辩证法的核心。尽管科学主义与人本主义（这里指广义的人本主义，包括早期西方马克思主义、法兰克福学派和人本主义马克思主义）对总体性的理解有差别，但从基本的意思上，他们把总体性与整体性联系在一起，并认为正是因为这种整体性，马克思的辩证法与一切非批判性理论划清了界限，很多思想家甚至认为，总体性就是辩证法，没有了总体性，辩证法也就消失了。

## 二 西方马克思主义辩证法的理论差异

尽管西方马克思主义具有总体上的共同点，但是他们之间的差异还是主要的。它们的差异既体现在人本主义（广义的人本主义）倾向与科学主义倾向上，也体现在早期西方马克思主义与后来的西方马克思主义的理论差异，具体表现在：

（一）人本主义马克思主义强调马克思早期的人道主义，而科学主义强调马克思后期的科学主义

人本主义马克思主义强调马克思的辩证法是人道主义的辩证法，他们把《1844年经济学哲学手稿》作为理解马克思思想的首要读本，认为早期马克思的思想是马克思整个思想中最有意义的，因为它充分凸显了人的地位和作用，而后期的马克思主义逐渐走出哲学，不再在人道主义的意义上思考哲学，因而走向了一种社会学理论。而科学主义马克思主义则对这种人道主义立场进行了反思，在科学主义看来，马克思早期的人道主义是马克思思想不成熟的表现，就像是青年时期人人都有的人道主义激情，而后期的马克思是成熟时期的马克思，他要把他的理论确立为一种科学，并通过具体的社会思想进行论证。德拉－沃尔佩和科莱蒂把马克思的辩证法理解为具体——抽象——具体的科学主义精神，并在这种精神的引导下研究历史；阿尔都塞则认为马克思的辩证法体现了结构的整体性和复杂性，马克思正是在这种矛盾的多元性中研究历史的。

（二）早期西方马克思主义强调的人是作为整体性的"类"，而后来的人本主义马克思主义强调的人是个体的人

西方马克思主义之中不但存在着人本主义和科学主义的差异，即使是人本主义马克思主义内部也存在着差异，这主要表现在对主体"人"的理解不同。早期西方马克思主义强调的主体是一个"类"概念，既辩证法的主体是无产阶级，历史的发展和社会的发展必须通过无产阶级建立起阶级意识，发动阶级革命才能实现。无论是卢卡奇、柯尔施还是葛兰西，他们都把革命寄希望于无产阶级的阶级觉醒。即使到了法兰克福学派马尔库塞、弗洛姆那里，他们所强调的人依然是

一种集体主体。但在后来的存在主义马克思主义那里，他们所强调的主体不再是作为集体的人，而是个体，实践是个体实践，主体是具体的、生存的个人，历史必须通过具体的个人的实践活动，通过对文化、道德等进行的心理批判才能达到，存在主义强调个人对于集体的基础性意义。

### 三 西方马克思主义的理论意义和局限性

作为马克思主义的继承者和延续性，西方马克思主义以他们所处的时代和理论为基础对马克思主义进行了各自的独特的解读，应该说，这些解读在一定程度上拓展了马克思主义辩证法的研究视阈，强化了马克思主义辩证法的批判特色，加深了我们对于马克思主义开放性和革命性的理解和把握，为我们理解马克思主义辩证法提供了多重视角。

但是，西方马克思主义也有自己的理论局限性，主要体现在这样两个方面：

（一）片面地理解了马克思主义的思想

无论是人本主义马克思主义还是科学主义马克思主义，他们只是抓住了马克思主义的一个方面，进行极力发挥和渲染，从而使他们得出了截然相反的结论。如他们对黑格尔辩证法对马克思辩证法的影响就存在着极大的差异，早期西方马克思主义强调马克思对于黑格尔辩证法的扬弃，而科学主义强调马克思与黑格尔的根本不同。其他的关于主体的理解，辩证法的性质的理解、历史的基础等等西方马克思主义不同流派对它们的理解都存在根本的差异。实际上，马克思的思想本身有一个发展过程，以发展的观点、整体的观点看待马克思的基本理论才是真正辩证的方法，才真正掌握了马克思辩证法的精髓。

（二）最终走向了独断论

由于西方马克思主义各个流派根据自己的需要片面地理解了马克思主义，坚持自己的理论而反对其他流派的理论，因此，他们不可避免地最终走向独断论。如早期西方马克思主义所坚持的阶级革命理论、法兰克福学派的绝对否定与意识形态理论、人本主义马克思主义的个体实践理论、科学主义所强调的实验和结构的观点都是在否定其他理论的基础上建构起来的，他们的思想只是在理论上强调了马克思的辩证法，但在实践上却否定了辩证法，他们的辩证法不过是一种新形式的独断论，是与辩证法的真正精神背道而驰的。事实上，马克思的辩证法恰恰强调了一种开放的态度，它是包容的、现实的，强调具体情境的具体展开，任何将其僵化、固化、扩大化、绝对化的思想都是值得商榷的。

# 参考文献

[1]《马克思恩格斯选集》第1卷，人民出版社1995年版。
[2]《马克思恩格斯选集》第2卷，人民出版社1990年版。
[3]《马克思恩格斯全集》第3卷，人民出版社1975年版。
[4]《马克思恩格斯全集》第20卷，人民出版社1975年版。
[5]《马克思恩格斯全集》第21卷，人民出版社1978年版。
[6]《马克思恩格斯全集》第42卷，人民出版社1979年版。
[7][德]阿多诺：《否定的辩证法》，张峰译，重庆出版社1993年版。
[8][德]哈贝马斯：《后形而上学思想》，曹卫东等译，译林出版社2001年版。
[9][德]哈贝马斯：《交往行为理论》（第一卷），曹卫东译，上海人民出版社2004年版。
[10][德]哈贝马斯：《交往与社会进化》，张博树译，重庆出版社1989年版。
[11][德]哈贝马斯：《理论与实践》，郭官义、李黎译，社会科学文献出版社2004年版。
[12][德]哈贝马斯：《现代性的哲学话语》，曹卫东等译，译林出版社2006年版。
[13][德]哈贝马斯：《重建历史唯物主义》，郭官义译，社会科学文献出版社2000年版。
[14][德]哈贝马斯：《作为意识形态的技术与科学》，李黎、郭官

义译，学林出版社 1999 年版。
[15] [德] 黑格尔：《精神现象学》，贺麟、王玖兴译，商务印书馆 1979 年版。
[16] [德] 胡塞尔：《欧洲科学的危机和超越论的现象学》，王炳文译，商务印书馆 2001 年版。
[17] [德] 霍克海默、阿多诺：《启蒙辩证法》，洪佩郁、蔺月峰译，重庆出版社 1990 年版。
[18] [德] 康德：《历史理性批判文集》，何兆武译，商务印书馆 1996 年版。
[19] [德] 柯尔施：《卡尔·马克思》，熊子云译，重庆出版社 1993 年版。
[20] [德] 柯尔施：《马克思主义与哲学》，王南湜译，重庆出版社 1989 年版。
[21] [德] 施密特：《马克思的自然概念》，欧力同、吴仲昉译，商务印书馆 1988 年版。
[22] [法] 阿尔都塞：《保卫马克思》，顾良译，商务印书馆 1984 年版。
[23] [法] 列斐伏尔：《辩证唯物主义》，选自《西方学者论〈1844 年经济学—哲学手稿〉》，复旦大学出版社 1983 年版。
[24] [法] 梅洛-庞蒂：《辩证法的历险》，杨大春、张尧均译，上海译文出版社 2009 年版。
[25] [法] 萨特：《辩证理性批判》（上、下），林骧华等译，安徽文艺出版社 1998 年版。
[26] [法] 萨特：《科学与辩证法》，载《萨特哲学论文集》，潘培庆译，安徽文艺出版社 1998 年版。
[27] [美] 弗洛姆：《健全的社会》，欧阳谦译，中国文联出版公司 1988 年版。
[28] [美] 弗洛姆：《马克思关于人的概念》，选自《西方学者论〈1844 年经济学—哲学手稿〉》，复旦大学出版社 1983 年版。
[29] [美] 弗洛姆：《逃避自由》，陈学明译，北方文艺出版社 1987

年版。

[30] [美] 弗洛姆:《在幻想锁链的彼岸》,张燕译,湖南人民出版社 1986 年版。

[31] [美] 弗洛姆:《占有还是生存》,关山译,生活·读书·新知三联书店 1988 年版。

[32] [美] 弗洛姆:《追寻自我》,苏娜、安定译,延边大学出版社 1987 年版。

[33] [美] 马尔库塞:《爱欲与文明》,黄勇、薛民译,上海译文出版社 1987 年版。

[34] [美] 马尔库塞:《单面人》,左晓斯等译,湖南人民出版社 1988 年版。

[35] [美] 马尔库塞:《理性与革命》,程志民等译,重庆出版社 1993 年版。

[36] [美] 马尔库塞:《历史唯物主义的基础》,选自《西方学者论〈1844 年经济学—哲学手稿〉》,复旦大学出版社 1983 年版。

[37] [匈] 卢卡奇:《关于社会存在的本体论》上卷,白锡堃译,重庆出版社 1993 年版。

[38] [匈] 卢卡奇:《历史与阶级意识》,杜章智等译,商务印书馆 1996 年版。

[39] [意] 德拉-沃尔佩:《卢梭和马克思》,赵培杰译,重庆出版社 1993 年版。

[40] [意] 葛兰西:《狱中札记》,曹雷雨等译,中国社会科学出版社 2000 年版。

[41] Althusser, *Montesquieu Rousseau Hegel and Marx*:*Politics and History*, London:NLB, 1982.

[42] Henri Lefebvre, *Critique of Everyday Life*, Translated by John Moore. Preface by Michel Trebtish, Verso, London, 1991.

[43] Karl Korsch, *Three Essays on Marxism*, New York, 1972.

[44] Lucio Colletti, *Marxism and Hegel*, London:Lowe & Brydone Press, 1973.

[45] Merleau-Ponty, *Humanism and Terror*, Translated by John O'Neill. Connecticut Press, 1980.

[46] Schmidt, *History and Structure*, London, 1982.